现代语言测试视域下中国英语学习者口语策略能力研究

张伟伟　[新西兰]张军　著

清华大学出版社

北京

图书在版编目（CIP）数据

现代语言测试视域下中国英语学习者口语策略能力研究 / 张伟伟，（新西兰）张军著.
—北京：清华大学出版社，2023.9
　ISBN 978-7-302-63412-6

Ⅰ.①现… Ⅱ.①张…②张… Ⅲ.①英语—口语—教学研究 Ⅳ.① H319.9

中国国家版本馆 CIP 数据核字（2023）第 070641 号

责任编辑：徐博文
封面设计：常雪影
责任校对：王凤芝
责任印制：刘海龙

出版发行：清华大学出版社
　　　网　　址：https://www.tup.com.cn, https://www.wqxuetang.com
　　　地　　址：北京清华大学学研大厦 A 座　邮　编：100084
　　　社 总 机：010-83470000　　邮　购：010-62786544
　　　投稿与读者服务：010-62776969, c-service@tup.tsinghua.edu.cn
　　　质量反馈：010-62772015, zhiliang@tup.tsinghua.edu.cn
印 装 者：三河市东方印刷有限公司
经　　销：全国新华书店
开　　本：155mm×230mm　　印　张：19　　字　数：309 千字
版　　次：2023 年 11 月第 1 版　　印　次：2023 年 11 月第 1 次印刷
定　　价：118.00 元

产品编号：101306-01

序

2020 年 10 月，中共中央、国务院颁布的《深化新时代教育评价改革总体方案》指出，教育评价应积极推动全民终身学习，而策略能力是实现自主终身学习的核心要素之一，因此对策略能力的研究显得尤为重要。本书聚焦我国英语学习者的口语策略能力，顺应时代要求，聚焦国情。

《中国英语能力等级量表》（以下简称《量表》）自 2018 年颁布以来，围绕《量表》展开的研究越来越多。这些研究丰富了《量表》在我国英语学习、教学、测评中的应用，同时也拓展和完善了《量表》应有的外延和内涵。本书在口语策略能力量表，尤其是计算机辅助口语策略能力综合量表方面做了有意义的尝试，既参考《量表》，又有别于《量表》，一定意义上可以说是对《量表》的一种拓展。《量表》把口语策略能力定义为学习者在完成各项口语交际任务时运用的交际策略，分规划、执行、评估与补救四方面，因评估与补救基本都是同时发生，《量表》将两者合在一起进行描述；本书则将口语策略能力分为制定规划、解决问题、自我监控、自我评价四种元认知策略，与《量表》略有不同。《量表》制定的目的是为我国英语学习者／使用者在英语学习、教学、测评中提供一个共同参照的标准，分 3 段 9 级；本书的量表由于研究和使用的目的不同，未能对量表的描述语进行分级，但探索性和验证性因子分析显示量表有很好的信效度，值得在有关研究中参考和借鉴。

当然，本书不只是研究口语策略能力量表，同时还探讨了在计算机辅助综合口语测试情境中，中国英语学习者策略能力与测试任务及测试表现间的复杂关系。实际上，现代语言测试领域长期存在缺乏对语言能力、测试情景、测试任务之间的关系和相互作用理解的问题，且这一问题至今依然是语言测试领域面临的一个挑战。在此背景下，本书从中国英语学习者的视角来探究现代语言测试领域的根本问题，为解决这一问题提供实证证据，在一定程度上有助于丰富我们对口语能力测试的理解。本书实证研究部分基于体现语言测试领域语言能力模型研究新成果的《量表》，研发了计算机辅助综合口语测试策略能力量表，测试任务采用体现语言测试发展新方向的计算机辅助综合口语测试，研究设计采用聚敛式混合设计，定量数据分析使用等阶线性模型。本书这种与时俱进的研究方法，对现代语言测试领域实证研究具有一定的借鉴作用。实践应用方面，本书还基于任务难度提出针对口语策略能力教学的策略能力应用模型、英语口语策略能力课堂教学模型以及任务型英语教学课程／教学大纲设计模型等。这些模型对口语策略能力课堂教学也有很好的参考作用。

2023 年 1 月

前　言

　　研究源于人们对日常生活的观察或对社会发展趋势的关注……人们所遇到的某个问题或某种情况都有可能成为研究课题。

——Allen，2017

　　作为一线英语教师，笔者在日常教学中发现，在两种计算机辅助口语测试，即独立口语（只涉及口语）测试和涉及听、说或听、读、说的综合口语测试之间，很多学生后者表现差强人意，更善于前者。另一些学生则不然，若在口语测试之前完成听力、阅读，他们表现更好，其它语言因素对完成口语测试有所助益。此外，英语教师常认为与独立口语测试相比，综合口语测试难度更大，而一些英语水平较低的学生则认为综合口语测试更简单，他们的表现也优于独立口语测试，甚至超过一些语言水平比他们高的同学。这些源自口语课堂教学的现象令笔者困惑，也引发思考：究竟是个人因素还是任务因素影响学生的综合口语测试成绩呢？这两个因素在测试过程中又是如何作用的呢？

　　语言测试是一个动态过程，在这个过程中，被测试者和测试任务之间或独立或相互作用，共同对测试成绩产生影响（Bachman & Palmer，2010）。在现代语言测试研究领域，被测试者的策略能力被视为"反映语言测试本质的语言能力的核心要素"，在语言测试过程中发挥至关重要的作用（Bachman & Palmer，2010；何莲珍、张娟，2019）。明确被测试者的策略能力和测试任务及测试表现间的复杂关系一直是现代语言测试领域有待解决的根本问题（Bachman，2007），也是该领域当前所面临的重大挑战（Huges & Reed，2017）。在这样的研究背景下，与策略能力密切相关的外语口语研究则显得尤为重要（Huges & Reed，2017；刘建达，2021；刘建达、李雪莲，2020）。实际上，现代语言测试领域的根本问题体现了上文来自英语口语课堂教学的问题：在计算机辅助测试情境下，被测试者、测试任务及测试成绩三个因素的关系究竟是什么？如果厘清语言测试及策略能力在理论、实证研究方面的最新发展，并据此开展计算机辅助综合口语测试下中国英语学习者策略能力实证研究，不仅有助于解决这一英语口语教学问题，而且可以为进一步解决现代语言测试领域的根本问题提供实证依据。

口语策略能力研究的重要性不仅体现在语言测试领域，也体现在国家语言规划及政策方面。2022年10月16日，中国共产党第二十次全国代表大会在北京召开，会议提出并强调，我国第二个百年大计、国家语言规划与政策核心工作之一是发挥语言优势在世界舞台上"讲好中国故事，传播中国声音"。事实上，语言优势所反映的是一个国家的国家语言能力（周庆生，2019），而语言学习者的策略能力是语言能力核心要素（周庆生，2019）。另外，根据2020年10月中共中央国务院颁布的最新《深化新时代教育评价改革总体方案》的要求，策略能力是实现自主终身学习的核心要素（Oxford，2017；Teng，2022；Zhang et al.，2021a，2021b），策略能力培养本质上是培养胜任现实世界各种语言任务的语言使用者。口语策略能力研究的重要性为本研究提供了根本依据。

本书从外语测试、教育心理学、二语习得、任务研究及心理语言学等跨学科创新理论视角定义口语策略能力，并按时间顺序或主次关系将各学科领域发展过程中具有影响力的策略能力模型、外语口语话语产出模型及口语测试表现模型呈现给读者。在口语策略能力实证研究部分，通过计算机辅助综合口语测试策略能力量表研发、聚敛式混合设计及等阶线性模型的应用体现了语言测试领域研究的最新趋势。此外，除了由笔者等人所撰写的6篇（Zhang & Wilson，2023；Zhang & Zhang，2022；Zhang et al.，2021a，2021b，2022a，2022b）测试情境下口语策略能力的实证研究文章外，仅有2篇期刊文章（Swain et al.，2009；Barkaoui et al.，2013）和一部论文（Yi，2012）报告了相关实证研究。因此，本书在一定程度上为现有研究的不足增加了新的实证依据。

全书由上、中、下三篇共九个章节组成。第1章"绪论"从语言测试与策略能力及外语口语的关系出发，探讨了我国英语教学特别是口语策略能力教学现状、我国最新深化教育评价改革目标和要求、我国语言规划与政策研究热点问题、当前"双减"教育改革背景下英语教育改革及在线教学对在线评测提出的与策略能力相关的挑战。"绪论"还对策略能力研究及计算机辅助综合口语测试研究领域容易混淆的专业术语与概念进行了说明和解释。上篇"理论发展"（第2—4章）从语言测试发展、策略能力跨学科发展、测试任务研究发展及口语产出模型发展四方面对策略能力、测试任务及口语表现进行全面理论综述；中篇"实证研究"（第 5—7 章）从研究设计、研究结果、结果讨论三方面全面呈现了计算机辅助综合口语测试情境下，中国英语学习者策略能力表现及其与测试任务和测试表现间的复杂关系的实证研究；下篇"实际应用"（第 8—9 章）探讨了以上实证研究在理论创新及课堂教学方面的贡献，并结合该实证研究的局限性对未来相关研究提出建议。

本书为衢州学院"人才引进科研启动项目"（项目编号：BSYJ202205）及衢州学院与上海上外教育培训有限公司合作的横向项目（项目编号：H2023006）的科研成果。

张伟伟

2023 年 6 月

目　　　录

图 目 录

表 目 录

第 1 章
绪　　论

我们正处于新时代"百年未有之大变局"中，上一次的百年变局，是中国人的觉醒年代；这一次的百年变局，是中国人的腾飞时代。一百年前，觉醒年代，语言曾经扮演过重要的角色；一百年后的今天，人类的发展同样离不开语言。如何与时俱进，直面人类社会史无前例的语言超级多样性引发的种种问题，是摆在语言学家面前的迫切任务。

——刘海涛，2021

1.1　现代语言测试视阈下口语策略能力概述

语言测试（language testing）是一个复杂的过程，在这个过程中被测试者和测试任务或独立作用或相互作用，对被测试者的测试成绩产生影响（Bachman & Palmer，2010）。在现代语言测试领域，理解语言测试本质上就是采用互动式的方法理解被测试者语言能力（language ability）在测试中的作用，即语言能力与测试任务的关系，以及这种关系对测试表现的影响（Bachman，2007）。被测试者的语言能力由多个要素构成，其中，策略能力（strategic competence）是反映语言测试本质的语言能力的核心要素（Bachman & Palmer，2010；何莲珍、张娟，2019）。一些学者（如 Bachman & Palmer，2010；Ellis et al.，2019）认为，在测试过程中，被测试者的策略能力与测试过程中各变量密切相关，被测试者的策略能力是其语言能力和实际语言使用情境间的有效中介（mediator）。在四项语言（听、说、读、写）技能中，口语对策略能力的要求最高，和策略能力的关系也最为密切（Huges & Reed，2017；Zhu et al.，2019；刘建达，2021）。在口语研究领域，策略能力长期以来被看作是语言学习者口语能力的内在组成要素，对口语表现至关重要（Bygate，1987；Fulcher，2014；Seong，2014）。口语产出被认为是说话者使用策略能力完成口语任务的过程。正是因为策略能力在口语产出过程中所扮演的重要作用，语言测试学者（如 Barkaoui et al.，2013）普遍认为，口语测试可以极大地刺激被测试者使用策略能力完成指定任务，并可以立刻刺激反映被测试者策略能力的在线计划（online planning）策略、自我监控（self-monitoring）策略以及自我评价（self-evaluating）策略的使用（Cohen，2014）。而口语测试任务对被测试者策略能力的刺激作用也说明了策略能力对测试情境下英语口语产出的重要性。

尽管策略能力在语言测试和口语研究领域都扮演非常重要的角色，但在这些研究领域特别是语言测试领域中，如何定义策略能力及其作用仍然存在分歧。实际上，不管是理论层面还是实证研究层面都有很多关于策略能力及作用的不同定义和分类（Huang，2013；Phakiti 2003，2016；Seong，2014）。其中，Bachman（1990）及 Bachman & Palmer（1996，2010）将策略能力定义为制定目标（goal setting）、自我评价及规划（planning）。同样，Chapelle（1998）也强调元认知策略在语言测试中的重要性，指出如果语言测试在被测试者和测试任务之间相互作用，那么必须把元认知策略视为两者之间的中介。一些研究人员（如 Barkaoui et al.，2013；Swain et al.，2009）通过实证研究也提出，被测试者在测试中使用的元认知策略在测试任务和成绩间发挥中介作用。

基于语言测试领域对策略能力的认知，明确策略能力和测试任务及测试表现间的复杂关系被视作是现代语言测试领域的根本问题（Bachman，2007），也是当前语言测试领域面临的重大挑战（Huges & Reed，2017）。尽管如此，在语言测试领域，口语策略能力研究一直存在研究不足的问题（O'Sullivan，2011；Zhang et al.，2021a，2022a，2022b），这凸显了在口语测试情境下探究语言测试根本问题的重要性和必要性。

1.2 口语策略能力与我国英语教育

鉴于策略能力对于现代语言测试及口语产出的重要作用，策略能力研究对我国外语教育特别是英语口语教育尤为重要，不仅可以改善我国当下英语课堂教学的不足，更是与我国当前教育改革的目标一致。

1.2.1 我国英语教育现状

在我国教育体系中，英语课程是义务教育阶段的必修课之一，英语教育的根本目标是让学生通过使用英语，特别是通过听、说技能进行有效的交流沟通（教育部，2017）。到了高等教育阶段，对于多数高校而言，学生顺利获得毕业证书及相关学位证书的必要条件之一就是要通过一定级别的英语考试，如大学英语四级、六级考试（Haidar & Fang，2019）。同样，在就业市场，英语是找到好工作的"敲门砖"，对人们在职场上获得高薪工作也发挥重要作用（Haidar & Fang，2019）。正是由于英语学习在国内教育及就业方面的重要性，我国在英语教育方面投入巨大。从数量上看，我国英语学习者人数早在 2015 年就达到了 4 亿（Wei & Su，2015），超过了以英语为母语的英国和美国人口之和（Fang，2018）。

尽管英语学习在我国教育体系中举足轻重，口语在英语教育中也极为重要，但是截至目前，除一些经济发达的一线城市（如上海、北京）将英语口语作为基础教育测试环节之外，英语口语并没有像阅读、听力及写作那样作为核心指标被纳入国家宏观基础教育测试体系。因此，口语虽被认为对英语教育很重要，但在实际课堂教学中，不管是教师还是学生均不够重视口语，常以课外或自学形式开展口语教学。正是受到这些教学现况的影响，对于我国多数英语学习者而言，学习英语多年之后仍然难以胜任现实世界的交流任务是普遍存在的现象（束定芳，2022）。在以口语为主要交流媒介的语言应用中，学生往往很难正确表达自己的想法，"哑巴英语"学习者特征明显（窦淑芳，2013；张健，2006）。一些大型英语测试（如大学英语四级、六级考试，托福、雅思）数据也表明，在四项英语语言技能中，我国英语学习者的口语表现差强人意。

作为英语教学的产物，我国英语学习者的"哑巴英语"现象可以在很大程度上归因于这样一个事实：长期以来我国英语课堂教学通常强调学生的语言知识（language knowledge）（如词汇和语法），而不是学生的语言使用能力及策略能力（Cai，2012；束定芳，2022）。如前文所述，策略能力和口语的关系最为密切，口语是四项语言技能中对学习者的策略能力要求最高的语言技能（Cohen，2014）。因此，策略能力缺乏会导致我国英语学习者口语表达能力薄弱（Sun，2014；Tubbs，2016）。此外，我国英语课堂教学通常是将听、说、读、写分开独立教授而不是把这些语言技能综合起来教授（曹德明等，2021）。在现实语言使用环境中，听、说、读、写是相互依存的，不论是在逻辑上还是在实践上均不可能把语言使用分解成孤立的语言技能。因为语言使用者须先接受书面或口头形式的输入，才能开始真正的交流（Crossley & Kim，2019）。由于我国英语教学长期以来缺乏对学生策略能力培养的关注，课堂教学活动也未能模拟真实语言使用情景，因此我国英语学习者难以胜任现实口语交际任务（Pan & Li，2009；Sun，2014；Tubbs，2016）。

1.2.2 我国外语教育改革

在我国语言教育领域，语言评价一直被视作语言教育发展的"指挥棒"，对提升我国整体教育水平起着举足轻重的作用。2020 年 10 月，中共中央国务院颁布了《深化新时代教育评价改革总体方案》，再次肯定教育评价作为教育发展"指挥棒"的作用，同时提出我国新时代教育评价改革的根本目标之一是构建全民终身学习的教育体系，充分利用信息技术，提高教育评价的科学性、专业性和客观性。大量研究已经证明，实现个人自主、可持续终身学习的核心要素就是培养个人策略能力（Oxord，2017；Teng，2022；Zhang et al.，2021b）。从这个角度来说，实现全民终身学习就有必要在我国教育体系，包括外语教学中，强化策略能力培养。如上文所述，策略能力培养一直是我国英语教学课堂中的"短板"，大多数英语教师对如何开展策略能力教学缺乏一定的经验（曹德明等，2020；束定芳，2021）。在这样的大背景下，如何顺利推进课堂策略能力教学，包括如何界定中国英语学习者的策略能力，如何开发、选择适合策略能力的课堂教学成为广大英语教师亟待解决的教学实际问题。另一方面，如何设计适合对学生策略能力进行评价的评价任务或测试任务也是教师及测试人员需要思考、解决的问题。

将现代科技技术运用于教学评价不仅体现我国教育评价改革的目标，也顺应时代需求。在线教学已成为全球教育领域的热点话题，对学生英语学习进行在线评测，对其学习结果进行有效反馈的在线语言测试也同等重要。作为实现在线语言测试媒介的计算机辅助语言测试因此成为当下多数一线英语教师、研究人员关注的焦点。其焦点集中体现在针对课堂教学的具体问题，包括如何选择、设计符合学生语言水平、有效激发学生策略能力的测试任务，特别是英语口语计算机辅助测试任务，以及现有计算机辅助语言考试（如雅思、托福、培生等）中的口语测试任务是否可以直接应用于我国英语课堂教学，并实现培养学生策略能力的教学目标等（Zhang et al.，2021a）。

策略能力及计算机辅助测试对我国当前教育改革的重要性不仅体现在教育评价改革及在线测试的需求中，也体现在我国当前进行的义务教育阶段"双减"政策的落实及高等教育阶段课程思政背景下外语课程的改革中（刘建达，2020；束定芳，2021）。2021 年 7 月 24 日起，以减轻义务教育阶段学生学业负担和校外培训负担、建设高质量教育体系为目标的"双减"政策实施于英语教育改革中，其重点是培养有实际应用能力的英语使用者，而不是培养擅长死记硬背的英语学习者（束定芳，2020）。实际上，"双减"英语教育改革重点体现了我国英语教学一贯秉承的根本目标：培养学生使用英语特别是使用听、说技能进行有效交流的能力（教育部，2017）。显然，此轮改革再次强调要培养学生使用英语的策略能力，这充分说明策略能力不仅对于英语口语教学作用显著，而且对我国宏观英语教学目标的实现也具有决定性意义。自 2020 年 8 月教育部印发《高等学习课程思政建设指导纲要》以来，如何切实、有效地将思政元素如"盐融入水"一般融入外语课程，帮助学习者在思政方面真正成长也是我国外语教育界讨论的热点话题。不少学者指出，实现思政元素自然融入外语课程的关键之一就是"教材的编写应从语言知识的传授转向语言使用能力的培养"（刘建达，2020：39）。而作为语言使用能力的核心要素，策略能力培养显然是教材编写过程中需要重点关注的议题。

结合我国当前各项教育改革政策不难发现，其核心问题都和我国英语学习者的策略能力培养密切相关，而新时代信息技术在教育领域发挥的不可或缺的作用也进一步明确了在计算机辅助语言测试情境下开展策略能力研究的必要性和时代性。

1.2.3　我国教育国际化

　　随着全球化步伐加快，中外合作蓬勃发展，我国国际交流活动也呈现出"百花齐放"的态势。其中，国际合作办学及出国留学发展势头强劲，表现抢眼。基础教育阶段的国际高中数量和大学文化交流项目的数量急剧增长，许多中国英语学习者选择出国接受高等教育。现有数据表明，自 2018 年初，我国开展对外文化交流项目的大学数量已经到达 2626 所；2019 年我国国际学校数量已达 1000 所左右，位居全球第一（张优良、黄立伟，2019）。无论是国际学校还是对外文化交流项目对学生的英语水平要求都比较高，入学要求往往包括通过雅思、托福等国际英语语言测试。但是不少学生因为口语成绩不合格无法顺利入学。同样，即便口语考试顺利过关，很多在国外留学的中国学生常常"无法流畅地使用英语来表达思想和被他人理解"（Tubbs，2016：3）。因此，国内外一些学者（如 Gorsuch，2011；Tubbs，2016；周黎红，2020）指出，面对中国教育国际化热潮，中国英语学习者在英语口语方面还没有做好充足的准备。

　　与此同时，语言能力是当前我国语言规划与政策的热点研究问题。国家语言能力是指一个国家处理国内外重大事务包括国际合作所需具备的语言能力。2016 年《国家语言文字事业"十三五"发展规划》首次提出"国家语言能力"这一理念，并指出我的"国家语言能力"还无法完全适应社会、经济和文化发展的需求。提升国家语言能力，特别是我国所具备的作为国际通用语言的英语语言能力因此被视作是我国语言规划与政策的重大目标之一（周庆生，2019）。近些年来，在国际舞台上"说好中国故事、让世界听见中国声音"的国家发展宏观目标和时代使命也对我国语言政策和规划中英语语言能力提出了新的高要求（刘海涛，2021；沈骑，2020）。2022 年 10 月 16 日，中国共产党第二十次全国代表大会提出我国第二个百年大计，语言规划和政策核心工作是在世界舞台上"讲好中国故事，传播中国声音"。与该要求形成鲜明对比的则是前文所述我国英语学习者普遍存在的"哑巴英语"问题。显然，如果不提升学习者的口语策略能力，有效解决"哑巴英语"问题，我国英语教学特别是英语口语教学就无法培养出可以胜任国际舞台的英语学习者，也就无法适应我国语言规划与政策的时代发展需求，实现我国外语教育特别是英语教育的国际化发展方向和发展使命。

1.3　现代语言测试视阈下口语策略能力研究问题与我国英语教育

　　策略能力和测试任务及口语测试表现间的复杂关系不仅涉及语言测试，而且涉及心理学、应用语言学和教育等跨学科研究领域，但是关于三者之间关系的实证研究较少。首先，关于策略能力和测试表现关系的实证研究主要集中于非测试情境下的听力、阅读和写作三项语言技能（如Ajzen，2002；Akkakoson，2013；Chang，2012；Qin，2018），且研究人员通常只研究策略能力构成要素独立作用的工作模式，较少关注这些要素在实际研究情境中的交互作用模式（如Barkaoui et al.，2013）。因此，关于策略能力在口语测试情境下与测试表现关系的实证研究较为匮乏；其次，现有关于测试任务的实证研究中，测试任务常被视作两个任务特性变化的集合或单一整体。但在现实世界中，语言使用往往包含多个同时变化的任务特性（Bachman & Palmer，2010）。此外，研究者通常使用自主设计的测试而不是真实的口语测试，因此，测试任务的有效性和可靠性以及研究结果的普遍性值得商榷；再者，现有实证研究主要是针对策略能力与口语测试表现及测试任务与测试表现间的两两相关研究，无法体现三者在语言测试过程中的互动特征（Seong，2014）。事实上，关于三者之间的复杂关系的研究非常有限，是语言测试领域需要进一步研究的根本问题（Zhang et al.，2022b）。

　　现代语言测试视阈下口语策略能力研究的不足及策略能力对实现我国全面发展的重要性使得本研究无论对于课堂教学还是我国英语教育的长期规划都有一定的促进作用。同时，现有关于现代语言测试视阈下口语策略能力的研究也为本书提供了理论及实践基础。具体而言，本书以计算机辅助综合口语测试任务构建现代语言测试视阈，以反映策略能力的非互动性语言使用框架（Bachman & Palmer，2010）为策略学习元认知模型（Chamot et al.，1999），以《中国英语能力等级量表》及双语口语产出模型（Kormos，2011）定义策略能力，以及以体现任务特性的三维元素框架（Robinson，2015）定义测试任务。本书基于此开展计算机辅助综合口语测试任务所构建的现代语言测试视阈下中国英语学习者口语策略能力的全面研究，包括对策略能力、测试任务及测试表现间复杂关系的研究。为完成该研究目标，需要解决两大问题：第一，中国英语学习者在处理计算机辅助综合口语测试任务时，其策略能力表现如何？具体来说，是否存在个体差异？是否与其语言水平有关？第二，中国英语学习者在处理计算机辅助综合口语测试任务时，其策略能力和测试任务及测试表现间的关系如何？本书将以这两大问题为主线开展理论及实证研究：以理论研究作为实证研究的理论框架，确定策略能力、测试任务及测试表现；以中国英语学习者为研究对象，探讨如何开展口语策略能力研究，包括如何研发口语策略能力的测量工具，从而为现代语言测试领域策略能力相关研究增添中国元素，增加我们对现代语言测试领域根本问题的认知。

1.4　策略能力研究易混淆术语及概念

在策略能力研究与计算机辅助综合口语测试研究领域，有些术语及概念容易混淆，概念、术语模糊不清的现象时有发生。这些概念和术语主要包括：元认知策略（metacognitive strategy）和认知策略（cognitive strategy）、独立语言技能测试与综合语言技能测试、二语与外语、中介项与调节项，以及模型与框架。

1.4.1　元认知策略与认知策略

元认知策略强调自我监控、检查或管理认知的各种过程；认知策略侧重于说明制造这些过程的策略（Flavell，1979，2000）。就运作模式而言，认知活动发生在"客观层面"，而包括元认知策略在内的元认知活动发生在"元层面"。客观层面的信息通过自我监控传递到元层面，元层面则通过控制过程给客观层面发出指令（Nelson，1996）。在语言测试中，认知策略可能包含在语言能力中，而元认知策略是指有意识的和经过思考的高阶执行能力，它为完成任务所使用的认知策略提供认知管理（Bachman & Plamer, 1996）。简而言之，元认知策略就好像"建设工地的管理者"，对于认知策略这一"建设工地的建筑者"给予指导和发出指令，帮助学习者构建并创造他们的语言"大厦"（Oxford, 2011）。

尽管元认知策略和认知策略存在根本差异，但两种策略在心理活动过程中并不是独立的，"认知策略的使用似乎与具有更高执行能力的元认知策略共同发挥作用"（Purpura, 1997：314），因此很难精准界定两者的不同（Brown et al., 1983；Yi, 2012）。此外，不同研究人员对元认知策略和认知策略的理解也存在不同，某一研究人员所认为的元认知策略对另一研究人员而言就是认知策略（O'Mally & Chamot, 1990）。元认知策略和认知策略的重叠特征在许多实证研究中得到了很好的例证。比如，在 Phakiti（2016）和 Purpura（2013）的研究中，解决问题被视作是认知策略，但在 Chamot et al.（1999）的研究中解决问题被归类为元认知策略。因此不少学者（如 O'Mally & Chamot, 1990）提议，在研究中应明确元认知策略和认知策略之间的区别。基于此，在本书中，解决问题被定义为元认知策略（参考 3.4.4）。

1.4.2 独立语言技能测试与综合语言技能测试

独立语言技能测试是指对被测试者某个单项语言技能进行测试，而综合语言技能测试则是指对被测试者的多个语言技能同时进行测试，如针对被测试者读、听、写或者听、写技能的综合写作测试（Barkaoui, 2015；Kim & Kim, 2017；Yang & Plakans, 2012），或本书涉及的听、读、说或听、说的综合口语测试（Zhang & Zhang, 2022；Zhang et al., 2021a, 2021b, 2022a, 2022b）。

1.4.3 二语与外语

根据权威语言词典的定义，二语和外语是两个不同的概念（Crystal, 2011；Richards & Schmidt, 2013）。第二语言并不是母语，而是学习者通过后天习得的一种语言，外语是指个人学习的、在自己国家内使用但属于其他国家的语言。简单来说，一种语言是不是二语主要取决于学习者看待它的视角，而外语则指在该种语言不属于母语的地方使用的语言。虽然二语和外语是不同的概念，但很多学者（如 Bachman & Palmer，2010；Purpura，2016）将两者混合使用并统称为二语。遵旨这一原则，本书也使用"二语"这一概念统一指代第二语言和外语这两个本质上不同的概念，因此，第二语言学习者和外语学习者在本书中统称为"二语学习者"。

1.4.4 中介项与调节项

对于某个具体研究，中介项往往是指与因变量和自变量都具有相关性的变量，它可以解释这两种变量之间发生相关性的原因及具体过程；相反，调节项虽然未必与因变量和自变量都有相关性，但它可以影响两类变量间关系的强度和方向（Hayes，2018；Karazsia & Berlin，2018；Mackinnon，2011）。Bachman & Palmer（1996，2010）提出策略能力是测试任务和测试表现间的中介项，但是在 Kormos（2006，2011）的外语口语产出模型中，策略能力则被视作是外语口语产出的调节项。图 1-1 显示了中介项和调节项的区别。

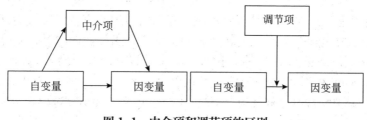

图 1-1　中介项和调节项的区别

1.4.5 模型与框架

模型与框架是两个不同的概念。模型指从理论上诠释能够通过二语进行沟通的意义，而框架指根据测试情境从某一模型中选择的某种技能和能力。框架在模型和某一特定语言测试内容和模式间起调节作用。此外，框架可以解释如何根据特定环境选择特定结构和内容（Fulcher，2014）。不过，在语言测试领域，这两个概念常被互换使用。比如，Lado（1961）的语言能力思想被 Purpura（2016）称作二语水平技能与元素模型，而 Farhardy（2005）则将其称为要素或技能框架。鉴于这种互换性，本书中"模型"和"框架"两个概念也将根据场合（如避免用词重复等）互换使用。

1.5　小结

　　本章首先对现代语言测试视阈下策略能力进行了概述；接着从语言测试和策略能力及外语口语的关系出发，结合我国英语教学特别是口语策略能力教学现状、最新教育评价改革目标、国家语言规划与政策研究热点问题、"双减"教育改革背景下英语教育改革及在线教学对在线评测提出的挑战，探讨现代语言测试视阈下口语策略能力研究的不足及开展以计算机辅助综合口语测试构建中国英语学习者口语策略能力研究的重要性和必要性；最后，本章对全文中出现的容易混淆的专业术语与概念进行了必要的说明和解释。

上篇
理论发展

　　本篇从跨学科视角全面梳理了语言测试发展进程中，特别是现代语言测试发展近 60 年来该领域体现策略能力、代表语言测试本质的语言能力模型的发展和演变，包括组成要素、一般工作模式，以及在外语口语产出特定情境下的工作模式。基于策略能力工作模式的探究，本篇进一步梳理了口语任务认知要求与任务复杂度理论研究，并结合计算机辅助综合口语测试的特点、该测试模式对策略能力的要求，以及该测试任务所涉的任务复杂度对现有的实证研究中进行了综述。本篇还详细介绍了测量策略能力、测试任务及口语成绩的常用方法、工具及研发理论。

第 2 章
现代语言测试发展史

语言测试植根于应用语言学，其根本要务就是提供一个逻辑上可接受、理论上有意义、经实证验证的语言能力概念。

——Farhady，2018

2.1　语言测试起源

"基列人占领了约旦河渡口向以法莲逼近。当想要逃跑的以法莲人对基列人说：'让我通过这个渡口吧。'基列人就会问：'你是以法莲人吗？'如果回答'不！'基列人就会要求对方说'shibboleth'；如果回答'sibboleth'（发音不正确），基列人就会抓住他，并在约旦河边将其斩首。"（Bretter，2002：5–6）

虽然旧约圣经《士师记》里记载的中古代 Shibboleth 发音测试的故事据说是关于语言测试最早的文字记录，但是，语言测试领域关于语言测试的起源存在不同见解，因此很难追溯人类社会究竟何时开始使用语言测试（Tran，2012）。有些学者（如 Ross，2008；Tran，2012）认为语言测试始于 Shibboleth 测试；有些学者（如 O'Sullivan，2011；Spolsky，1995）认为包含语言元素的正式语言测试起源于 1500 年前的中国科举制度；而 Spolsky（1995）则表示，对于他们这一代的语言测试者来说，大家普遍认为语言测试始于 19 世纪 70 年代，当时的语言测试依托美国"教育测试服务"（Educational Testing Service，ETS）中心和英国"剑桥考试"（Cambridge Assessment）两大测试机构向全世界辐射，并由此实现了语言测试的大规模产业化和集中化。

尽管关于语言测试起源的说法不一，不过学术界还是一致认为语言测试在世界范围内有着非常悠久的历史，只不过几个世纪以来语言测试的发展一直缺乏理论基础，从而导致学者对语言测试的起源看法不一。Spolsky（1978）把语言测试发展缺乏理论基础的这几个世纪称为"前科学（pre-scientific）"或"直觉（intuitive）"时期。语言测试在随后的发展中受到应用语言学和心理学等学科的极大影响。这一时期被包括 Spolsky（1978）和 Farhady（2018）在内的学者称作"科学（scientific）"时期。这两个时期又被称作"前 Lado（pre-Lado）"时期（Ross，2008），以彰显 Lado（1961）对现代语言测试的诞生所发挥的重要作用。在语言测试发展历史上，《语言测试：外语测试构建及使用》（Lado，1961）一书的出版及《语言测试中针对外语学习者英语语言能力的根本考量》（Carroll，1961）一文的发表被认为是现代语言测试的开始（Fulcher，2014）。从那时起，语言测试作为独立学科，在理论和实践方面不断发展、更新，产生了大量影响深远的理论模型，逐步揭示着语言测试的本质。正因为现代语言测试发展在整个语言测试发展史上的举足轻重，本书关于语言测试及测试情境下口语策略能力的研究均聚焦于语言测试发展的这一核心时期。

2.2　语言测试定义

在语言测试发展史上，关于语言测试的定义存在很多观点。作为现代语言测试创始人之一的 Carroll（1968）将语言测试定义为旨在引发被测试者某些行为以便推断被测试者某些特征的过程。Davies et al.（1999）认为，语言测试是一种开发和使用语言考试的心理测量活动，其目的是判断一个人所掌握的语言知识和所具备的语言能力。这种能力表现为各种形式：语言成就或语言水平等。此外，McNamara（2000）提出，语言测试是一个过程，通过被测试者在处理测试任务时代表其语言能力的测试表现来预测被测试者在现实世界使用语言的真实能力。McNamara（2000）认为，语言测试涉及对被测试者的测试成绩进行解读，从而说明其掌握的语言知识和具备的语言能力。在《语言测试百科全书词典》中，Mousavi（2009：36）将自我评价和测试视作一体，并认为，语言测试是对"个人某些属性的水平或大小进行评测"。相比以上定义，Bachman & Palmer（2010）所提出的语言测试定义更具广泛性。他们把语言测试定义为信息收集过程，在该过程中，测试者根据具有实质性依据的一些系统性程序收集所需信息。而最近由 Ellis et al.（2019）提出的语言测试定义则和 Bachman & Palmer（2010）对语言测试的定义有着异曲同工之处，且与前者相比更加简单。Ellis et al.（2019）认为，语言测试就是收集数据，做出有效、有用、可信的判断。

在语言测试领域，"自我评价""测试""评价"和"测量"这些概念常常互换使用，指代数据或信息收集，但实际上，这些概念的具体定义有所差别（Bachman，2005；Bachman & Palmer，2010）。例如，大多数语言学家和研究人员认为"测试"是正式行为，而"自我评价"是非正式行为，因为后者和前者相比更贴近现实世界，更真实（Bachman & Palmer，2010）。1990 年，Bachman 指出了这些概念间的详细差别。他认为"在社会科学领域，'测量'是根据明确的程序和规则对个人特征（personal attribute）进行量化的过程，而'测试'是一种测量工具，测试者可以通过它获取反映被测试者某一特性的样本数据"（Bachman，1990：18-20）。此外，他将"自我评价"定义为收集信息以做出决策的过程。Hughes（2003）和 Read & Chapelle（2001）也表达了他们对"测试"和"自我评价"区别的看法，指出语言测试只是语言自我评价的一种。同样，Brown（2004：3-4）也指出，"简单来说，'测试'是衡量一个人在特定领域的能力、知识或表现的方法，而'自我评价'是一个持续的过程，与'测试'相比，它是一个更广泛的领域。"与 Bachman（1990）一样，除了对"测试"和"自我评价"作出区别之外，Brown（2004）还指出了"评价"和"测量"之间的区别。他认为，"测量"是对语言学习者的表现进行量化，而"评价"是解释信息以做出决策。

尽管在语言测试领域出现了各种术语说明"语言测试""语言自我评价""测量"和"评价"之间的区别，但 Bachman & Palmer（2010）进一步指出，就语言测试的开发和使用而言，没有必要对这些术语进行精确区别，因为本质上所有这些概念都只不过是"自我评价"这一单一过程的变体。基于这一立场，他们建议将"自我评价"广泛定义为一种信息收集过程，包括各种信息收集方式，如观察、自我报告和问卷调查等。与此观点一致，Shohamy（2001：143）提出"语言测试与语言知识的测量有关"的观点。同样，Fulther（2014）和 Chapelle & Brindly

（2002）认为语言测试可以和语言评测互换使用。Davis（1990）也提出了相同观点，指出语言评测可以不受限制被视作语言测试。与此观点类似，Chapelle & Brindly（2002）认为，测试和评测是统一的，因为两者都涉及根据被测试者的表现对其语言能力进行推断。这一看法也得到其他学者的认可，他们称"……在实践中，不可能在测试和评测之间做出十分清晰的区分"（Stoynoff et al.，2005：10）。基于以上针对语言测试定义的各种讨论，"测试""评价""测量"和"自我评价"在本书中被视为同义，互换使用。

2.3　现代语言测试发展

如前文所述，学者普遍认为《语言测试：外语测试构建及使用》（Lado，1961）一书的出版及《语言测试中针对外语学习者英语语言能力的根本考量》（Carroll，1961）一文的发表标志着作为独立学科的现代语言测试的开始（Fulcher，2014）。现代语言测试理论发展至今历经了心理测量——结构主义时期（the era of psychometric-structuralism）、综合社会语言学时期（the integrative sociolinguistic era）、交际/心理测量——交际时期（the communicative/psychometric-communicative era），以及新趋势时期（the era of new trend）。

2.3.1　心理测量——结构主义时期

作为历史上第一本语言测试著作的作者，Lado（1961）的结构主义思想和观点开启了"心理测量——结构主义时期"，并作出了巨大贡献（Davis，2013）。该时期又被称为"基于语法的语言测试时期"（grammar-based language testing era）（Purpura，2016）。在这一时期，Lado（1961）的结构主义思想主要体现在：将被测试者的语言知识视为发音、单词和句子所构成的语法系统，主要表现为听、说、读、写四种语言技能。在 Lado 思想的影响下，这一时期的语言测试通常表现为每一次测试聚焦于语法系统的某一个组成元素。换言之，这一时期的语言测试理论和实践的特点是让被测试者的语法知识自动化（automizing）

及去语境化（decontextualizing）。其导致的结果是，语言测试表现为孤立地测试语法知识的各个方面，需要被测试的语言也被视为孤立的、独立的、单独的语言构成元素，而不是一个系统的综合整体（McNamara，2000）。Davis（2013）指出，心理测量——结构主义时期的语言测试是在各个分离的层面衡量被测试者的语言知识。Carrol（1972）也提出，心理测量结构主义测试者所测试的实际上是语言的离散结构成分。正因为如此，这个时期的语言测试是以判断对错题或多项选择题为代表的离散点测试（Spolsky，1995）。尽管这种语言测试具有客观性、易操作性、信度和效度易于计算等优点，但离散点测试无法实现语言学习的主要目标——语言交流（McNamara，2000；Weir，2005）。此外，Lado（1961）的这种关于语言测试的实证主义观点也受到当时代表语言测试发展新趋势的支持者的质疑。他们指出，语言不是离散元素的总和，将语言分解成独立的元素并不符合现实世界中的语言使用规则；相反，他们认为在现实世界环境中，语言使用不仅需要语言元素，还需要交际元素。语言应该作为一个整体发挥作用，每一次语言测试应该整合多种语言元素，否则无法体现被测试者在现实世界使用语言知识处理语言的能力（Rose，2008；Weir，1999；2005；Weir & Su，2015）。

2.3.2　综合社会语言学时期

对 Lado（1961）思想提出质疑的代表语言测试新趋势的主导声音来自 Carroll，他的思想引发了语言测试的新变革，使语言测试进入一个全新时期——综合社会语言时期（Rose，2008；Spolsky，1978）。Carroll（1961）主张以综合方式测量语言技能和语言元素，建议语言测试应该基于情境，并且关注综合"话语的交际效果"。Carroll（1961）的观点和思想得到了 Oller 的大力支持和推广，他提出了语言测试中语言和语言使用的新观点。Oller（1983）认为，语言测试应减少对语言知识的关注，多重视语言使用中所涉及的心理语言学过程。在此基础上，他提出了单一能力假说（Uintary Competence Hypothesis）：被测试者的语言能力是一个全局性的结构，是一个统一的、相互影响的语言能力集合，不能只通过语法来测试。Oller（1983）的假说强调被测试者在语言测试中的表现取决于他们在处理语言测试任务时，整合语言各个方面或同时使用多种语言元素的能力（McNamara，2000）。Oller（1983）假说的支持者通过实证研究对该假说提供依据，称诸如态度、智力这样的心理能力都是单一能力的表现形式之一（Rose，2008）。完形填空和听写是这一时期被推崇的典型的综合测试，两者都使用拓展文本检查被测试者语言使用能力，而不是使用 Lado（1961）所提倡的反映语法和翻译准则的离散点问题来测试被测试者的语言使用能力。

由于是建立在 Oller（1983）关于语言测试综合特征的假设基础之上，综合测试允许被测试者在一次测试中整合多种语言元素，以模拟现实世界中的语言使用情况。然而，对此假设持批评态度的人质疑此类测试的有效性。他们指出，Oller（1983）所提倡的所谓综合测试实际上无法模拟被测试者在现实世界里可能面临的实际交际互动，因为这些测试是间接测试，不能直接测试被测试者处理真实语言使用情况的能力（Weir，2005）。此外，进一步研究表明，这些综合测试（如完形填空）与离散点测试所测量的是相同的东西（McNamara，2000）。一些研究人员，如 Bachman & Palmer（1982）和 Farhady（1983）甚至采用各种统计技术来检验、证明 Oller（1983）单一能力假设本质上是针对因子分析（Oller 用于单一能力假设的统计方法）应用和解释不准确的结果，因此关于单一能力假设的结论都是无效的（Rose，2008；Shillaw，2017）。

2.3.3　交际/心理测量——交际时期

语言测试领域对代表 Oller（1983）观点的综合测试的反对声音催生了语言测试的新理论：体现 Hymes 思想的交际能力理论。Hymes（1972）强调社会背景和语言背景在特定信息中的同等重要性，语言测试应该测量被测试者在任何一个特定交际场合都能够以适当、交流的方式使用语言元素和语言技能的能力（McNamara，2000；Rose，2008）。受 Hymes（1972）的影响，Canale & Swain（1980）以他们的交际能力思想开创了交际时期（the communicative era），这一时期也被命名为"交际/心理测量——交际时期"（Bachman，1990）、"功能性交流时期"（the functional-communicative era）（Birjandi & Sarem，2012）。Farhady（2018）评价道，这一时期之后，语言测试领域中所有关于语言能力的理论和实践几乎都受到 Canale & Swain 的影响。交际语言能力模型（Communicative Language Ability Model）（Bachman，1990）和语言使用框架（Language Use Framework）（Bachman & Palmer，1996，2010）就是这种影响的很好例证。在交际 / 心理测量——交际时期，语言测试的重大发展是它不仅测量被测试者的语言能力，也测量语言使用的交际因素（McNamara，2000；Rose，2008）。因此，交际语言测试受到了极大的关注和普及，该测试旨在利用真实的语言使用条件来激发被测试者的语言使用能力，同时兼顾语言测试中的环境特征和文化因素（Farhady，2018）。

2.3.4　新趋势

现代语言测试发展过程中出现的各种思想交织在一起不断推动着该领域理论研究的发展。进入 20 世纪后，现代语言测试理论发展出现了新的趋势：测试内容扩大到语言所体现的社会语言学因素。比如，Spolsky（2017）认为语言测试应体现伦理道德因素；Shohamy et al.（2017）以及 May（2017）提出语言测试能够在很大程度上体现国家相关政策，对社会影响重大；Roever & McNamara（2006）提议将社会维度（social dimension）融入语言测试等。而在近期语言测试发展过程中，多语种测试（multilingual test）以及英语作为通用语（English as a lingua franca）的提议也被学者的广泛认可（Spolsky，2017）。同时，随着语言测试人员测试意识的提高，学习导向自我评价（learning-oriented assessment）也引起了学者（如 Kim & Kim，2017；Turner & Purpura，2016）的关注。这些关于语言测试发展的新趋势实际上体现了语言测试在语言政策和规划方面发挥的重要作用。由于各国语言规划和政策出发点、侧重点、目标不同，这些发展新趋势在一定意义上也体现了现代语言测试开始本土化的特征（李明宇、朱海，2020）。

2.3.5　我国语言测试发展

从时间上来说，现代语言测试的蓬勃发展恰与中华人民共和国成立后逐步开展、落实针对我国英语学习者的教育体系构建工作"齐头并进"，这也让我国语言测试发展体现出既与国际同步又满足本国实际教育需求的特点。这种特点具体体现为，我国语言测试者立足语言测试基本理论，根据我国实际教学要求，通过技术、方法的引介和创新开发出满足各种教学目标、针对不同受众群体的语言测试，不断推进我国测试研究的科学化、系统化（何莲珍、张娟，2019）。在我国自主开发的语言测试特别是英语语言测试中，最具开创性的就是我国历史上第一次引入国际考试理论，把考试作为一门科学建立起来的英语能力测试（English Proficiency Test，EPT），这也是我国首次取得国际承认的英语考试。虽然该考试的初衷是对出国留学人员的英语水平进行评测，但是该考试的研发无疑是我国语言测试发展的里程碑，为后续各种考试的开发提供了理论和实践的双向借鉴，起到了"抛砖引玉"的作用。后期我国自主研发的具有影响力的英语语言测试包括针对大学英语专业和非专业的考试，如英语专业四级、八级考试，大学英语四级、六级考试等。同时，各种专业技能语言测试也发展起来，如全国翻译水平考试，以及具有一定区域特色的语言水平考试，如上海中级、高级口译考试等。这些语言考试从各个层面服务着我国外语人才培养的需求（邹申等，2015）。

与此同时，伴随着我国经济发展，在以把人才"送出去"为主要目标的、以服务人才"走出去"为主流的语言测试发展的同时，国家开始注重以引进人才为目的的"引进来"的文化双向交流规划。在这种国家发展方向的指导下，各种针对外国友人的汉语考试也开始逐渐发展、成熟起来，如汉语水平考试、普通话水平测试，以及对外汉语水平考试等。同时，这些汉语考试也在国人内部特别是在少数民族地区推广，在辅助国家文字标准化、宣传国家文化、科学使用汉字等方面均发挥积极作用，起到对内宣传、对外交流的"一石双鸟"的成效，彰显了语言测试在我国语言规划与政策方面所扮演的不可或缺的作用（李明宇、朱海平，2020）。"走出去"和"引进来"的语言测试目标也在一定程度上反映了我国测试发展与国际社会语言测试发展的"融通"性，包括意识、形式、合作、知识共享及理念融通等（李明宇、朱海平，2020）。体现这一"融通"的最新努力就是《中国英语能力等级量表》（以下简称《量表》）的研发。《量表》从理念、模式方面均借鉴了《欧洲共同语言参考架构：学习、教学、自我评价》（*The Common European Framework of Reference for Languages：Learning，Teaching，Assessment*，CEFR），在具体开发过程中也得到 CEFR 相关专家的指导，实现了知识和技术的共享。而《量表》和国际各种语言测试的对接则进一步实现了这种"融通"（金艳等，2022；王华，2022）。

当前，随着科技进步，我国语言测试的发展也开始注重信息化。计算机辅助测试在一线课堂教学作为评测手段的使用便是很好的证明。但是这一发展仍属于摸索起步阶段，如何制定符合学生实际语言水平及现实使用需求的计算机辅助测试仍然是需要解决的问题。同时，语言测试发展新趋势也体现在我国现阶段语言测试发展目标中。国内很多学者（如何莲珍、张娟，2019）指出，开发、执行考试的一个重要标准就是关注考试的社会性，即考试在社会发展、百姓生活中的作用。而这种社会性从本质上来说还是体现了语言测试对国家语言规划与政策的服务作用，彰显着我国语言测试者通过与时俱进、服务社会的实践将中国打造成"测试强国"的初始之心和不懈努力（李明宇、朱海平，2020）。

不难看出，我国语言测试的发展过程中出现的科技创新及文化交流本质上均体现了我国国家语言规划与政策的具体实施。目前，我国语言规划与政策的当务之急就是提高国民语言能力，特别是在国际舞台上进行文化交流的英语语言能力，这无疑进一步说明了本书研究的合理性和必要性。

2.3.6　现代语言测试发展本质

通过现代语言测试的发展进程可以看到，现代语言测试的发展正是研究人员不懈努力探索语言测试本质的过程。正如 Davies（2013）对现代语言测试发展所作出的总结：自 19 世纪 70 年代以来，语言测试领域一直由三个因素主导，即（1）测试内容；（2）测试方法；（3）测试对象。Davies（2013）的总结与 Weir（2005）对现代语言测试发展的评价是一致的。Weir（2005：1）认为，"语言测试要求测试者既要了解特点（traits）又要了解方法。特点是测试者需要测量被测试者的语言能力结构（construct），也就是语言测试的'是什么（what）'；方法则涉及'如何（how）测'，也就是测试者开发的可以提供语言能力信息的测试工具。"Shoharmy（2017）在总结现代语言测试发展时也提出和 Weir

（2005）相似的看法。传统语言测试由两个主要部分组成：一个是"测什么"，即侧重需要测试的结构或特征；另一个是"如何测"，即测试方法，关注的是语言测试中用来测"什么"的具体程序以及策略。对于学者所讨论的现代语言测试里的"结构"，McNamara（2000）解释说，语言测试中的测试结构是指被测试者所具备的语言知识和语言技能，而这些方面和技能是语言测试的目标。在语言测试发展后期，Read（2016）表达了与 McNamara（2000）相同的理念：语言测试要测的是被测试者的语言知识、语言技能和语言能力。同样，Bachman（2005）也认为语言测试旨在测试学习者在测试中所体现出的个人属性，而语言能力是这些属性之一，是"测试者已经知道或者喜欢称作为结构的东西"（Bachman，2005：2）。Bachman & Palmer（2010）则更加明确地指出，测试者感兴趣的就是语言能力，它为测试者从特定任务得出的测试分数／表现提供了基础。

这些关于现代语言测试发展的观点揭示了语言测试的三个变量：被测试者、测试任务和测试表现。Bachman（2005，2007）提出理解语言测试的一个决定性因素就是被测试者的语言能力。这一提议得到Farhady（2018）的支持，他表示语言测试发展的基本问题始终是从理论、逻辑、实证方面探究关于语言能力结构的有效定义。语言能力在现代语言测试发展中的重要性也得到了 Hidri（2018：3）的认可。他提出，"也许测试者需要解决的唯一且复杂的问题就是：测试语言能力结构是什么以及如何去测"。关于语言测试本质的讨论一直延续到今天，而讨论的核心实际上是围绕早在语言测试发展初期 Spolskey（1978）就提出的问题：什么是语言能力？当时 Spolsky 称，这个问题的答案还没有找到，因为语言测试领域缺乏一个有夯实理论基础支撑的语言能力定义。40 年后，Farhady（2018）在概括现代语言测试领域发展时表达出同样的看法；现代语言测试领域缺乏有效的语言能力定义，原因就是缺乏可以定义语言能力的理论。Bachman & Palmer（2010）对现代语言测试的概括充分体现了语言能力在现代语言测试发展中的重要性：现代语言测试的本质就是语言能力，了解语言测试就是了解语言能力。

2.4　语言能力模型

2.4.1　语言能力

语言能力是"语言使用的一个特征"（Bachman，1990：682）。语言能力又被称作"语言水平""交流能力"等，对语言学习者的语言学习和语言使用起着至关重要的作用。语言能力很难定义，因为我们无法通过肉眼直接观察到一个人的语言能力。这也说明为什么即使现代语言测试已经发展 60 多年，对于语言能力的定义仍然没有定论（Ellis et al.，2019），也解释了上文关于语言测试发展本质的讨论至今依然继续的原因。就像 Spolsky（1995）和 Shohamy（2001，2007）在早期语言能力定义讨论中所表达的观点：语言测试领域尚无有效、可靠的关于语言能力结构的定义。而在近期的关于语言能力定义的讨论中，Farhady（2018）也指出观察和定义语言能力的不确定性，并表示这种不确定性是由于缺乏可用于定义语言能力的理论。同样，在评价语言测试发展的根本问题时，Purpura（2016：193）指出定义语言能力"可能是语言测试领域最引人注目和最持久的挑战"。传统上，人们认为语言能力由四种技能组成：听力、口语、阅读和写作，也就是我们常说的听、说、读、写（Bachman & Palmer，2010）。尽管语言能力缺乏统一定义，然而 Bachman（1990）以及 Bachman & Palmer（1996，2010）对这一观点持反对意见。受交际能力理论（Canale & Swain，1980）启发以及语言使用理论（Hymes，1972）的影响，Bachman（1990）和 Bachman & Palmer（1996，2010）提出，语言能力是指个人进行语言行为的能力，在判断被测试者的语言能力时需要考虑语言测试发生的具体情境。Chapelle et al.（2011）则更清晰地提出，被测试者的语言能力表明了其整合语言知识（如语法和词汇）的能力以及其实现特定语言目标所需的策略能力。

事实上，回顾现代语言测试的发展史，我们不难发现关于语言能力定义的讨论总是围绕着某一特定的模型（Bachman，2007；Purpura，2016），而这些模型也承载了现代语言测试各个历史发展时期的思想精髓。虽然这些模型对语言能力的定义各不相同，但它们都表现出一个共性："语言能力是一个多维度的复杂结构"（Davies，2013：112）。同时，伴随着语言测试的发展，语言测试者对语言能力的理解也逐渐成熟、完善，每一个新开发的语言能力模型总是"比以前的更全面一些"（Farhardy，2005：151）。本书接下来的章节将结合语言测试发展的各个历史时期，梳理代表各个时期有重要影响力的语言能力模型。

2.4.2 语言能力模型

1. 语言能力技能与元素模型（Skill-and-Elements Model of L2 Proficiency）

现代语言测试发展的第一个比较成熟的理论模型是在心理测量——结构主义时期，Lado（1961）创建的语言能力技能与元素模型。该模型以语言学为主导理论框架，把语言能力视作语法体系里分立的语言元素，如音节、结构、词汇，表现为听、说、读、写四项语言技能。语言能力技能与元素模型将语言分立为独立元素，这种思想受到一些学者（如 Farhardy，2018）的质疑。他们认为，语言不是分立元素的集合，将语言孤立地分割成若干组成元素不符合语言实际使用需求。此外，在现实世界中，语言使用不仅涉及分立的语言元素，还涉及交际元素，而 Lado（1961）的模型仅仅强调语言的分立结构组成元素，因此无法体现语言学习的终极目标——语言交际（Weir，2005）。

2. 一元因子假设（Unitary Factor Hypothesis）

与 Lado（1961）的分立模型不同，Oller（1983）的一元因子假设模型是一种心理语言学模型，它强调语言测试不仅需要关注语言知识，而更应关注语言涉及的语言心理学过程，同时该模型还突出测试语言的综合性及一元性。在该模型中，语言能力被定义为一元因子，表现为多种形式的分立语言因素及技能。根据这一模型，被测试者的语言能力取决于其是否能够综合使用语言的各个方面，或同时使用多个语言元素处理语言任务。Oller（1983）的一元因子假设模型代表了综合社会语言学时期的语言测试理论发展，这一模型实质上体现了 Carroll（1961）的语言测试思想：语言能力应被视作全局性的、由一系列语言特点所构成的整体。因此，语言测试需以综合方式对语言技能和语言构成元素进行测量；同时，语言测试需考虑语言的使用环境，关注语言产出的综合交际效果。

3. 交际能力模型（Model of Communicative Competence）

Lado（1961）和 Oller（1983）提出的这两种相互对立的模型在现代语言测试领域引发了关于语言能力是可分的还是不可分的讨论。在此背景下，Canale & Swain（1980）提出了多成分构成的交际能力模型，开启了交际/心理测量——交际时期。该模型建立在交际能力这一概念基础之上，Hymes（1972）强调语言信息所传达的社会情境和语言情境的重要性。在其思想影响下，Canale & Swain（1980）在这个多成分模型中把交际能力定义为交际所需要的知识和技能的综合，由语法能力（grammatical competence）、社会语言能力（sociolinguistic competence）、策略能力（strategic competence）构成。语法能力是指通过词、句的意思表达语义；社会语言学能力指语言使用的社会文化原则及话语原则，如语用意义；策略能力通过帮助被测试者解决沟通问题，在语言测试中起到补偿作用，体现了被测试者使用诸如话语标记（discourse marker）等策略来解决实际交流问题以确保交流顺畅的能力。后来，Canale（1983）升级了该模型，加入了话语能力（discourse competence）这一要素，即被测试者生成连续、连贯话语的能力（Purpura，2008）。Farhardy（2018）认为交际模型中的语法能力实际上反映了 Lado（1961）和 Oller（1983）解读的语言能力，而"这一模型的建立是语言测试领域对语言能力进行定义的重要成就，对后期语言能力模型、框架的构建影响重大"（Farhardy，2018：5）。可以说，在这一时期以及后来的语言测试理论发展时期，几乎所有关于语言能力的理论和实践均受到交际能力模型影响。需要指出的是，虽然交际能力模型（Canale & Swain，1980）在语言测试领域有很大的影响，在该模型建立初期，Farhardy（1983）曾批评该模型过于复杂，并提出了功能能力（functional competence）的概念来简化模型。他指出功能能力是先于交际能力的构成要素，是"具有特殊预定义的交际能力的构成元素"（Farhardy，1983：150），具有交际能力的所有特质。但是，交际能力由多个语言使用特定领域的功能能力组成，因此，与之相比较，功能能力涵盖的范围有限。由于 Farhardy 的功能模型（functional model）在相关文献中鲜有被提及，该模型对语言能力概念的构建影响甚微（O'Sullivan，2011）。

4. 交际语言能力模型（Model of Communicative Language Ability）

Canale & Swain（1980）的交际能力模型对后期语言测试发展影响的集中体现就是 Bachman（1990）的交际语言能力模型以及在此模型基础上由 Bachman & Palmer（1996，2010）创建的语言能力模型（Language Ability Model）。Bachman（1990）的交际语言能力模型包括语言能力（language competence）、策略能力（strategic competence）、交际语言能力（communicative language ability）三大要素。语言能力指语言使用者在实际交流中的特定语言知识，由两大要素构成：第一要素是组织能力（organization competence），指语言使用者通过把握语言结构确保生成语法正确的句子，并对句子进行排序生成正确的语言表达；第二大要素为语用能力（pragmatic competence），即语言使用者根据特定的交流语境使用语言的能力。在该模型中，Bachman（1990）将策略能力定义为语言学习者在语言情境中通过使用语言知识进行交流的心智能力，是确保"正常沟通的核心"（Ellis et al., 2019：244），由三大要素构成：自我评价、规划（planning）、执行（execution）。心理生理机制则是指语言使用所涉及的神经及心理学过程，如声和光。交际语言能力模型的这三大组成要素通过语言使用者的策略能力和语言使用语境及语言使用者的语言结构知识（社会文化知识及关于真实世界的知识）进行互动，被认为是"最具影响力的多元素交际能力模型"（O'Sullivan，2011：13）。

Bachman（1990）所创建的交际语言能力模型开启了现代语言测试领域研究人员对于该模型的修改及拓展工作。例如，Douglas（2000）对该模型进行了修改，将语言学习者的背景知识作为语言能力的组成元素纳入模型，形成特定语言使用模型。同样，Purpura（2004）对交际语言能力模型也进行了修改，将语言知识定义为语法知识和语用知识两大构成要素，并强调语义的重要性。此外，对语言技能（听、说、读、写）具有研究兴趣的研究人员也纷纷从某一特定语言技能的视角出发对Bachman（1990）的交际语言能力模型进行探究和重新定义，如Weir（1999）从写作的视角对该模型进行了探讨，并提出针对写作技能的交际能力模型。后期，通过与Palmer（1996，2010）的合作，Bachman对交际语言能力模型进行升级，建立了语言能力模型，并将该模型和另一语言任务模型一并嵌入语言使用框架。Bachman & Palmer（1996，2010）创建的这些模型延续了 Canale & Swain（1980）的交际能力模型的特质，强调了语言的交际层面，因此这些模型均体现了语言测试在交际/心理测量——交际时期的重要发展：语言测试既测量语言能力又通过使用现实语言情境（包括文化因素）激发被测试者的交际语言能力（McNamar，2000）。"如今，交际能力模型仍是交际语言教学及测试的主要理论框架。"（Purpura，2008：57）尽管在现代语言测试领域影响深远，交际语言能力模型也存在不足。由于它所聚焦的是现实语言环境中以交际为目的语言能力，因此不太适用于缺乏人际交流的语言使用情境，如当下越来越流行的计算机辅助测试（Chapelle & Voss，2016）。

5. 语言能力模型（Language Ability Model）

1996 年，通过与 Palmer 合作，Bachman 对交际语言能力模型进行升级修订，建立了语言能力模型。在新修订的语言能力模型中，语言能力与包括主题知识（topic knowledge）、个人特点（personal characteristics）和情感模式（affective schemata）的非认知因素一起被定义为是个体特征（individual attributes）的一部分。其中，主题知识指内容知识、知识机制或真实世界知识，它可以被视作学习者长期记忆的知识结构；个人特点包括性别、年龄、国籍、语言、教育情况等；情感模式则被视作与某一种特定主题知识相关的感受。基于这些感受，语言使用者会根据自己所经历的情感有意或无意地对语言任务的特点及其使用场合进行评估。这些个体特征相互作用，影响测试成绩。语言能力模型（Bachman & Pamler，1996）由语言知识和策略能力两大元素组成。语言知识实际上就是交际语言能力模型中的语言能力，而策略能力被很清楚地定义为元认知策略，表现为三种形式：目标设定（goal setting）：明确自己要做什么；自我评估：评估自己是否具有处理任务所需的知识以及任务完成情况；规划：决定如何使用知识来完成任务。可以看到，修订版的语言能力模型与交际语言能力模型中的语言能力相比，对策略能力的定义有所变化，不过它也被批评存在一些局限性，如没有将语言测试中的一个重要变量——认知策略包含在内（Skehan，1996；2011；Ślęzak-Świat，2008）。

2010 年，Bachman & Pamler（2010）进一步修订语言能力模型。与 1996 年的语言能力模型相比，新模型中各组成要素及其定义变化不大，但策略能力的组成要素评估（assess）被改为评价（apprise）。其实，无论是 Bachman & Palmer（1996，2010）语言能力模型还是代表语言测试发展各个时期的语言能力模型，它们所关注的都是被测试者，没有体现语言测试的过程特质，因此无法应用于检查测试过程中被测试者与测试任务间的交互作用。在实际研究中，这些语言能力模型必须和其他模型或框架同时使用才能体现这种交互作用，增加了语言实证研究的复杂性，也在一定程度上说明为什么现在语言测试发展至今，该领域一直存在的根本问题就是明确测试者、测试任务及测试成绩间的复杂关系（Bachman，2007；Luoma，2004；何莲珍，张娟，2020）。

在语言测试领域，很多学者（如 Bachman & Palmer，1996，2010；Hidri，2018）已经形成共识：在定义语言能力时应考虑语言使用背景。这些学者认为个人对特定语言知识（如语法和词汇）的使用以及他们对策略的使用取决于语言表现发生的环境。这种共识也促使 Bachman & Palmer（1996，2010）越来越强调在反映语言测试交互作用的语言使用框架中定义语言能力："语言能力必须在交互语言使用框架内考虑"（Bachman & Palmer，1996：62）；"我们还需要以适合每种特定测试情境的方式定义语言能力"（Bachman & Palmer，2010：43）。基于这种对语言测试互动性的进一步认识，2010 年，Bachman & Pamler 对他们1996 年创立的语言能力模型进行了修订并提出新的语言能力模型，并强调应将该语言能力模型置于更宏观的语言使用框架中，才能体现语言测试的互动特性。

6.《欧洲共同语言参考架构》

交际 / 心理测量——交际时期的另一重要语言能力模型是欧洲委员会在 2001 年通过的《欧洲语言共同参考框架》（CEFR）（O'Sullivan，2011）。此框架旨在提高欧盟成员国之间在语言教学方面的透明度和一致性，被认为是现代语言测试发展史上对语言能力研究的又一重要推进，也被国内一些学者认为是目前国际上最有影响力的语言能力框架（金艳等，2022）。CEFR 详细、全面地诠释了如何评价语言学习者的学习能力，并根据语言学习者的语言能力（听、书、读、写）将其划分为不同的级别。总得来说，CEFR 将学习者的语言能力分为 6 个级别，分别为：A1（入门级）、A2（基础级）、B1（进阶级）、B2（高阶级）、C1（流利级）和 C2（精通级）。CEFR 为世界各国根据本国国情制定本土化的语言能力模型、框架，及语言测试的研发发挥了很大的参考、借鉴作用，这其中就包括 2018 年颁布的《中国英语能力等级量表》（刘建达，2021；邹申等，2015）。然而美中不足的是，CEFR 对语言学习者的交际能力定义仅仅包括语言学习者的语言能力、社会语言能力及语言能力所构成的语言知识，并没有包括语言学习者的策略能力。因此一些学者（如 O'Sullivan，2011）指出，尽管 CEFR 在语言测试实践中发挥了重要和积极的作用，推动了现代语言测试发展，但从理论上来说它存在不足，有待改进。

不可否认的是，CEFR 极大地促进了欧洲的语言教学，并为保护欧洲多元文化和语言做出了巨大贡献。CEFR 虽然代表的是交际 / 心理测量——交际时期现代语言测试的发展，但也体现了上文所述现代语言测试发展愈发强调立足本国国情、服务国家语言规划和政策的新趋势（李明宇、朱海，2020）。

7.《中国英语能力等级量表》

2018 年 2 月颁布的《中国英语能力等级量表》（以下简称《量表》）在构建模式和理论框架方面极大借鉴了 CEFR，两者在很大程度上有相似之处。但是《量表》的针对性更强，它完全是从中国英语学习者的语言能力出发，从低到高 9 个等级，从听、说、读、写各方面对学习者语言能力进行评价。《量表》对语言能力的定义为语言理解能力、语言表达能力、语用能力、语言知识、翻译能力和语言使用策略等（刘建达，2021；金艳等，2022），可以看到，《量表》对语言能力的分类和Bachman & Palmer（2010）语言使用框架关于语言能力的定义和分类一致。与 CEFR 相比，《量表》将语言使用策略纳入语言能力范围，体现了语言测试领域对语言能力模型构建的进一步发展。不管是理论构建及使用群体，《量表》都代表了语言测试领域的最新语言能力模型，同时也凸显了中国元素，体现了上文所述语言测试发展日益强调本土化、立足本国国情、服务国家语言政策的新发展趋势。也正因为这些优势，目前《量表》已经广泛应用于我国外语评测及外语教学中。在本土化的同时,《量表》也通过与国际各种大型外语测试（如托福、雅思、培生等）的对接实现世界化，真正体现了在语言测试领域让中国故事被世界倾听和关注的国家语言政策的根本目标（刘建达，2021）。

随着《量表》在我国语言测试领域全面推广，针对《量表》信度、效度的实证研究也涌现出来。不少研究人员（如冯莉、严明，2020；何莲珍等，2020；金艳、揭薇，2020；刘建达、吴莎，2020；穆雷等，2020；潘鸣威，2020；潘鸣威等，2020；曾用强、曹琳琳，2020；朱正才，2020）分别从不同的语言技能角度对量表开展进一步研究。国内一些知名核心期刊（如《外语界》）还开辟了针对《量表》的专栏，为广大致力于《量表》工作的研究人员提供了学术交流平台，也在很大程度上促进了《量表》的推广和应用，使得中国的测试领域有了我国自主研发的、针对中国语言测试者的有效测量工具。与此同时，还有一些研究人员（如何莲珍、罗蓝，2020）致力于将《量表》和国内外各种具有影响力的权威语言测试进行对接，进一步加速了《量表》和国内外考试接轨的步伐，推进了中国量表的国际化。

2.5　语言能力定义法则

2.5.1　互动能力法则

现代语言测试发展中，研究人员使用不同法则（approaches）定义语言能力。Purpura（2016）将这些法则归纳为四类：基于特性法则（the trait-based approach）、以任务为中心法则（the task-centred approach）、互动主义者法则（the interactionist approach）及社会互动型法则（the socio-interactional approach）。早在1990年，Bachman就使用术语"互动能力法则（the interactive ability approach）"来定义Purpura（2016）的"基于特性法则"。Bachman（1990）认为，使用该法则来定义语言能力是将语言测试看作心理活动，它来自并体现了语言能力技能与元素模型（Lado，1960）、Carroll（1961）的思想及一元因子假设模型（Oller，1983）。Skehan（1998）将这种"互动能力法则"解释为建立体现语言测试的语言能力模型。后期，Bachman（2007）交替使用"互动能力"和"交互能力（interactional ability）"来指代这种语言能力定义法则。基于"互动能力法则"，Bachman（1990）提出了交际语言能力模型，Bachman & Palmer（1996）创建了语言能力模型。除了"互动能力法则"，Bachman（2007）还提出了现实生活法则（a real-life approach）和互动主义者法则（Eliis et al., 2019）。与 Purpura（2016）不同，Bachman（2007）将 Purpura（2016）的两种语言能力定义法则（互动主义者法则和社会互动型法则）整合统一归类为互动主义法则。本章将主要依据 Bachman（2007）总结的三类语言能力定义法则并结合 Purpura（2016）对语言能力定义法则的分类，探讨现代语言测试领域关于定义语言能力所采用的法则。

2.5.2　现实生活法则

现实生活法则侧重于理解语言测试可以在多大程度上复制现实世界的非测试语言使用情况，以及通过被测试者在特定测试中的表现是否可以预测他们在现实世界处理具体语言任务时的表现（Bachman，1990；2007；Ellis et al., 2019）。被 Purpura（2016）归类为以任务为中心的语言能力定义法则本质上体现了现实生活法则，这种法则称为"基于任务表现自我评价法则（task-based performance assessment approach）"，且把这种法则又进一步细分为"基于任务表现自我评价一类法则"（以下简称"一类法则"）和"基于任务表现自我评价二类法则"（以下简称"二类法则"）（Bachman，1990，2002，2007）。Bachmann（2007）认为，"一类法则"旨在通过语言测试推断被测试者的"语言能力"（Brindley，1994；McNamara，1996）或"使用能力"（Skehan，1998）。这种使用能力指语言使用者根据语言使用环境、激活和利用的潜在沟通能力（Ellis et al. 2019）。"一类法则"建立在大量有关语言能力的文献基础之上，实际上是"Bachman 提出的互动能力法则交互部分的实际运作"（Bachman，2007：42）。"二类法则"所建立的假设是，被测试者在各种测试情境下的表现一致性可以反映他们完成现实场景任务的能力。这种假设与二语习得及语言教学中任务效能的研究相关（Bachman，2007；Purpura，2016）。Bachman（2007）和 Purpura（2016）都认为，"二类法则"与直接测试相同，将任务置于语言测试的焦点，并且"将测试表现和测试情境捆绑在一起"（Skehen，1998：

155）。虽然学术界对基于任务型语言教学研究兴趣的日益增加使得"二类法则"得到了大量认可，但在语言测试领域这一法则并不被认为是有效的。因为根据 Lado（1961）的观点，"二类法则"体现的是一种情境法则，而情境法则只是语言测试效度的外在表现，其本身并不具有效度（Bachman，2007）。

显然，从上面的论述可以看出，"一类法则"本质上是 Bachman（2007）"互动能力法则"的一种形式，而"二类法则"侧重于任务，是任务效度的外在表现，因此它无法被有效用作探索语言结构，即测试者的语言能力。总之，在一定程度上，"现实生活法则"与"互动能力法则"有很多交叠之处，但和后者相比，它所包含的"一类法则"和"二类法则"从两种不同的角度（语言能力及任务）研究语言测试结构即语言能力，而不是像"互动能力法则"那样以互动视角审视语言能力。

2.5.3　互动主义者法则

Bachman（2007）所提出的第三种语言能力定义法则为互动主义者法则，该法则是 Purpura（2016）分类的"互动主义者法则"和"社会互动主义法则"的整合，建立在 Chapelle（1998）提出的用社会互动视角定义语言能力的观点之上。这种法则旨在从被测试者的特质、测试情境特征以及两者间的相互作用等方面来解释被测试者测试表现的一致性（Bachman，2007；Purpura，2016）。Chapelle（1998）指出，"互动主义者法则"实际上体现了元认知策略在语言测试环境中发挥的重要作用，该策略影响被测试者的特征以及测试者与测试任务特征之间的交互作用。Bachman（2007）将这种法则的支持者分为三组：最强互动主义者（the strongest internactionalists）、温和互动主义者（the moderate interactionalists）、极简主义互动主义者（the minimalist interactionalists）。这三组人对语言测试提出了三种类型的主张（claims）：最强互动主义主张（Young，2000；Young & He，1998）、温和互动主义主张（Chalhoub-Deville，2003）和极简互动主义主张（Chapelle，1998）。

在分析这三种主张时，Bachman（2007）认为所有这些主张都有未解决的问题，存在局限性。首先，最强互动主义主张应将被测试者与测试任务之间的互动视为前者参与实践的能力。基于这一主张，语言测试要测试的语言能力具有针对某个测试情境本地化（local）的特点，且由语言测试的所有参与者（被测试者、测试任务、测试情境）共同构建。被测试者和测试任务之间的交互作用体现了语言测试的结构暨语言能力（Young，2000；Young & He，1998）。Bachman（2007）对这些主张提出了质疑，他指出，如果这些主张理论上正确的话，则表明交互作用在语言测试中是独一无二的。那么，被测试者的自我评价或测试表现不会出现一致性。没有这种一致性，就缺乏可以概括被测试者特征／属性以及测试任务属性的理论基础，反之亦然。Bachman（2007）进一步评论，Young（2000）和 Young & He（1998）对语言测试的观点本质上是语言能力在某些方面的扩展。同样，Chapelle（1998）和 Messick（1995）认为，无论语言测试者从哪个角度来定义语言测试（被测试者特征、测试任务、互动主义主张），被测试者在各种测试任务中的表现都应该呈现一致性。如果语言测试是本地化的，即是针对某个测试情境表现出的独特性，那么测试者就无法通过被测试者在某个测试情境下的表现来概括、预测他们在其他测试情境下的语言能力。Chalhoub-Deville（2003：376）也指出了这些主张的问题："如果被测试者的内在语言能力属性与测试情境密不可分，那么我们就不可能根据被测试者在某个情境下的测试表现去推断他们在其他情境下所具备的语言能力和所可能的测试表现。"Bachman（2007）还指出，最强互动主义主张混淆了语言使用和语言能力，借用各种口头话语分析方法的理论来定义语言能力，但实际上这些理论关注的是语言使用并不是语言能力。

温和互动主义的观点是被测试者和测试任务之间的互动对语言能力有影响，但 Bachman（2007）质疑这种主张的理论普遍性和相关性。作为该主张的主要支持者之一，Chalhoub-Deville（2003）提出语言测试结构为"个体语境中的能力"，即语言使用者的语言能力根据语言使用情境或语境与这些情境或语境的特性产生互动。这种互动将改变这些情境或语境的特征，反之亦然。Bachman（2007）指出，Chalhoub-Deville（2003）对语言能力的观点在很大程度上借鉴了语言学习和认知领域的研究，但是这些研究本身存在争议。因此，这种观点所支持的温和互动主义主张的信度显然也是值得怀疑的。Bachman（2007：65）总结，支持温和互动主义主张的研究"要么在其所属研究领域存在争议，要么与这些主张无关"。

　　极简互动主义主张是互动主义法则的第三种主张，认为语言能力与情境相互作用。这种主张似乎与互动能力法则有很多相似之处，两者都认可语言能力和语言使用情境的不同以及两者间的相互作用。然而Bachman（2007）指出，三种类型的互动主义主张均严重缺乏在语言测试情境中的研究证据。此外，这些主张借鉴的研究方法和研究视角"与语言测试相关的常规研究方法和研究视角截然不同"（Bachman，2007：66）。根据Bachman（2007）的这一观点，互动主义法则作为理论支撑的研究理论薄弱，缺乏说服力。

　　上述讨论表明，现实生活法则不具备语言能力的互动特性，互动主义法则缺乏和语言测试相关的理论依据；相反，互动能力法则建立在更为完善的理论体系上，不仅包含语言使用者因素、语言任务因素，也包含体现两者互动的因素，因此更贴近语言测试的本质（Bachman，2007；Purpura，2016）。在现代语言测试理论发展各时期的语言能力模型中，体现互动能力法则的有：交际语言能力模型（Bachman，1990）、语言能力模型（Bachman & Palmer，1996）以及在该模型基础上升级的基于语言使用框架的语言能力模型（Bachman & Palmer，2010）。显然这三种模型都和Bachman密切相关，因此又被一些学者（如Skehan，2018）称作Bachman法则模型。这三种模型均把语言知识和策略能力定义为语言能力的组成元素，并把策略能力放在语言能力的核心位置，对语言学习者日常交际活动产生核心影响（Ellis et al.，2019）。尽管这三种基于互动能力法则的模型再现了语言测试的互动特性，但它们也存在不足。比如，交际语言能力不适用于没有人与人互动的语言使用语境，语言能力模型缺乏认知策略等。针对这些不足以及语言测试和语言使用相联系的重要性，Bachman & Palmer（2010）进一步提出，将语言能力模型置于语言使用的宏观框架里，与测试任务特性模型平行使用，以此来体现语言测试过程中所涉及的各种互动，包括被测试者语言能力与测试任务特性间的互动、被测试者语言能力与测试表现间的互动，以及测试任务与测试表现间的互动等。基于这种思想，Bachman & Palmer（2010）又进一步提出"语言使用"这一概念，并建立起将语言能力模型作为其构成要素的语言使用框架（Frameworks of Language Use）。

2.6　语言使用框架

语言使用框架（Bachman & Palmer，2010）整合了语言能力模型（Bachman & Palmer，1996）和语言任务特征框架，系统体现了在语言测试过程中被测试者、测试任务与测试表现间的互动过程。换句话说，语言使用框架反映了语言测试领域有待解决的根本问题，即测试者、测试任务和测试表现间的复杂关系。更为重要的一点是，语言使用框架对于策略能力及其构成要素进行了全面、细致地定义和诠释。鉴于此，本书对策略能力在语言测试领域理论研究的探讨主要基于该框架中的策略能力模型。

2.6.1　语言使用

在不断探索、研究语言测试本质及语言测试根本问题的工作中，Bachman & Palmer（1996，2010）反复强调在定义和解释语言测试时，需要在体现语言测试交互作用的语言使用框架内来定义语言能力的重要性和必要性（Bachman & Palmer，1996）。Bachman & Palmer（1996，2010）认为，语言使用是创造或解释个人对特定情境用话语作出反应的预期意义（intended meanings），两人甚至多人间的互动谈判（negotiations）中的预期意义也被定义为语言使用。通常，语言使用涉及内部和外部交互作用。内部交互使用是指语言使用者间的交互作用；外部交互使用表示语言使用者和语言使用情境特征之间的互动。语言使用情境特征包括语言使用者书面或口头表达使用的语言，以及包括其他语言使用者在内的语言使用情境的物理特征（Bachman & Palmer，1996，2010）。基于这些观点，Bachman & Palmer（2010）提出两种类型语言使用的两大假设：只有一名语言使用者参与的非互动性语言使用（non-reciprocal language use）和两人及两人以上参与的互动性语言使用（reciprocal language use）。根据语言使用定义，Bachman & Palmer（1996，2010）提出，应根据两大原则在语言使用框架内来定义语言能力，这两大原则是对应原则和有用性原则。

第一，对应原则。Bachman & Palmer（1996，2010）认为，语言测试关注的是个人语言能力或个人语言能力的某个方面。语言测试是根据个人在某个语言测试中的表现来推断他们在真实世界处理相似语言任务的能力。如果一个人在语言测试中的表现可以如预期一样起到帮助预测或评价作用，那么语言测试者需要建立语言测试表现和语言使用之间的对应关系。这种关系可以通过创建概念性语言使用框架来实现（Bachman & Palmer，2010）。在该框架里，被测试者在语言测试中的表现将被视为语言使用的一个特定示例。Bachman & Palmer（2010）提出，语言测试者可以把该框架当做标准化模板来描述被测试者在语言测试中的表现，以及他们在非测试语言使用情况下的表现（Bachman，2007）。第二，有用性原则。Bachman & Palmer 于 1996 年提出测试有用性原则，并在 2010 年将其扩展为更全面的评价使用论证框架（Framework of Assessment Use Argument，AUA），证明语言测试的预期用途是合理的。在 AUA 中，语言测试者应根据真实语言使用情境对需要测试的语言能力进行定义和解释（Bachman & Palmer，2010）。换句话说，语言能力是依靠语言使用的。如果语言评价在教学中用于课堂诊断，语言能力取决于语言教学大纲；如果评价是用于目标语言使用领域，比如要求学生执行考试之外的语言使用任务（学术录取或就业决定等），语言能力的定义则基于需求分析（need analysis）。虽然 AUA 是用于证明语言测试的合理性，但它强调的是语言能力取决于语言使用。这一观点支持并更新了 Bachman & Palmer（1996）所提出的在语言使用框架中来定义个人语言能力的观点。

2.6.2 语言使用框架

根据互动性语言使用及非互动性语言使用定义，Bachman & Palmer（2010）相应提出了互动性语言使用框架及非互动性语言使用框架，图 2-1 和图 2-2 显示了这两个框架的异同。可以看到，前者强调人与人之间的互动，而后者适用于不涉及人与人互动的语言使用情境，因此前者比后者更复杂。不过，两个框架对于语言能力模型、测试任务特性及被测试者特性的定义和解释是相同的。

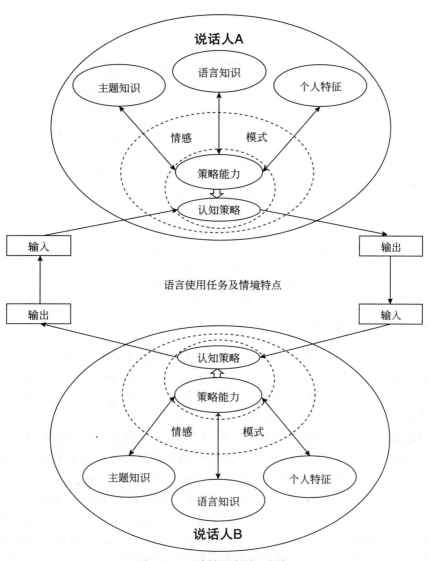

图 2-1 互动性语言使用框架

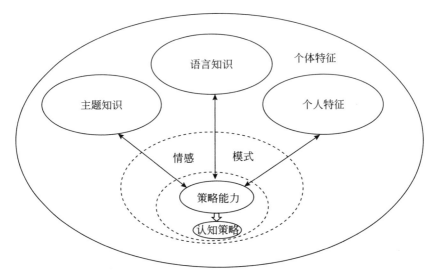

图 2-2 非互动性语言使用框架

1. 语言能力模型

在语言使用概念框架内，Bachman & Palmer（2010）详细介绍了由个人属性和语言能力组成的语言使用者特性及语言任务/测试任务的特征。尽管两人将语言能力视为个人或被测试者特征的一部分，但在语言使用框架中，他们将语言能力与个体特征分离开来，建立独立模型来凸显语言能力在语言使用中的重要性。这种分离也体现了他们对个体特征的理解：在语言使用情况下，个体特征模型中的所有构成要素与语言能力相比都是"语言使用者的外围特征"（Bachman & Palmer，2010：43）。在新的语言能力模型中，语言能力仅由语言知识和策略能力两个要素组成。语言知识又分为组织知识（organizational knowledge）和语用知识（pragmatic knowledge）。组织知识负责个人为给定的语言任务或语言测试任务组织话语、句子或文本，包含语法知识（词汇、句法、音韵等知识）和文本知识（衔接和修辞，或会话组织的知识）；语用知识负责个人的话语和文本与交际目标以及语言情境的特性相关联。功能性知识（functional knowledge）（如概念功能、操作功能、启发式和想象功能）和社会语言知识（sociolinguistic knowledge）（如体裁、方言/变体、语域、自然和惯用表达、文化参考和修辞格）构成语用知识。语言能力框架中的另一个组成部分是策略能力，Bachman & Palmer（2010）将其定义为一组涉及制定目标、评价和规划的元认知策略。语言使用框架中的语言能力模型如图 2-3 所示。

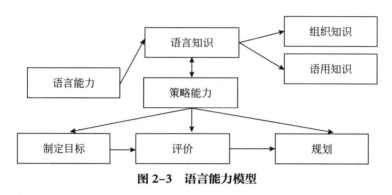

图 2-3 语言能力模型

2. 语言任务特征模型

与语言能力模型相比，语言任务特征模型更为复杂，由五个部分组成：环境（setting）、量规（rubrics）、输入（input）、回答（response）以及输入与回答间的关系（the relationship between input and response）。环境特征包括客观环境特点（physical characteristics），如噪音、地理位置、温度等。参与者（participants）也被视作环境特征，包括参与人数和任务等，如考试是在什么时间举行、考试是否让人觉得疲惫等。量规的特点是考试指令（instruction），如指令语言、指令渠道，以及被测试者为完成任务而遵循的流程。时间分配（time allocation）和记录方法（recording method）是量规的另外两个属性：时间分配是指提供给测试者用于对测试任务、测试组成部分以及整个测试进行评估的时间；记录方法指对测试结果进行评估的方式，如以分数形式、语言描述形式或两者相结合。输入和预期的特征则是通过考试模式和语言来展示。输入构成了测试任务中的材料，被测试者应对其处理并做出回答（Bachman & Palmer，2010）。输入被认为是被测试者必须解决的问题，处理输入的能力会影响其最后的测试表现。测试任务特征通过输入与预期回答之间的关系来说明。输入与预期回答间的关系由两方面构成：被测试者之间的互动，以及被测试者与测试设备和材料之间的外部作用构成。这种关系的特点还在于关系的范围（狭义还是广义），以及关系的直接性（直接还是间接），图 2-4 显示了语言使用任务特征模型。

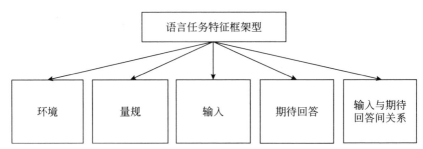

图 2-4　语言使用任务特征模型

3. 个体特征模型

　　个体特征模型包括：（1）个人特征，如年龄、性别、国籍、背景知识等；（2）主题知识，也称为内容知识、知识模式或现实世界知识，指个人长期记忆中的知识结构，这种知识允许个人参照语言使用情况来使用语言；（3）情感模式（affective schemata），指个人对某一特定主题知识的感受，它为个人根据情感经验评价语言任务的特征提供了信息基础；（4）认知策略，即语言使用者完成语言任务使用的策略。图 2-5 显示了个人属性模型。

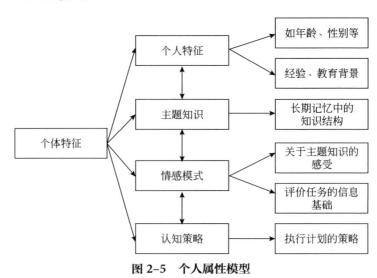

图 2-5　个人属性模型

　　实际上，Bachman（1990）和 Bachman & Palmer（1996，2010）在定义和描述语言能力和测试任务时措辞的明显变化体现了在语言使用框架里检查语言能力和测试任务两大测试要素的观点。例如，Bachman（1990）用"交际语言能力"和"测试方法方面（test methods facets）"分别指代语言能力和测试任务。但 Bachman & Palmer（1996）基于语言情境定义和解释这两个概念。在该书中，两人将关于语言能力的章节标题设定为"描述语言能力：语言测试中的语言使用"（Bachman & Palmer，1996：60）。同样，他们把测试任务的章节命名为"描述任务：语言测试中的语言使用"（Bachman & Palmer，1996：43）。这些明显的关于语言能力和测试任务的措辞变化表明他们认识到语言能力和测试任务都反映了语言测试中的语言使用。如果说，这些措辞说明他们强调将被测试者和测试任务置于语言使用情境中来考量的话，那么后来的措辞则表明他们在考虑被测试者时，更加重视语言使用的宏观情境。2010 年，Bachman & Palmer 在关于语言测试及使用的专著里，有意将语言使用与语言能力和测试任务平行而论，将语言能力的章节命名为"描述语言使用和语言能力（Describing language use and language ability）"（Bachman & Palmer，2010：33），将测试任务章节命名为"描述语言使用和语言测试任务的特征（Describing characteristics of language use and language assessment tasks）"（Bachman & Palmer，2010：59）。可以看出，随着对测试领域研究的深入，Bachman & Palmer 越来越重视基于语言使用情境定义语言能力和测试任务。

2.7　本书实证研究理论框架

　　语言使用框架（Bachman & Palme，2010）不仅更接近现实世界中的语言使用，而且形象地反映了语言测试过程中被测试者、测试任务和测试表现间的互动，因此被认为"对定义语言能力的构建极其具有影响力"（Hidri，2018：3）。显然，语言使用框架所反映的语言测试中的互动实际上体现了本书实证研究所涉及的核心变量间的复杂关系：中国英语学习者策略能力与测试任务及测试表现间的关系。同样，本书实证研究的测试情境为计算机辅助综合口语测试，这意味着它涉及

"人机对话"的互动模式，是非互动性语言在现实语言测试情境下的一种具体应用（Barkaoui et al.，2013；Frost et al.，2020；Zhang et al.，2021a）。因此，本书实证研究和 Bachman & Palmer（2010）非互动性语言使用框架一致。本书将基于该框架开展关于策略能力的理论研究。从图 2-2 及前文所述可以看出，非互动性语言使用框架还包含许多子元素模型，如语言知识和个体特征模型等。但本书实证研究只涉及框架的两大元素模型：策略能力模型和语言使用任务特征模型。图 2-6 展示了本书开展实证研究的具体理论框架。

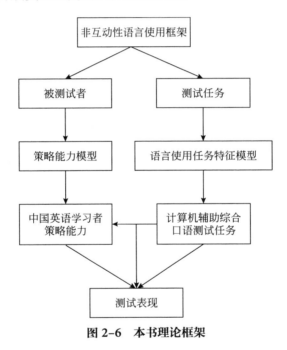

图 2-6 本书理论框架

2.8 小结

本章全面梳理了在语言测试发展进程中，特别是现代语言测试发展的近 60 年来，围绕语言测试本质展开的各个发展时期，以及各时期体现策略能力和语言测试本质的语言能力模型，包括代表语言能力发展新方向的的语言使用框架（Bachman & Palmer，2010），以及我国自主研发的既体现语言测试领域语言能力模型最新研究成果，又体现我国英语学习者语言能力的《中国英语能力等级量表》。在呈现现代语言测试发展史的同时，本章紧密结合本书实证研究探讨了语言使用理论框架，并详细介绍了该框架的各组成核心要素，包括其定义及特点等。

第 3 章
策略能力跨学科研究

仅在策略能力模型（Bachman & Palmer，1996）内讨论策略能力是比较片面的，需交叉引用心理学等相关领域的研究。

———McNamara，1996

3.1　策略能力的跨学科性

在语言测试领域，因基于语言使用框架的语言能力模型（Bachman & Palmer，1996，2010）影响深远，策略能力被广泛当作被测试对象的元认知策略使用（Bagarić & Mihaljević Djigunović，2007；Borkowski et al.，2000；Zhang et al.，2021a）。但是，由于该模型缺乏足够的实证依据，且策略能力缺乏统一的定义，研究人员对于测试对象的策略能力在实际语言测试中究竟表现为何种元认知策略观点不一。因此，虽然 Bachman & Palmer（1996，2010）将策略能力定义为制定目标、评价、规划三种元认知策略，很多学者提出，对策略能力的研究应与元认知及学习策略理论相结合（McNamara，1996）。因此在实证研究中，研究人员（如 Barkaoui et al.，2013）往往采用探索性方法，结合有关语言测试、元认知及学习策略的理论来研究被测试对象的策略能力，而策略能力在这些实证研究中的表现形式也是不同的。例如，Barkaoui et al.（2013）发现被测试者的策略能力表现为识别任务目的（identifying purpose of the task）、设定目标，自我评价以及对听 / 说内容进行自我评价（evaluating content of what is heard/said）。与Barkaoui et al.（2013）不同，Zhang（2017）发现，被测试者的策略能力表现为评价情况、自我监控、自我评价和自我测试。正如语言测试领域的一些学者提议的，只有从跨学科视角来研究测试情境下的策略能力才能比较全面地认识这一语言能力的核心要素（Phakiti，2016；Zhang et al.，2022）。

3.2　策略能力与语言测试

如 2.6.2 所述，在语言测试领域，最具影响力的策略能力模型是包含在语言使用框架（Bachman & Palmer，2010）里的语言能力模型。在该语言能力模型里，策略能力被视作其语言能力的核心要素，指"在语言使用及其他认知活动中发挥管理作用"的一系列元认知策略（Bachman & Palmer，2010：48），其构成元素包括制定目标、评价及规划。制定目标指语言使用者根据语言任务或测试任务决定需要使用的语言，并对完成任务的可能性及可行性进行评价。此外，评价还可以帮助语言使用者衡量其自身是否具备成功完成任务所需的知识；规划则是语言使用者决定如何用知识来完成任务，涉及选择合适的主题知识及语言知识，以及制定规划。构成测试对象策略能力的三大元认知策略在实际语言测试中不仅独立发挥作用，且通过策略间的互动发挥作用（Bachman & Palmer，2010）（见表 3-1）。

表 3-1　策略能力模型构成元素及定义（Bachman & Palmer，2010）

策略	定义
制定目标	确定完成任务
	选择任务
评价	决定是否完成所选任务
	评价任务特点，确定完成任务的可能性及所需资源
	评价可用的、已具备的知识
	评价任务完成表现
规划	选择完成任务所需的个人已具备的知识
	制定计划完成任务
	选择某一特定计划完成任务

3.3　策略能力与元认知

3.3.1　元认知

策略能力表现为元认知策略的使用。元认知策略起源于心理学领域，是元认知的关键要素（Almasi & Fullerton，2012；Amani，2014）。很多人难以理解"元认知"的概念，正如 Brown（1987：105）说道，"元认知不仅是一个出身不明的'怪物'，而且是一个'多头的怪物'。"但事实上，元认知活动在我们日常生活和学习中很常见。例如，外国友人为即将到来的中国之旅设定学习汉语的目标，或是学生在参加完英语口语考试后，根据自己的表现思考后期如何改进。如第 2 章所述，元认知作为被测试者的策略能力在语言测试中对其最终成绩发挥着重要影响，有时甚至决定了被测试者的表现（Bachman，1990；Bachman & Palmer，1996，2010；Dawadi，2017；Elfi，2016；Weir，2005）。

那么，元认知究竟是什么呢？元认知这个词可以理解为"元"（meta）和"认知"（cognition）的组合。"meta"是希腊语前缀，意思是"关于""超越""旁边"或"与"（Chang，2012；Kolencik & Hillwig，2011；Oxord，1990）。同样，元认知的概念往往被简单地解释为"关于认知的认知（cognition about cognition）"和"关于思考的思考（thinking about thinking）"（Kolencik & Hillwig，2011；Zhang & Zhang，2018），这种解释表明元认知与和认知的紧密关系。到目前为止，元认知发展的历史只有 40 多年，但是却被学者赋予各种称呼，如"自我调节""自我管理""执行控制""元记忆"和"元学习"等（Livingston，2003；Teng，2022）。作为学习中最强大的预测器和"第七感"（Zhang et al.，2021b），元认知是一种内在且具有执行力、监督力和控制力的认知进程。借助元认知，学习者可以制定计划、自我监控和自我评价。此外，元认知可以帮助学习者识别任务或问题的性质，并选择最有效的解决策略，分配时间、注意力等资源，激活自己已经具备的相关知识，反思自己的表现以便后续改进。简而言之，元认知使学习者通过策略有效地执行学习任务。

元认知的概念由美国发展心理学家 Flavell 提出，他认为"元认知是指个人对自己的认知过程和结果或与之相关的任何事物的知识"（Flavell，1979：32）。元认知本质上是涉及多领域的多维度概念（Mahdavi，2014；Martínez et al.，2016；Zhang et al.，2022），在元认知研究的发展过程中，关于它的概念、定义及组成要素一直存在争论（如 Zhang et al.，2021）。尽管如此，学术界还是普遍认为元认知基础研究植根于 Flavell（1979）和 Brown（1987）提出的两个元认知框架（Zhang et al.，2022）。在 Flavell（1979）的框架中，元认知由四个要素组成：元认知知识（metacognitive knowledge）、元认知体验、目标/任务、策略/行动（Papaleontiou-Louca，2003，2008；Tarricone，2011）。相比之下，Brown（1987）的框架强调认知知识（knowledge of cognition）和认知调节（regulation of cognition）（Zhang & Zhang，2018）。

3.3.2 元认知模型

元认知模型（Flavell，1979）也被称为认知监测模型（Model of Cognitive Monitoring）（Nazarieh，2016；Tarricone，2011）。最初，Flavell（1979）将元认知广义地定义为元认知意识（metacognitive awareness）、元认知知识和元认知评价（metacognitive assessment）。元认知意识是个人对学习的意识，以及对学习的理解或误解；元认知知识是指学习者使用可用信息衡量认知需求，制定目标策略；元认知评价涉及评价个人的任务表现和自我反思。基于这样的定义，Flavell（1979，1981）提出了认知自我监控模型或元认知框架（Nazarieh，2016；Zhang & Zhang，2018），包括四个要素：元认知知识、元认知体验（metacognitive experience）、任务/目标、策略/行动。元认知知识是关于个人、任务/目标和策略/行动这些变量的知识或信念，这些变量或独立或通过交互作用对认知活动的过程和结果产生影响（Flavell，1979）；元认知体验又称元认知调节，是指与学习有关的、有意识的认知体验和情感体验（Zhang & Zhang，2018）；任务/目标是"认知个体的目标"（Flavell，1979：37）；策略/行动是"用来实施策略或行动的认知或其他行为"（Flavell，1979：37）。Flavell

（1979，1981）将元认知知识的概念进一步划分个人知识（personal knowledge）、任务知识（task knowledge）和策略知识（strategy knowledge）三个子类别。个人知识是关于学习和影响学习的因素；任务知识是关于学习任务是什么以及任务需求的知识；策略知识是关于如何学习以及如何有效完成任务的知识（Anderson，2008，2012；Zhang & Zhang，2018）。这种关于策略的知识涉及策略属性，包括关于认知策略、元认知策略的知识以及使用这些策略的条件知识（Livingston，2003）。

　　元认知的构成要素不是孤立的，它们相互作用共同发挥作用（Flavell，1979，1981）。这种相互作用表现为：元认知指导学习者根据对任务的判断使用合适的策略。为说明元认知组成要素间的这种相互作用，Flavell（1979）给出了关于元认知的一个很好的例子。在实现某一特定学习目标时，学习者认为自己执行任务 X 时应该使用策略 A 而不是 B，而在执行任务 B 中则相反。图 3–1 展现了 Flavell（1979）的元认知模型。

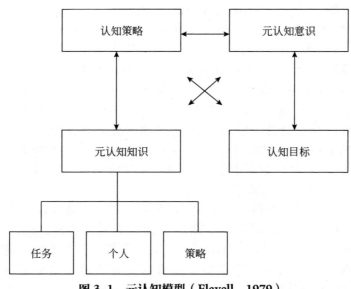

图 3–1　元认知模型（Flavell，1979）

3.3.3　元认知框架

元认知框架（Brown，1987）中，元认知被解析为两个组成要素：认知知识和认知调节。认知知识是关于认知活动的知识，包括运用自己或他人的思想和想法；认知调节表示计划、自我监控和自我评价。与 Flavell（1979）使用三个子类别来定义元认知知识一样，Brown（1987）对该概念的定义也是基于三个子成分要素：陈述性知识（declarative knowledge）、程序性知识（procedural knowledge）和条件性知识（conditional knowledge）。陈述性知识包含个人、任务和策略的知识，是学习者所具备的关于个人以及影响个人表现的知识；程序性知识表现为策略，是关于执行任务的知识。具有高度程序知识的学习者可以更加自觉地执行任务，拥有更多的、可供支配的策略。在程序性知识的帮助下，学习者可以有效地对策略进行排序；条件性知识是指学习者根据实际情况运用陈述性知识和程序性知识的知识。条件性知识允许学习者通过选择性地配置资源，有效、高效地使用策略（如 Zhang & Zhang，2018）。

认知调节或元认知调节（metacognitive regulation）是 Brown（1987）框架的另一个组成部分。认知调节或元认知调节也被称为元认知控制（metacognitive control）（Nazarieh，2016）、元认知经验（metacognitive experience）和元认知策略（metacognitive strategy）（Brown，1987；Livingston，2003）。它是个体为达到目标而采取的控制认知活动的行动，包括计划、自我监控、自我评价（Livingston，2003；Nazarieh，2016；Papaleontiou-Louca，2003，2008）。计划帮助个人决定如何完成学习任务，自我监控检查学习过程和学习任务，自我评价与学习结果或学习计划有关（Brown，1987）。与稳定且依赖年龄的元认知知识相比，元认知调节不稳定，更依赖任务（Brown，1987）。关于元认知调节与年龄的这种关系特点，Nazarieh（2016：63）解释道："年轻人可能不具备使用自我监控和调节策略的能力。在很多情况下，个人倾向于认为自己所掌握的认知知识是正确的，但实际上有可能是错误的。"图 3-2 显示了 Brown（1987）的元认知框架。

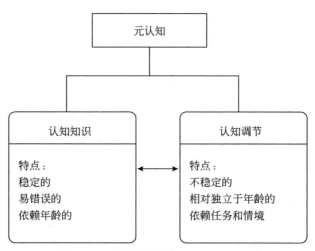

图 3-2　元认知框架（Brown，1987）

3.3.4　元认知模型和元认知框架的共性

　　尽管元认知模型（Flavell，1979）和元认知框架（Brown，1987）采用了不同的术语和定义，但两者都揭示了元认知策略的影响作用。在元认知模型中，元认知知识和元认知经验都与元认知策略密切相关：元认知知识的一个子类别构成要素是关于策略的知识或元认知策略，而元认知经验涉及元认知策略的使用。同样，在元认知框架中，元认知调节的不稳定性及其对任务的依赖性表明其作为元认知策略的作用（Nazarieh，2016；Livingston，2003）。与元认知知识相比，元认知策略不稳定并且更依赖于任务（O'Malley & Chamot，1990）。一些研究人员认为，总体来说，元认知模型和元认知框架所反映的元认知的构成观点可以分为两个组成要素：元认知知识和元认知调节或元认知策略（Livingston，2003；Tarricone，2011）。Oxford（2011）更是将元认知调节解释为元认知策略在该模型中的使用，并明确指出，元认知模型所体现的元认知模式可以理解为元认知知识和元认知策略。

3.3.5 元认知模型的发展

除了元认知模型（Flavell，1979）和元认知框架（Brown，1987）这两个广泛使用的框架之外，在元认知研究的发展中还涌现出其他颇具影响力的模型及思想，包括 Anderson（2002）元认知模型、Efklides（2002，2006，2008）元认知技能思想、Papaleontion-Louca（2002，2008）元认知概述框架，以及近些年来很多中国学者在基于语言单项技能所做的元认知策略实证研究基础上提出的各种元认知模型。

元认知是个人将自己的想法形象化的能力，它反映的是已知的事情，而不是过去发生的事情以及与该事件相关的感受（Anderson，2002，2008，2012）。元认知产生批判性的反思、个人思维过程评价以及个人学习行为的必要变化。元认知不是简单地反映和评价所发生的事情，它需要个人具备认知意识并且在思维过程中与这种认知意识进行认知互动。根据这个定义，Anderson（2002）在语言学习和教学情境下建立了元认知模型。该模型具有五个主要组成要素：准备和计划策略、选择和使用策略、使用自我监控策略、协调策略和自我评价策略。准备和计划与学习目标相关，学习者要考虑目标是什么以及如何实现目标；选择和使用策略需要学习者根据学习目标选择特定的元认知策略，元认知能力表明学习者能够在学习过程做出有意识的决定；自我监控策略需要学习者在学习过程中定期监控自己是否按预期有效地使用了策略，协调策略是指学习者协调、组织各种可用的策略并在其中建立必要的联系；自我评价策略让学习者检查策略是否有效。

基于 Flavell（1979）和 Brown（1987）的框架，Efklides（2002，2006，2008）提出了元认知的另一个组成部分概念：元认知技能。它指的是"有意识地控制过程，如计划、处理过程，自我监控、精力分配、策略使用和认知调节"（Papaleontion-Louca，2008：15）。基于对元认知理论知识发展的研究，Papaleontion-Louca（2008）提出了由元认知知识 / 元认知意识、元认知调节、元认知技能和元认知经验组成的元认知概念框架。其中元认知意识指个人对自己和他人作为认知处理器的了解；元认知调节指认知调节；元认知技能指有意识地控制，如提前计划和自我监控；元认知经验指与认知活动相关的经验。近 20 年来，在元认知研究领域，由张军教授带领的研究团队通过对元认知，特别是元认知策略在听、说、读、写及综合语言技能情境下使用的大量实证研究，提出了针对这些语言技能的元认知策略模型。这些实证研究不仅为现有元认知 / 元认知策略理论模型提供了实证依据，同时有力推进了元认知策略研究的发展。张军（2001）通过回顾性访谈对 10 名中国英语学习者在并非优越的英语习得环境中的元认知策略进行了深入研究。他发现，中国的英语学习者在阅读中使用频率较高的元认知策略包括提前规划（如预测阅读文本，anticipating text）、自我监控（监控阅读理解，monitoring comprehension）、解决问题（根据上下文猜测，guessing the meaning from context through inference）。听力方面，基于学习策略的研究，张军（2008）指出，外语学习者的听力策略需要通过课堂教学教授；口语方面，张军和其研究团队（Zhang et al.，2021a，2022b）通过对综合口语测试情境下英语学习者元认知策略的使用研究，提出了由解决问题、自我监控为核心要素的综合口语测试元认知策略模型。Teng et al.（2021）基于写作情境研究了外语学习者的元认知策略，并提出写作元认知策略模型。该模型由计划、自我监控和自我评价三大元认知核心策略组成。虽然关于元认知及元认知策略的研究依然在进行中，但是从本质上来说，现有元认知框架或思想可以说都是元认知模型（Flavell，1979）和元认知框架（Brown，1987）在不同程度上的变体（Zhang et al.，2021b）。这种变化也解释了为什么在元认知研究里，元认知普遍被认为由两个基本要素构成：元认知知识和元认知调节 / 元认知策略。

3.4　语言学习策略中的策略能力：元认知策略

由于元认知在语言学习和教学中发挥的关键作用（Anderson，2008，2012；McCormick，2003；Ong，2014；Vandergrift et al.，2006），元认知策略通常被视作语言学习策略，并被认为是最重要的语言学习策略之一（Teng，2022）。"语言学习策略是理解元认知的重要组成部分"（张军，2010：321），如果不了解语言学习策略就不可能全面理解元认知策略。

　　语言学习策略的研究历史可以追溯到 1975 年，当时 Joan Rubin 发表了一篇关于优秀语言学习者的文章（Cohen，2014；Zhang et al.，2019）。从那时起，语言学习策略研究领域蓬勃发展，各种关于语言学习策略的思想不断涌现，但是在一些关键问题上依然存在分歧，包括语言学习策略的定义和分类等（Griffiths，2020；Zhang et al.，2022）。Dornyei（2005）提出，语言学习策略研究在其初始阶段产生了两个被广泛认可且影响深远的框架：学习策略系统模型（Strategy System Model of Learning Strategy）（Oxford，1990）和策略分类模型（Strategy Taxonomy Model）（O'Mally & Chamot，1990）。O'Mally & Chamot（1990）模型可能是用于探索语言学习策略并对其进行有效分类的最有影响力的模型（Zhang & Goh，2006），而模型是最具包容性的语言学习模型（Zare，2012）。

3.4.1　学习策略系统模型

　　Oxford（1990：8）将语言学习策略定义为"学习者为使学习更容易、更快、更愉快、更自主、更有效、更能适应新情况而采取的具体行动"。在她的模型中，语言学习策略由两大要素组成：直接策略和间接策略，每个策略由三个子要素组成。直接策略指直接参与语言学习的策略，包括记忆策略（memory strategy），是信息存储和检索的心理过程；认知策略（cognitive strategy）有意识地处理目标语言；补偿策略（compensation strategy）使用已掌握的知识，不考虑知识差距。"间接策略通过专注、计划、评价、机会，控制焦虑，增加合作和同理心，为语言学习提供间接支持"（Oxford，1990：151）。元认知策略、社会策略（与他人互动学习的策略）和情感策略（管理与学习相关的情绪和态度的策略）是间接策略的三大组成要素。元认知策略超越了学习者认知能力范畴的行为，它通过集中、安排、计划、评价等方式使学习者能够协调、控制自己的认知行为。Oxford（1990）进一步将元认知策略解析分为以学习为中心、安排和计划和评价学习三个策略组。以学习为中心的策略有助于学习者专注语言学习。该策略组包括三个策略：概述、链接已知学习材料，以及延迟口语生成以专注听力。安排和计划策略表现为：了解语言学习、设定目标、确定任务和寻求实践机会。评价包括两个具体策略：自我监控和自我评价，学习者通过这两个策略检查自己的学习表现（Zhang & Zhang，2018；Zhang et al.，2022）。

3.4.2　策略分类模型

学习策略分类模型（O'Mally & Chamot，1990）主要分为三类策略，即认知策略，对内容的操纵或转化；社交 / 情感策略（social/affective strategies），与他人交流；元认知策略，高阶执行技能。在这个模型中，元认知策略包括计划、自我监控和自我评价。计划由六大元素构成：高级组织者（advanced organizer），提前规划语言习得；直接关注（direct attention），专注任务并忽略干扰；功能计划（functional planning），制定任务计划并在语言上做好准备；选择性关注（selective attention），专注于特定方面；自我管理（self-management），了解并创造条件实现语言学习目标；自我监控，对已完成的任务或目标进行检查。

3.4.3　元认知学习策略模型发展

受两大语言学习策略领域核心模型（O'Malley & Chamot，1990；Oxford，1990）的影响，语言学家提出了与元认知策略相关的语言学习策略模型和框架。在对这两个模型进行比较后，Dornyei（2005）提出了语言学习策略模型，该模型由四大要素构成：认知策略、元认知策略、社会策略和情感策略。该模型明显地简化和阐明了元认知策略的分类。在这个模型中，元认知策略包含分析、自我监控、自我评价、计划和组织的高级策略。在针对语言学习者策略进行分类时，Cohen（2014）认为，针对语言学习进行的预自我评价、预计划、在线计划、自我监控和自我评价等都是元认知策略的表现。Oxford（2017）将她最初提出的由 11 个要素构成的元认知策略模型演变为由 8 个要素构成的更为简化的元认知模型。这 8 个要素为：关注认知、规划认知、获取认知、使用认知、组织认知、实施计划认知、协调认知策略、监测和自我评价认知。Oxford（2017）认为，如果语言学习策略可以在学习中有效运作，那么元认知策略就是这些语言学习策略的主人，指导和管理学习者的语言习得。这一升级模型强调元认知策略和认知策略在学习过程中的不同作用。元认知策略是"建筑工地的管理者"，而认知策略是"建筑工地的工人"（Oxford，2017）。显然，在语言学习策略研究发展过程中出现的这些模型看似在定义和组成要素上是不同的，但本质构成是一样的，没有根本性变化（Zare，2012）。而且，这些模型中元认知策略的核心要素与元认知领域元认知策略构成要素一致，都是制定计划、自我监控和自我评价（Chamot，2004，2005；Purpura，2003；Roderer et al.，2012；Roebers et al.，2014）。

3.4.4 解决问题元认知策略模型

虽然语言学习策略领域普遍认可元认知策略由制定计划、自我监控和自我评价三大核心要素组成，但 Chamot et al.（1999）认为，解决问题（problem-solving）应该被视为元认知策略的一个组成部分。这一观点建立在他们对语言学习策略广泛研究的基础之上，其中的研究数据来自从小学到高等教育阶段各种背景的二语学习者。基于这一观点，Chamot et al.（1999）构建了策略学习元认知模型，并把解决问题作为元认知策略纳入该模型。他们指出，在元认知策略模型中列入解决问题策略是因为它"对各种学习任务均有有用性和适用性"（Chamot et al.，1999：11）。后期，Chamot（2005）又进一步指出，几乎所有强调元认知在语言学习中重要作用的元认知模型都将解决问题和制定规划、自我监控、自我评价一起视为元认知策略的基本组成要素。比如，Rubin（2001）和 Rubin et al.（2007）的自我管理模型由规划、监测、自我评价、解决问题和实施组成；Anderson（2002）的学习和教学元认知模型，以及美国国家首都语言资源中心（National Capital Language Resource Centre）在 2003 年提出的元认知模型都是以解决问题为中心，并包含自我监控、管理和自我评价三大策略。Chamot et al.（1999）所倡导的包含解决问题的策略学习元认知模型如表 3-2 所示。

表 3-2　策略学习元认知模型（Chamot et al.，1999）

类别	构成要素	子要素	定义
元认知策略	提前规划	制定目标	识别任务目标
		确定关注点	提前决定所关注任务忽略其他干扰
		使用背景知识	思考并使用关于任务的已知知识
		预测	期待信息并准备任务
		组织计划	计划任务内容顺序
		自我管理	安排有助学习的条件
	解决问题	推理	根据已有知识进行猜测
		替代	使用同义词或描述短语替代不认识的单词
	自我监控	选择性关注	关注关键词、短语及思想内容
		演绎推理	使用所学或自我建立的准则解决任务
		个人经历	将任务信息和个人经历相结合
		笔记记录	记录重要的单词和概念
		自我发问	检查是否理解任务，或任务完成情况以了解任务完成进度并发现问题
		自我对话	自我对话减少焦虑
	自我评价	验证预测及猜测	检查自己的预测及猜测是否正确
		评价表现	对自己的任务表现进行判断
		检查目标	确定是否实现目标

　　Chamot et al.（1999）所提出的包含解决问题的元认知策略模型实际上是元认知与语言学习策略相结合的产物，它明确地展示了元认知策略的双重身份，既是元认知的构成要素又是语言学习策略的组成成员。这种双重性和 Wenden（1987）所建立的体现元认知和语言学习策略相结合的元认知策略模型一致。

3.4.5　元认知策略三要素模型

　　元认知策略三要素模型（Wenden，1987）被认为是包含了元认知研究与语言学习策略研究里关于元认知策略重叠构成要素的重要模型，因此 Wenden 被视作将元认知策略有效贯通的首位学者（Qin & Zhang，2019）。如图 3-3 所示，在 Wenden（1987）的元认知模型中，元认知策略包括在二语学习之前，根据学习目标制定学习规划、在线自我监控学习过程和学习后自我评价学习过程，即学前规划、学中监控和学后评价。

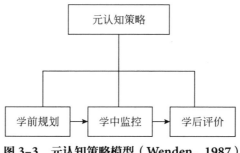

图 3-3　元认知策略模型（Wenden，1987）

3.5　元认知策略工作模式

不管是在语言测试领域、元认知领域还是语言学习策略领域，在元认知策略理论发展中，研究人员除了关注元认知策略的定义和组成要素，同样关注它的工作模式。元认知策略工作模式主要表现为：（1）各构成要素既互相独立又相互发生作用；（2）在任务和表现之间发挥中介作用；（3）元认知策略的使用和任务密切相关。

3.5.1　独立与互动

在解释元认知如何在学习中发挥作用时，Flavell（1979，1981）表示，元认知组成要素并非孤立存在。他们或独立或相互作用，对认知活动的过程和结果产生影响。Cohen（2014）认为，尽管多数情况下，各学习策略独自在学习过程中发挥作用，但是学习者为完成任务，会同时使用多种策略。元认知不是一个从准备到计划再到自我评价的线性过程（Anderson，2008，2012）。在执行任务时，学习者通常同时采用多种策略或者策略群（clusters），因为单一地使用某个策略不能有效完成任务。成功的学习者能够同时协调多种策略，采用顺序方式来使用策略

（Takeuchi，2020）。此外，Cohen & Macaro（2007：36）指出："策略群包括某一种或某一系列元认知策略，并通过这些策略进行自我评价。"元认知策略以策略群的形式帮助学习者作出任务规划，对可以使用的完成任务的最佳策略进行自我评价（Cohen，2014）。

与上述观点相比，Schmitz & Wiese（2006）的假设更为详细地描述了元认知策略的工作模式：各种元认知策略很可能会共同出现、工作、发挥作用。学习过程中初始阶段的策略（如计划）递归地提示下一个阶段的策略（如自我监控），影响前一个阶段的策略，并相应地通过一个反馈来修改学习者制定的原始计划，如此反复循环直到学习者根据不断完善、修改的学习计划完成学习目标。同样，Bachman & Palmer（1996，2010）称，测试者的元认知策略相互作用，并在测试实际过程中与测试任务相关的因素发生交互作用。Azevedo（2009）对元认知策略的这种既以独立方式又以策略群的方式的工作模式进行了总结。他说，现有假设不足以说明元认知策略的组成要素是"层次化的或线性的结构，元认知策略根据既定顺序发挥作用"（Azevedo，2009：87）。

3.5.2　任务和表现间的中介

语言测试领域在阐述元认知策略在测试中的作用时，强调策略能力在语言使用者和语言任务之间发挥中介作用（Bachman & Palmer，1996，2010），影响语言使用者的最终表现。同样，Chapelle（1998）强调了元认知策略在测试中的开创性作用，认为必须将元认知策略视为被测试者与测试任务相互作用中的中介。实际上，在外语口语测试研究领域中，长期以来，策略能力已被认为是被测试者说话能力的组成要素，对口语测试任务与口语表现之间的关系起着不可或缺的中介作用。例如，Barkaoui et al.（2013）从对外语学习者的策略行为研究中推断，在综合口语测试情境下，策略能力对测试任务和被测试者的关系起中介作用，并最终影响被测试者的测试表现。

3.5.3 任务依赖性

研究人员普遍认为策略是随着任务的变化而发生改变的。从元认知的角度来看，Flavell（1979，1981）认为，个人通常会根据元认知知识或对任务本身的理解选择元认知策略来制定规划、自我监控和调节完成任务。也就是说，个人是根据所遇到的任务来确定使用的元认知策略。如前文所述，在 Brown（1987）的元认知框架中，元认知策略具有任务依赖性（task-dependent）。也就是说，元认知策略的使用是取决于任务的，或者如 Brown（1987）所评价的，作为信息处理系统中的中央执行者或监测体系，元认知策略是跨情境的（trans-situational）。与 Flavell（1979，1981）和 Brown（1987）观点一致，Kluwe（1987）认为在信息处理中，个人元认知策略的使用涉及决策。而决策将有助于个人识别正在从事的任务，在识别的基础上决定如何为该任务分配资源，并在完成任务之前确定完成步骤的顺序。同时，元认知策略将帮助个人制定的工作强度或速度。

在语言测试领域，尽管实证依据较少，但现有的实证研究也证明了被测试者元认知策略伴随任务性质，尤其是任务复杂度发生变化（Barkaoui et al.，2013；Zhang et al.，2022）。在语言学习策略研究中，元认知策略与任务复杂度的相互作用也得到了广泛认可（Gu，2013，2019；Macaro，2006；Takeuchi，2020）。例如，Oxford（2017）和 Oxford et al.（2004）指出，元认知策略提供了对特定任务执行的控制，并且任务要求会影响策略选择。O'Mally & Chamot（1990）在对具有多种背景的二语学习者学习策略的纵向研究中发现，影响二语学习者策略的关键因素是任务本身，且任务要求在很大程度上影响了学习者的策略选择。Efklides（2006）也提出，策略使用不是固定的，而是会根据任务发生变化。同样，Chamot（2005）也认为，不同的语言任务需要采用不同的元认知策略，任务复杂度会影响学习者使用策略的类型和频率。这实际上也反映出 Oxford（2017）和 Cohen（2014）等人所提出的元认知策略根据语言技能进行调整。比如，学习者在处理口语任务时使用的元认知策略在写作任务中未必有效，反之同理。鉴于此，本书要对中国英语学习者在口语测试情境中的策略能力进行研究，就有必要进一步了解策略能力在口语中的工作模式。

3.6　策略能力与口语

3.6.1　口语定义

口语又被称作话语，"是人类所掌握的最复杂的技能之一，也是人类独有的技能"（Levelt，1983：1）。"口语是口头语言制作的过程"（Tarone，2005：485），它是四种传统语言技能中的一种。在语言测试领域，口语被称为语言使用活动（Bachman & Palmer，2010）。在二语习得研究中，口语"通常被视为最复杂，最难掌握的技能"（Tarone，2005：485）。McNamara（1996）将口语表现定义为反映一个人实时口语产出的实例。从语言学的角度，口语涉及声音或发音、语法或语法形式，和思想单元。这些单元指的是通过诸如"和""或""但是""那"这样的连词连接起来的短语和从句，以及没有任何连词只是"简单地彼此相邻"的短语和从句（Luoma，2004：12）。从社会角度来看，口语被视为有意义的互动。教学和测试人员、专家常将口语用作技术术语来指语言学习者需要发展和掌握的社交及互动技能之一，因此口语技能也是语言教学的重要组成部分。在语言学和应用语言学领域，口语被视作语言的基本形式，是语言创新和语言变化的来源。从语言学习者个体角度来看，人们通过口语表达外语的能力是他们能够使用外语的核心本质。在现实世界中，人们进行口语表达可以反映他们的个性、形象和对世界的了解，并表达自己的思想。因此，能够用一种可以被听说双方理解的口语进行交流是大多数语言学习者的学习目标（Luoma，2004）。

语言学习者通常对口语学习持有很大的热情，但是使用口语表达思想是相当复杂的任务。因为口语要实时完成，它对学习者在外语口语生成前使用计划处理信息这类元认知策略能力要求很高。语言学习者通常需要很长时间才能培养出自己的口语能力（Luoma，2004）。要在口语中获得出色表现，以及口语所表达出的内容能够被人理解，说话人必须要掌握该语言的发音体系，以及能够随时想到并使用的合适词汇。除此之外，说话人还需要有能力组织词汇且控制语言错误。口语的这种复杂性以及在课堂教学中的重要性使得口语技能成为语言测试领域的一个重要目标，也同样是因为这种复杂性，在语言测试领域，口语研究相对不足（Froest et al.，2020；Hughes & Reed，2017）。

3.6.2 话语产出模型

心理语言学研究领域的口语产出模型被广泛应用于口语相关的实证研究中（Sun，2020；Zhang et al.，2022），其中 Levelt（1989）提出的针对母语的话语产出模型已经成为"最全面和应用最广泛的理论框架之一"（Sun，2020：27），被认为是最具影响力的母语话语产出模型。话语产出模型（Levelt，1989）由四部分组成：概念化（conceptualization）、形式化（formulation）、发音（articulation）及话语理解系统（speech comprehension system）（如图 3-4 所示）。概念化阶段负责生成信息并对其进行自我监控，形式化阶段负责生成信息的语法和语音方面，发音阶段负责用于执行概念化阶段生成的信息。除了这三大阶段，模型还包括声学处理器（acoustic-phonetic processor）和解析器（parser）。声学处理器分析连续生成的话语信号，并将其细分为可识别的单词和短语；解析器，也称话语理解体系，是对自我生成和他人生成的信息进行分析和处理，它包含两个处理要素：语音学解码和语法解码。

尽管话语产出模型（Levelt，1989）可以用来解释大部分双语话语的生成，但却无法解释二语话语生成的一些特殊性，如二语语言特征的话语自动化生成等。鉴于用 Levelt（1989）模型在解释二语口语生成时的不足，De Bot（1992）、Poulisse & Bongaerts（1994）、Bygate（2011）及 Kormos（2006，2011）等人在该模型基础上建立了二语/双语口语产出模型。实际上，早在话语产出模型（Levelt，1989）之前，Bygate 就提出了口语产出过程模型，是早期的二语口语产出模型，该模型和双语口语产出模型（Kormos，2006，2011）被视作二语口语研究领域影响最为广泛的两大模型（Yahya，2019；Zhang et al.，2022a）。两个双语模型各具特点：前者常在二语教学和计划中使用，具有大量实证依据（Luoma，2004）；而后者和以往的二语口语产出模型相比"更全面、更有针对性"，已被公认为是"话语产出的主要双语模型"（Wang & Liu，2018：397），被用于大量二语口语实证研究中（如 Yahya，2019）。本书关于策略能力在口语研究领域的探讨主要围绕这两个模型，特别是围绕更新、更全面、更有针对性的口语产出模型（Kormos，2011）展开。

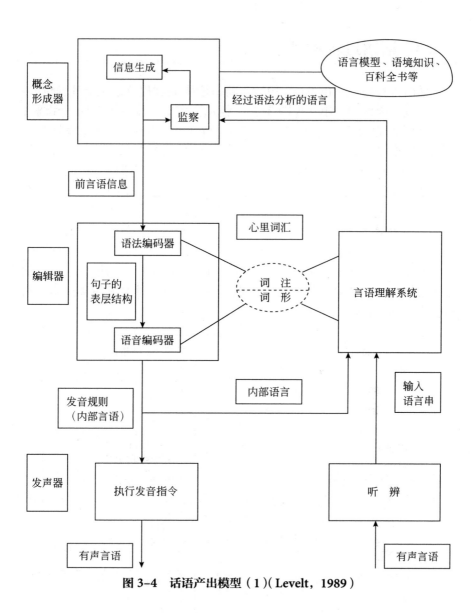

图 3-4 话语产出模型（1）（Levelt，1989）

3.6.3　话语过程模型

话语过程模型（Bygate，1987）将口语生成过程分成三个处理阶段：制定规划、选择和产出（见图 3-5）。他从语言知识以及语言知识和语言技能间区别的角度描述了这三个阶段（Luoma，2004）。制定规划是指说话人需要了解信息生成（如故事和描述信息结构）和互动的一般过程（说话人根据不同的语言情境，如电话对话，或语言课程，知道采用何种说话原则来处理对话任务），制定话语产出规划（Bygate，1987）。在选择阶段，说话人根据某一特定说话情境选择词汇、短语和语法来表达思想。产出是指与话语产出实时性紧密相关的活动，该阶段所需的是说话人所具备的语法和发音规则知识。如果说话人具有促进（facilitation）和补偿（compensation）的技能，他们就能够在实际口语场合通过简化话语结构，使用省略语填补思维的短暂空白，有时甚至是用犹豫的方法来促进话语产出。

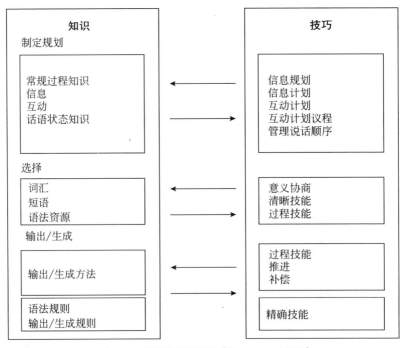

图 3-5　话语过程模型（Bygate，1987）

话语产出模型（Levelt，1989）被认为是从说话人内部视角来审视话语产出，以信息处理为导向（Hughes & Read，2017；Luoma，2004；O'Sullivan，2011）。相反，话语过程模型（Baygate，1987）则将话语产出视作说话人之间相互作用的过程，且模型的主要构成元素与交际能力有关的多元素模型，如语言能力模型一致（Luoma，2004）。结合元认知策略相关理论，Levelt（1989）和 Baygate（1987）的模型均表明在整个话语产出过程中，元认知策略发挥不可或缺的作用。例如，在 Levelt（1989）的模型中，自我监控的隐性和显性工作模式表明了这种元认知策略的重要作用。同样，Bygate（1987）在其模型中提出的技能（如使用常用词汇填补不知如何表达的想法）本质上反映了解决问题元认知策略（Chamot et al.，1999；Zhang et al.，2021a，2022）。另外，在 Bygate（1987）的模型中，制定规划阶段表明规划这一元认知策略的使用。实际上，元认知策略在 Levelt（1989）和 Baygate（1987）口语模型中贯穿口语产出的各个阶段，对口语生成发挥重要作用的工作模式已经被很多口语研究学者认可（如 Hughes，2017；Luoma，2004；Taylor，2011）。他们认为，为完成口语任务，说话人应该使用各种元认知策略，且两个口语模型都明确地反映出自我监控和制定规划在话语生成中的显著作用。

在总结已有话语产出模型的基础上，Bygate（2011）提出，包括 Levelt（1989）模型、De Bot（1992）模型和 Kormos（2006）模型在内的大多数话语产出模型均将话语生成过程分为四个主要阶段，涉及概念化、形式化、表达和自我监控（如图 3-6 所示）。概念化包括可以使用说话人的长期记忆和话语追踪对话者的知识和期望、整体语用目的以及特定语用概念；在形式化阶段，说话人将选择他们认为合适的词汇和语法来处理话语任务；发音阶段指的是从发音器官上对话语进行分解，逐步处理；自我监控则是以隐性和显性的形式参与话语生成的所有四个阶段。这种口语产出模型的共性从根本上再次说明元认知策略在口语生成中的必不可少的作用。基于这些口语产出模型的共性和特点，Kormos（2011）提出了双语话语产出模型。与以往话语产出模型相比，除了上文提及的被公认"更全面、更有针对性"是"话语产出的主要双语模型"（Wang & Liu，2018：397）的优势外，该模型的另一优势是具体、详细地分析了话语生成过程中，话语任务的认知需求对说话人策略能力的影响、对各阶段话语处理的影响和对话语产出质量的影响。这种将话语任务和说话人策略能力及话语表现相结合的互动模型不仅符合被测试者与测试任务及测试表现间的互动过程，也符合策略能力的"任务依赖性"工作模式。因此，双语话语产出模型（Kormos，2011）是本书探讨策略能力工作模式的理论框架。

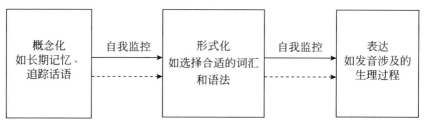

图 3-6 话语产出模型（2）（Bygate，2011）

注：图中粗线箭头代表了自我监控的显性工作形式，虚线箭头代表自我监控的隐形工作模式。

3.6.4 双语话语产出模型

1. 模型构成

双语话语产出模型（Kormos，2011）是模块化的，由单独的编码模块组成，是用于规划信息的概念化生成器、对信息进行语言编码的形式化生成器和将编码信息表达为声音的发音器（如图 3-7 所示）。该模型包括一个为说话人提供信息的大型知识库（说话人的长期记忆），通过自我监控接收话语，是一个能检查内容的话语理解系统和听力组件（声音—语音处理器）。自我监控器位于概念化生成器中，对概念化生成器、形式化生成器和整个话语生成过程的输出结果质量进行监控。

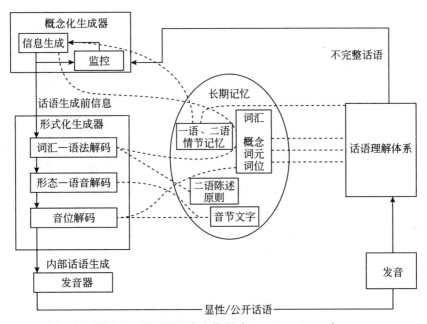

图 3-7　双语话语产出模型（Kormos，2011）

　　说话人的长期记忆具有以激活扩散（activation spreading）为基础的层次结构（Bygate，2011；Lambert et al.，2017；Wang & Liu，2018；Xu，2015；Yahya，2019）。激活扩散是来自大脑研究领域的一个模型，通过神经元或相互连接的细胞相互作用，建立神经网络，通过这个神经网络，在这些神经元之间交换简单的"激活"信号。长期记忆包含说话人的情景 / 情节记忆（episodic memory）和心理词汇（mental lexicon）。情景 / 情节记忆指说话人对所经历的情景 / 情节的记忆，而心理词汇进一步分解为三个子成分：概念知识（conceptual knowledge）、词元（lemmas），和词位（lexemes）。概念性知识是指说话人通过经验或情景记忆知识；词元是诸如名词和形容词之类的句法词，包含词条或词的含义和句法，而词条的形态和语音信息存储在词位中。此外，长期记忆还包括说话人所掌握的音节文字，其中存储了说话人可以用来生成特定语言音节的一系列发音动作。说话人对二语语法和音韵规则的陈述性知识也是他们长期记忆的一部分（Kormos，2006，2011；Xu，2015；Yahya，2019）。

2. 四大阶段

与双语语口语产出模型的四个组成模块相对应的是四个阶段：说话人计划要说什么的概念化阶段；说话人对想要表达的信息进行语言编码的形式化阶段；说话人通过控制发音肌肉，将形式化生成器生成的发音计划转换为声音；说话人根据输入任务检查可能出现的错误，并进行修改和更正的自我监控阶段。这四个阶段构成了说话生成系统的各级结构，而在这个过程中信息通过激活传播来传递。由于整个话语生成过程需要说话人对注意力进行控制、分配，因此这四个阶段的工作只能顺序进行。只要给定符合本阶段生成器某一特征的输入，即使该输入不完整，也可以启动该模块中相应的编码过程。例如，当某一单词的第一个音节在发音器中进行语音编码时，就可以启动整个单词在这个模块里的发音（Kormos，2006，2011；Loizidou & Koutselini，2007；Xu，2015；Yahya，2019）。

1）概念化

作为话语生成的起始阶段，概念化涉及激活编码的相关概念，以及表达这些概念的语言。概念化通过宏观层面和微观层面的规划来实现。在宏观规划中，说话人会根据交流意图选择要编码的信息和信息传递的顺序，而说话人的交流意图则表现为言语形式的输入，即说话人需要执行的话语任务。言语行为是指说话人采取的指示、请求和道歉等动作，表明了说话人需要处理的话语任务类型。在宏观规划阶段，说话人会根据口语任务来决定说话内容，从而激活相关概念知识。在确定话语内容后，说话人开始进行微观层面的规划，根据预期信息的情况或上下文选择适当的语言。语言适当性指如果一项任务是关于过去发生的事情，说话人必须考虑在预期信息中使用正确的时态。此外，说话人还需要考虑社会语言因素，如使用不同的语言来表达学术话语和日常交谈话语。语言的选择以语言提示的形式表示，而语言提示是属于概念的激活信息。

概念化阶段生成话语输出前计划。该计划明确了说话人预期信息的概念，并包含他们选择用什么语言来表达话语概念。虽然这一计划不是针对语言的计划，但从语言层面来说它是可用的，因为它包含了将说话人的言语意图转换为话语所需的所有信息，包括语言层面的信息。

2）形式化

　　形式化阶段本质上是从三个层次将概念化阶段生成的话语进行语言编码，即词汇编码、句法编码和语音编码。词汇编码是将概念和语言与说话人长期记忆中某个适当的词汇进行匹配。在匹配过程中，说话人首先通过大脑中的激活信号将概念发送给大脑中所存储的心理词汇的词元，与话语产出相匹配的词元将被选中；接着，这些词元的句法特征将被激活，触发随后的句法构建过程。其中，说话人使用句法编码机制将短语和从句与激活的单词以和句法特征排列在一起。通常，说话人的二语知识是不完整的，因此他们长期记忆中关于二语语法规则的陈述性知识会在句法编码中被激活并引起语音编码，激活词或词位的语音形式，这其中还涉及由一个词或几个词组成的短语的音节、音高和长度。经过这三个层次的语言编码过程，形式化生成器里会生成表示内在话语（internal speech）的语音计划。

3）发音

　　在发音阶段，说话人的发音器通过发音器官检索并执行形式化阶段生成的语音计划，将内在话语转化为实际话语或公开话语；接下来，用于识别话语的语音组件接受输入话语；随后，说话人根据长期记忆在话语理解系统中对话语含义进行检索、识别；同时，说话人进行自我监控，检查话语中的可能错误。

4）自我监控

　　话语生成过程中会出现三个自我监控循环检查话语生成的结果。第一个自我监控循环的职能是将概念化阶段产生的话语产出前计划与说话人在真实情况下的初始交际意图进行比较。由于说话人的意图是由任务决定的，所以这个自我监控循环是通过说话人对内容的规划以及预期话语中使用的语言来检查是否满足了任务要求。如果没有，概念化生成器中的监视器将向说话人发出警报，说话人将通过相关的解决问题机制来修改、替换甚至放弃原来的话语产出前计划。这种自我监控行动的目的是确保生成的新计划满足任务要求。第二个自我监控循环是在发音之前，检查形式化阶段生成的发音计划或内部话语是否有错误，如是否存在错误选择的单词。这个循环阶段的自我监控与第三循环中的显性监测被称为隐蔽／隐性自我监控，后者负责通过声学—语音处理器，或发音器,对话语理解系统中最终生成的话语进行检查。在最后的自我监控循环中,一旦检查到错误,说话人的自我监控系统就会发出一个信号,启动新一轮的话语生成(Xu,2015;Yahya,2019)。

需要指出的是,尽管 Kormos(2011)模型没有明确强调自我评价的作用,但在二语话语生成的不同阶段,当说话人在使用自我监控策略时,要同时使用自我评价策略(O'Mally & Chamot,1990)。如果没有自我评价策略,说话人不太可能将概念化阶段生成的话语产出前计划与形式化阶段通过编码生成的意向信息进行比较,也就无法判断话语生成各阶段的话语品质。同样,当说话人使用自我监控来检查形式化阶段生成的的内部话语及发音阶段的公开话语时,他们也必须使用自我评价策略,否则将无法判断实际生成的话语是否与任务要求一致(Purpura,1999)。这就是说,评价策略在二语话产出过程中发挥着和监控策略同等重要的作用(Zhang et al.,2022)。

3. 解决问题机制

在二语话语生成过程中,由于说话人二语知识不完整,他们将不可避免地会遇到问题。这些问题可分为四类:资源不足、时间不足、说话人的表现中可被识别的不足和对话人的表现中可被识别的不足(Dörnyei & Kormos,1998;Kormos,2006,2011)。资源不足是指说话人由于第二语言能力不足而导致的知识欠缺,这使他们无法用语言表达信息。当说话人无法从他们的长期记忆中检索到任务所需的知识时,就会出现这样的问题。这些问题与概念化阶段和形式化阶段发生的三种解决问题机制有关,即词汇解决问题机制、语法解决问题机制和语音解决问题机制。正如它们的名字所指,这三种解决问题的机制与说话人在词汇、语法和单词方面的知识欠缺有关。对于这类问题,解决方案包括放弃或更改最初的语音计划;保持宏观计划不变,同时修改话语生成前信息;语法替换和语音替换。相比在流畅的交流环境中自然可用的时间,说话人需要更多的时间来计划和处理他们的二语话语生成,因此由于时间压力而导致的问题是不可避免的。这些问题的解决方案是暂停和重复,如使用填充语等。第三、四类问题是说话人或者对话人的话语不正确或不恰当所造成,相关的解决方案是自我改正、自我评价和自我修改(Dörnyei & Kormos,1998;Kormos,2006,2011)。很明显,二语话语生成过程中涉及的所有解决问题机制都与策略学习元认知模型（Chamot et al.，1999）里的元认知解决问题策略的定义一致。换句话说，Kormos（2011）模型中的解决问题机制实际上体现了元认知策略中的解决问题策略。

4. 注意力控制

在外语话语生成过程中，概念化、形式化及自我监控这三个阶段受到说话人的注意力控制（Kormos，2011）。由于注意力资源是有限的，如何在三个阶段之间进行注意力分配则受到任务需求的影响。任务需求所代表的是认知复杂度或者任务复杂度。三个阶段之间的注意力分配反映了在任务复杂度模型（Robinson，2001，2005，2015）中，资源分散维度包含任务复杂度变量对个人注意力分配的影响（Lambert et al.，2017；Kormos，2011）。

5. 二语话语产出与策略能力

将双语话语产出模型（Kormos，2011）中各个相对独立的部分连接起来，可以系统重现二语话语生成过程，特别是策略能力在其中所扮演的角色、发挥的作用。

当说话人被分配话语任务时，首先会分析任务需求，以确定话语生成目标。基于分析，说话人会从长期记忆中检索概念信息来制定信息内容和信息顺序。在明确概念之后，说话人将根据反映话语行为或交际目标的任务类型来考虑语言适当性。在这个概念化阶段，说话人可以检索存储在情节记忆中的知识，制定相应的话语产出前计划。在该计划进入第二个形式化阶段之前，概念生成器中的自我监控将检查该计划的内容及语言是否满足任务需求。如果未能满足任务要求，自我监控将发出信号，说话人将使用其策略能力，尤其是修改和纠正这两个解决问题策略修改计划，直到概念化生成器中所生成的话语产出前计划符合任务要求。同时，如果任务的计划时间比较有限，给说话人带来实际压力的话，说话人则可能会使用诸如填充语及自我重复等解决问题策略来获得更多时间处理话语任务。

在形式化阶段对话语产出前计划进行语言解码时，说话人将从其大脑存储的词汇中搜索具有相关语法和语音特征的词元，以表达话语产出前计划反映的信息概念或内容。形式化阶段将会把话语产出前计划处理成构建说话人内在话语的意向信息，即具体且有意义的词语、短语和句子。在此过程中，如果说话人由于语言能力不足而无法成功地对话语产出前计划进行语言编码的话，他们将会使用元认知解决问题策略来弥补。例如，如果说话人在大脑存储词汇中找不到传达话语产出前的意向单词，他们可能会在计划中更改最初确定的概念，并检索新的词元来代替旧的词汇。同时，自我监控策略会检测话语的错误。发音后产生的公开话语将根据说话人的话语理解系统中检索到的信息，接受最后一个阶段的自我监控。如果说话人实际生成的话语不符合任务要求，概念化生成器信息中的自我监控将向说话人发出警报信号，并启动新一轮语话语产出流程。在新一轮话语产出过程中，说话人在概念化阶段将再一次借助策略能力进行修改和自我改正，使最终话语满足任务需求。除了规划、解决问题和自我监控，在话语生成的不同阶段，说话人会同时使用自我监控和自我评价，确保任务有效进行。

从注意力分配的角度来看，由于说话人的注意力资源在话语生成过程中是有限的，他们必须将注意力分配在概念化、形式化和自我监控三个阶段（Kormos，2006，2011）。当任务需求增加时，说话人将投入更多的注意力去关注、分析任务特征，并在概念化过程中规划所要表达的具体信息，选择合适的语言。因此可能会产生一个更复杂的话语产出前计划。从语言学的角度来看，由于任务复杂度增加，说话人很可能会投入更多的精力来处理与该计划相一致的、具有相关句法和语音特征的适当词条。当说话人有意识地增加自己对概念化和形式化阶段投入的注意力时，用于控制自我监控的注意力资源就会相应减少（Kormos，2006，2011）。当用于自我监控的注意力减少时，在话语产生的各个阶段，说话人最后产出的实际话语有可能因缺乏自我监控而导致错误，话语质量将受到负面影响。图3-8展示了基于双语话语产出模型（Kormos，2011），策略能力在二语口语中的工作模式。

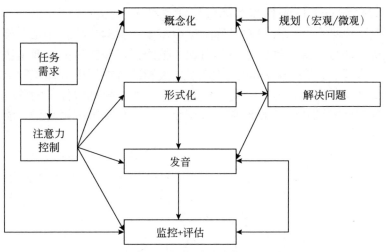

图 3-8　策略能力在二语话语生成中工作模式

3.6.5　测试情境中口语产出模型

在语言测试中，话语生成常被定义和理解为话语测试表现，而测试表现是指"一个人的能力或语言规则知识在实际交流中的应用"，它是指"被测试者在完成特定任务时所表现出的行为……"（Davies et al.，1999：143）。在语言测试领域，基于口语话语产出模型，学者建立了测试情境中被测试者语言能力与测试任务及测试表现的口语测试表现模型（Zhao，2013）。本节将按照现代语言测试的发展时间轴，呈现该领域有一定影响力、具有代表性的口语测试表现模型（Tarone，2005）。

1. 口语测试表现模型

口语测试表现模型（Milanovic & Saville，1996）描述了在表现性能测试中相互作用的测试变量间的互动。这些变量指测试内容、测试结构（语言能力）、被测试者、测试人员、评分标准、测试任务以及这些变量之间的相互作用（如图 3-9 所示）。口语测试表现模型突出了与测试可靠性和有效性密切相关的因素或变量（O'Sullivan，2000）。根据口语测试模型，测试人员在具体测试中需要考虑的包括：测试条件、测试任务、评分标准、评分条件和培训。被测试者被测试的主要是语言知识和语言能力，在一定的测试条件下，被测试者根据语言知识和语言能力分析并完成测试任务，并生成语言样本。考官根据对任务的理解和评分标准对被测试者的语言样本进行评分，该分数是被测试者语言能力的体现。

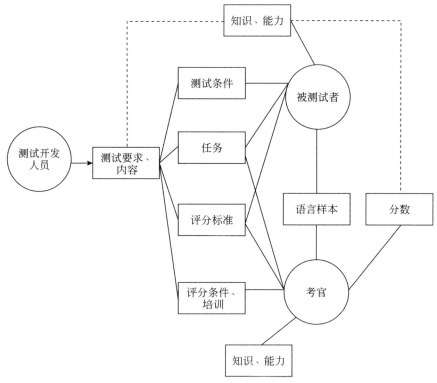

图 3-9　口语测试表现模型（1）（Milanovic & Saville，1996）

2. 口语测试表现模型

与口语测试表现模型（McNamara，1996）相比，McNamara 的口语测试模型更简单，并且纳入了对话人的新概念。McNamara（1996）的模型被认为是语言能力模型（Bachman & Palmer，1996）的扩展，反映了测试的互动性，并把焦点放在评分过程。该模型展示了在口语测试中，被测试者和对话人（包括考官）之间的沟通交流，以及考官如何对被测试者的口语表现进行评分。图 3-10 展示了被测试者和测试任务、对话人及考官间的互动，揭示了包括测试任务和考官在内的、影响被测试者表现的因素。

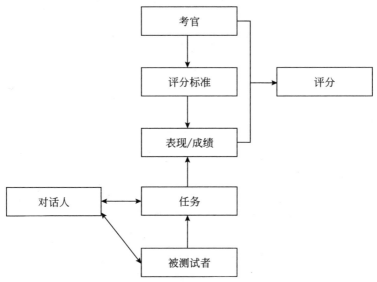

图 3-10　口语测试表现模型（2）（McNamara，1996）

根据口语测试表现模型（McNamara，1996），在口语测试中，对话人和被测试者进行口语交流完成测试任务。考官将根据评分标准对被测试者口语测试表现进行评分。显然，如上文所述，与 Milanovic & Saville（1996）的模型相比，McNamara（1996）口语测试表现模型更简单、易懂。

3. 口语测试表现模型

虽然 Skehan（1998）的模型和 McNamara（1996）的模型对口语测试过程的描述异曲同工（如图 3-11 所示），但 Skehan（1998）的模型在两个方面更加完善：（1）进一步分析了测试任务特征和测试任务实施条件；（2）测试者能力双重编码由测试者能力及其语言使用能力组成

（Zhao，2013）。Skehan（1998）的模型揭示了影响被测试者口语分数的三个主要因素：测试表现、被测试者能力、任务（测试条件或任务特点）间的互动条件（Fulcher，2003）。

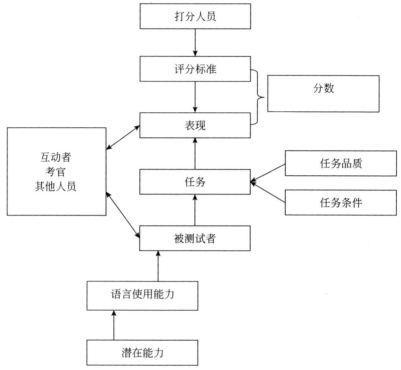

图3-11　口语测试表现模型（3）(Skehan，1998)

4. 口语测试表现模型

　　基于关于口语测试表现的研究，O'Sullivan（2000）提出了口语测试表现模型（如图3-12所示）。O'Sullivan（2000）的模型更简洁、清晰，更易于在视觉上识别影响口语测试过程的三个关键因素：被测试者特征、任务特征和对话人特征。关于被测试者，O'Sullivan（2000）提出了三个特征：身体/生理特征，如年龄和性别；心理特征，包括记忆、个性和认知风格，以及有关教育和考试经历的经验特征。对话人的特征是指对话人的性别、年龄、语言水平和文化背景。测试任务特征包括测试模式、任务类型、评分标准、考试场合和评价。O'Sullivan（2000）的模型反映了他对口语测试的看法，即被测试者、测试任务和对话者或独立或相互作用影响测试表现。

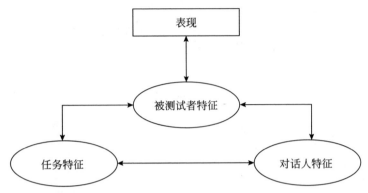

图 3-12　口语测试表现模型（4）（O'Sullivan，2000）

5. 口语测试表现模型

口语测试表现模型（Fulther，2003）由各种因素组成，这些因素相互作用影响口语表现，包括被测试者的话语生成、口语测试分数，以及对测试的解读（见图 3-13）。与上述各口语测试模型相比，Fulther（2003）的口语测试表现模型最复杂，也更全面。因此有学者（如 Zhao，2013）认为，Fulther（2003）的模型是对 Skehan（1996）模型的修正，与语言能力模型（Bachman & Palmer，1996）一致。Fulther（2003）的模型体现了语言测试领域的一个事实：测试过程中，被测试者的语言能力是测试的核心内容。在语言测试工作中，不论是被测试者自己，还是对话人、考官，均围绕被测者的语言能力展开。

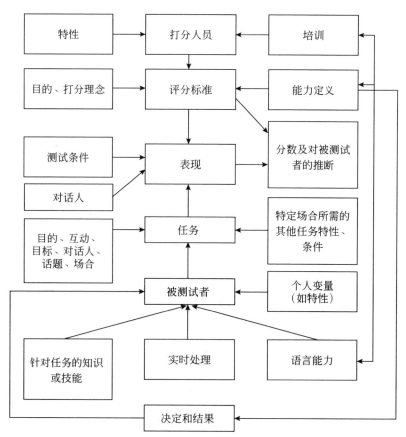

图 3-13 口语测试表现模型（5）（Fulther，2003）

6. 语言能力模型

在语言测试领域，语言能力模型（Bachman & Palmer，1996）也被公认为是口语测试成绩表现的代表模型之一（O'Sullivan，2000，2011）。Bachman & Palmer（2010）提倡在语言使用框架内定义被测试者的语言能力和测试任务，不能将口语定义为一种抽象技能，而是需要将其识别为涉及话语生成的语言使用任务，应按照任务特征来描述口语。在语言使用框架内，口语是测试任务特征和被测试者语言能力的结合。不少学者（O'Sullivan，2000，2011；Tarone，2005）认为，各种口语测试表现模型虽具有不同的重点，如 McNamara（1996）模型强调打分人员，O'Sullivan（2000）模型关注对话者，但是它们均和语言能力模型（Bachman & Palmer，1996）有关，或借鉴了该模型，如 O'Sullivan（2000）的口语测试表现模型；或是对该模型的延展，如 McNamara（1996）模型和 Skehan（1998）模型；亦或高度一致，如 Fulther（2003）模型。这也在很大程度上解释了语言能力模型（Bachman & Palmer，1996）在现代语言测试领域，特别是口语测试领域影响深远的原因。

3.7 本书实证研究策略能力定义

策略能力在口语产出中不可或缺的作用和被测试者语言能力的重要性从口语测试的角度证明了前文所述：现代语言测试的本质就是语言能力。但是，口语产出和测试表现模型对语言能力的定义并不完全相同，因此对策略能力的解释也存在各种不同观点。这种重视语言能力但是却又无法在定义和组成要素上给出统一解释的现状也证明了现代语言测试领域关于策略能力研究的现状：虽然策略能力被视作元认知策略，但需要采取探索性方法，透过跨学科研究的视角来深入探究这些策略。

秉承现代语言测试领域对策略能力研究采取探索性方法和跨学科视角的原则，基于策略能力在现代语言测试领域特别是口语测试、元认知、语言学习策略和二语话语产出等相关领域的理论研究，在本书实证研究中，策略能力被定义为制定规划、解决问题、自我监控、自我评价四种元认知策略，并根据元认知模型（Chamot et al.，1999）（参考表 3-2）对这四大具体策略进行细化分类和定义。本书将策略能力的工作模式定义为，四大元认知策略在语言测试情境下对任务具有依赖性，它们独立工作的同时相互作用，在测试任务和测试表现间发挥中介作用。

3.8 元认知策略及口语表现测量工具

3.8.1 元认知策略测量方法

元认知策略测量主要有两种方法：外部观察（external observation）和内部报告（internal self-report）（Nett et al.，2012）。外部观察是指对个体行为或生理指标的测量。与自我报告相比，外部观察可减少观察人、被观察人的主观偏见，因此更可靠且主观性更小（Jamieson-Noel & Winne，2003）。然而，由于元认知过程本质上是个人直接、主观地进行认知体验，因此采用外部观察来检查元认知策略存在弊端。外部观察使得被观察人的元策略使用行为或元认知活动测量取决于他人评价，而不是使用元认知策略的个人，因此会不可避免地产生误解或者偏见。也正因为此，与外部观察相比，内部报告在元认知策略测量的研究中更为普遍。内部报告包括问卷（又称为"量表"或"调查"）和口头访谈（Brinkmann & Kvale，2015；Craig et al.，2020；Veenman & van Cleef，2019）。

Nett et al.（2012）对元认知策略测量方法的划分主要基于元认知策略是策略本人使用还是由观察元认知策略的其他人所衡量。根据元认知策略是在任务执行期间还是任务完成后测量，元认知策略测量方法分为在线测量（online measurement）和离线测量（offline measurement）两种。在线测量是指使用诸如有声思维报告、观察和眼动追踪技术等对元认知策略进行测量；离线测量包括自我报告，如问卷、访谈和刺激回忆。尽管每种测量方法都有其优点和缺点，但问卷在元认知实证研究中得到普遍使用和认可，其原因得益于这种测量工具的以下特点（Craig et al.，2020；Veenman et al.，2019）：

- 成本最低但有效；
- 易用于大样本研究；
- 干预最小；
- 收集的数据易于分析，适用于很多统计分析；
- 有效性已得到实证验证。

Craig et al.（2020）通过对 24 396 篇有关元认知技能评价研究文章进行元分析后认为，应使用问卷来衡量元认知策略。在元认知策略研究中，问卷经常与口头访谈一起使用，因为这种方法避免了检查元认知策略时的偏见（Sun，2020）。访谈是元认知策略测量的主要工具。访谈有三种类型：开放或非结构化访谈、半结构化访谈、结构化访谈。在这三种访谈中，半结构化访谈允许受访者不受控制，开放、即兴和真实地回答访谈问题。同时，它还允许受访者在不受严格界限约束的情况下自由回答问题，使研究人员有机会探索和探究研究问题的各个方面。因此在实际研究中，半结构化访谈是最受研究人员青睐且被广泛采用的模式（Dörnyei & Taguchi，2009）。这说明在研究元认知策略时，将问卷和访谈相结合可以使研究人员互补、深入地分析数据，全面、系统地探究研究问题（Sun，2020）。

3.8.2　现有元认知策略测量工具

在语言测试领域，Purpura（1997）研发的元认知策略问卷已在相当多的研究（如 Phakiti，2003，2008；Zhang，2014；2016，2017）中被广泛采用和改编。元认知策略问卷（Purpura，1997）由 80 个认知和元认知策略问题构成。其中元认知策略部分的问题基于元认知策略问卷制定（Bachman et al.，1993），由 40 个问题组成，分四个维度：评价使用场合（assessing situation）、自我监控、自我评价和自我测试。在问卷中，Purpura（1997）使用从 0（从不）到 5（总是）的 6 分制李克特量表，询问实验对象在时阅读时使用元认知策略的频率。调查元认知策略的在线和离线使用的问题包括："在开始测试之前，我会尝试看看哪些部分容易，哪些部分很难。""当有人说英语时，我会尽量专注于对方所说的话。""我试图理解英语课堂上活动的目的。"从问题的时态和内容来看，Purpura（1997）的元认知策略问卷主要关注于一般（并非专门针对英语测试）英语互动交流和学习。由于该问卷是 Purpura（1997）使用比较高级的结构方程建模统计测试方法制定而成，具有很高的信度和效度，因此被语言测试领域包括 Phakiti（2003）在内的研究人员广泛采用。基于 Purpura（1997）的问卷，Phakiti（2003）开发了英语阅读测试认知和元认知问卷。与 Pupura（1997）相比，Phakiti（2003）的问卷问题较少（35 个题目），采用 5 分制李克特量表，问卷更简单，更易于使用。因为问题表述使用过去时，问卷属于离线自我报告，适合对特定阅读测试下的元认知策略进行测量。值得一提的是，Phakiti（2008）后期对问卷进行了修订，修订后的问卷题目简化到 30 个，更简单，在实际使用中更易于操作。

由于元认知策略也被认为是语言学习策略，因此许多实证研究中关于元认知策略的问卷都是根据语言学习策略研究领域比较有影响力的语言学习策略模型开发而成，包括 Bachman et al.（1993）的元认知策略问卷、Purpura（1997）和 Phakiti（2003）的阅读元认知策略问卷。作为体现语言学习策略模型的问卷之一，Oxford（1990）的语言学习策略量表也在实证研究中（如 Sun，2020；Teng，2022）被广泛采用，并具有较高的信度和效度。语言学习策略量表设计初衷针对的是一般学习策略，包括六类策略：记忆策略、认知策略、补偿策略、元认知策略、情感策略和社交策略，共由 50 个题目组成。每个问题测量的策略都通过受访者的策略使用频率来衡量，采用 5 分制李克特量表，分值从 1（从不使用）到 5（经常使用）。尽管语言学习策略量表被广泛使用，但由于包含的策略较多，内容比较笼统，因此如果不根据场合做出适当修改，不适合直接用于测量特定情境下的策略，如本书关注的，在计算机综合口语测试情境下体现被测试者策略能力的元认知策略（Zhang et al.，2021b）。

与 Oxford（1990）的语言学习策略量表一样，刘建达等人开发的《中国英语能力等级量表》也是一个针对听、说、读、写各项语言技能的量表，可以对测试与非测试情境下包括策略能力在内的、更广泛的语言能力进行测量（刘建达，2021）。这种全面性大大增加了量表的适用性，但同时也使该量表在特定语言情境和特定语言技能中进行情境化（contexualization）处理时更具针对性和聚焦性（Cohen，2018；Zhang et al.，2021b）。最新发布的《学术英语口语能力量表》（王华，2022）基于《中国英语能力等级量表》详细分析并解释了中国英语学习者学术口语能力的情境化处理。这两个针对中国英语学习者的量表一个具有全局宏观性，一个体现了微观性，但对在计算机辅助测试这一特定情境下，如何衡量中国英语学习者语言能力并没有提供可行的参考模式。因此在实证研究中，如果需要测量计算机辅助测试情境下中国英语学习者的策略能力，仍然需要其他符合情境化处理的测量工具，以此来填补两个量表所聚焦的不足。

针对元认知技能的问卷数量较多（Craig et al.，2020；Meijer et al.，2013；Sperling et al.，2012；Veenman et al.，2019），但针对口语元认知策略的问卷较少，其中包括 Zhang & Goh（2006）开发的听力和口语策略中的元认知意识量表。该量表是根据新加坡学校中有亚洲背景的学生（包括一些中国学生）收集的数据开发而成，共 40 个题目，其中口语和听力策略有四组：以使用为中心的学习策略、以形式为中心的学习策略、理解策略和交流策略。前两组策略是为了提高口语和听力能力，而另两组是为了提高互动交流中的理解力和交际能力。量表里元认知口语策略的使用按 1（从不使用）到 5（经常使用）的等级进行评定。从量表的构建和研发目的可以看出，该量表并不是专门针对测试情境下的口语策略能力量表，因此也存在使用局限性。

Zhang（1999）开发了《元认知知识半结构化访谈引纲要》，该纲要以中文为主，主要用于研究中国英语学习者阅读时使用的元认知策略。纲要中所包含的访谈问题包括："刚拿到两篇文章时，你首先做什么？有很多生词吗？你是怎么处理的？你读懂了多少？难处在哪里？阅读时间够吗？你是怎样分配时间的？对自己的回忆的结果满意吗？你回忆的是主旨性概念，还是细节内容？你能认识到文章的结构安排和逻辑顺序吗？"（Zhang，1999：175–436）。该访谈纲要能比较全面地测量中国英语学习者在阅读时的策略能力表现，但由于它针对的是非测试情境下的阅读策略能力，因此在实际应用中要进行一定的调整以使纲要符合情境化的要求。

上文关于元认知策略测量方法及现有测量工具的详细描述证明了问卷和半结构化访谈纲用于本书中的合理性，鉴于现有问卷和访谈纲要在适用情境方面的局限性，若直接用于本书不能完全符合研究情境，无法有针对性地解决研究问题，因此有必要结合本书的研究目的，对相关策略能力测量工具进行修改。鉴于此，笔者根据本书对策略能力的定义并综合现有元认知策略问卷，特别是《中国英语能力等级量表》，开发了口语测试情境下的中国英语学习者策略能力问卷，并根据该问卷和阅读元认知策略访谈纲要（Zhang，1999），开发了中国英语学习者口语测试情境下策略能力半结构化访谈纲要（参考 5.5）。

3.9　测试情境下口语策略能力实证研究

元认知和语言学习策略研究领域有大量关于元认知策略使用的实证研究，它们以四项语言技能作为研究背景探索了语言使用者在阅读（如 Rahimi & Katal，2012；Teng et al.，2021a，2021b）、写作（如 Teng，et al.，2021；Qin，2018）、听力（如 Chen，2019；Goh，2008；Rahimirad & Shams，2014；Shen & Zhang，2006）和口语任务中（Zhang et al.，2021a，2021b，2022a，2022b）使用元认知策略的情况。与此相反，在语言测试领域，关于策略能力的实证研究比较有限，特别是口语测试情境下的策略研究不足（Seong，2014；O'Sullivan，2011；Zhang et al.，2022）。鉴于这种研究现状，本书在对口语策略能力实证研究进行梳理时，结合策略能力在其他语言技能测试情境下的研究，重点关注中国英语学习者的实证研究。

3.9.1　口语策略能力与成绩

在有关口语策略能力与语言学习者成绩表现的为数不多的实证研究中，Zhang（2014，2017）采用多维度的方法研究了 593 名中国大一学生的元认知策略与他们大学英语四级阅读测试成绩之间的关系。通过自行开发的问卷，使用结构方程建模，Zhang（2014，2017）对实验对象的问卷进行了定量数据分析。研究结果表明，计划、解决问题（推理）、自我评价和自我监控明显影响着中国英语学习者在词汇、语法等方面的阅读表现，但这些元认知策略对文本理解能力的影响较弱。事实上，Zhang（2014，2017）的研究是对 Pupura（1997，1998，1999）和 Phakiti（2003，2008a，2008b）研究的一种升级，在研究目的和方法方面有很大的相似性。不过，Purpura（1997，1998，1999）的研究结果表明，英语学习者对元认知策略（自我评价和自我监控）的使用与阅读测试成绩无关。同样，通过采用基于 Pupura（1997，1998，1999）研究所开发的问卷以及独立设计的访谈纲要，Phakiti（2003）使用多元方差分析的统计方法检验了 384 名泰国英语学习者在阅读测试情境下的策略能力及其对测试成绩的影响。他发现，这两个变量之间不存在显著相关。而其后来的研究（2008a，2008b）也得出相同结果。与 Purpura

（1997，1998，1999）和 Phakiti（2003）的研究结果不同，Nourdad & Ajideh（2019）发现二语学习者的元认知策略使用与其阅读测试表现存在显著正相关。

写作方面，Yang（2014）探讨了被测试者在写作测试中其策略能力与测试表现之间的关系。该研究的数据来自 298 名中国台湾的大学生在论文摘要写作和问卷中的元认知策略使用情况。研究表明，规划和自我评价策略在不同程度上起到了对其他策略的管理控制作用，从而提高了测试对象的摘要写作能力。在听力方面，Pan & In'nami（2015）邀请了170 名中国台湾的大学生进行托业（the Test of English for International Communication，TOEIC）听力测试，并回答关于认知和元认知策略使用的问卷。通过探索性因子分析、重复测量多元方差分析和方差分析统计分析，两位研究人员得出结论，被测试者的策略使用与他们的测试分数之间相关性不显著，仅占总分方差的 7%。在三种元认知策略中，自我监控和自我评价与计划相比，对被测试者听力的影响更大。关于被测试者的整体语言能力，Song & Cheng（2006）通过问卷调查了 121 名中国英语学习者在大学英语四级考试中元认知策略使用以及与测试总体分数间的相关性。通过因子分析和多元回归统计分析，研究人员发现，尽管中国英语学习者的元认知策略对其四级考试没有直接影响，但在学习者使用的元认知策略中，推理和解决问题两种策略的使用频率最高。此外，在研究人员关注的元认知策略中，这两种策略对大学英语四级考试成绩的影响最大，占分数差异的 10%。因此，两位研究人员得出结论，推理或解决问题策略在实验对象的语言表现中起着重要作用，值得进一步研究。

在二语口语测试中，Fernandez（2018）通过刺激回忆的方式检验了学习者使用策略与他们雅思口语考试之间的关系。实验对象是包括中国大学生在内的 12 名不同背景的英语学习者。通过对实验对象的话语进行编码分析后研究人员发现，策略能力与实验对象口语表现之间没有正相关关系。Xu（2016）采用定量方法研究了中国英语学习者口语策略使用与雅思口语成绩之间的关系，共计 93 名中国研究生参与了这项研究，并通过问卷报告了他们的策略使用情况。通过对数据进行的回归分析和方差分析结果表明，中国英语学习者的雅思口语成绩与其计划、自我监控和自我评价元认知策略的使用呈正相关。同样，Huang（2016）调查了 244 名中国台湾英语学习者在中国台湾地区的大规模标准化英语能力测试中策略能力的表现和其成绩之间的相关性。实验对象参加了两组测试，并完成一份问卷调查。研究人员通过使用探索性因子分析和结构方程模型两种统计测试方法分析了数据，结果表明，实验对象的策略能力直接影响他们的考试成绩。

总体而言，关于元认知策略使用对考试成绩影响的研究尚无定论（Nett, et al., 2012; Song & Cheng, 2006; Zhang et al., 2022），其中一些研究结果表明两者间存在正相关关系（如 Huang, 2016; Zhang, 2014），而另有一些研究则证明了相反的趋势（如 Barkaoui, et al., 2013; Zhang et al., 2022）。这种结论不一的实证研究结果说明需要对外语测试情境下策略能力的表现做进一步探索（Seong, 2014; Zhang et al., 2022）。

3.9.2 口语策略能力与测试任务

策略能力表现会随着任务变化而发生改变，一些实证研究已经证明了这一点。例如，Chou（2013）研究了 92 名中国英语学习者在处理两种不同的阅读测试任务（特定学科）时的策略能力，通过分析问卷和访谈的数据，研究人员发现实验对象在两个阅读测试任务中使用了相似的策略。当他们无法理解阅读文本时，他们会使用元认知自我监控策略。在写作方面，Barkaoui（2015）研究了考生的托福独立写作考试和综合写作考试，22 名实验对象提供了他们在写作测试时策略能力表现的刺激性回忆。编码结果表明，实验对象的写作活动反映了他们对制定计划（本地计划）、解决问题（修改语言）、自我监控（记笔记）和自我评价（自我评价语言）元认知策略的积极使用。但是实验对象在处理不同写作测试任务的策略使用存在显着差异，综合写作时使用元认知策略频率更高。在 Pan & In'nami（2015）关于听力测试的研究中，实验对象在处理较简单的任务时使用制定计划策略最多，且该策略在所有任务类型中的使用频率都最高，这表明制定计划策略在处理听力测试任务时的重要性。此外，当任务复杂度增加时，实验对象更有可能使用提前计划、自我监控和自我评价等元认知策略。

Youn & Bi（2019）的研究显示了在二语口语测试中，实验对象使用元认知策略的情况。研究中，30 名来自多个国家的英语为二语的大学生完成了若干项复杂程度不同的口语任务，包括给同学的写作提出反馈的口语任务、角色扮演、请老师写推荐信、拒绝老师的改班要求，以及与同学协商小组讨论时间和模式。研究人员通过回顾性报告收集实验对象的策略使用情况，并根据有效的编码对数据进行转录和分析。研究结果表明，实验对象最常用的策略是自我评价，且元认知策略随着不同的口语任务而变化。Kaivanpanah et al.（2012）采用定量研究，通过问卷调查了任务复杂度对 227 名伊朗学生策略能力的影响。研究使用了三种不同类型的口语测试任务：图片描述、讲笑话和讲故事。研究结果表明，任务要求、语境、时间限制对实验对象的策略能力表现有显著影响。

需要指出的是，这些研究仅仅对元认知策略独立工作的模式进行了探究，并未涉及各策略相互作用的状态下与测试任务及测试表现间的关系。事实上，研究人员通常从独立的视角对其进行考察，很少关注各策略间的交互特性。因此，为了更好地理解元认知策略如何在二语口语评测中发挥作用，通过独立加交互的全面视角来研究策略能力是必要的，这也再次说明本书实证研究对策略能力工作模式定义的合理性。

3.9.3　口语策略能力、测试任务与测试表现

在语言测试领域，策略能力被普遍认为在测试任务和被测试者间发挥中介作用（Bachman & Palmer，1996，2010；Ellis et al.，2019）。不过这种观点一直缺乏相关实证依据，这也说明了为什么前文所述的明确三者间的关系是语言测试领域需要解决的问题，以及为什么这个问题是现代语言测试领域所面临的重大挑战（Huges & Reed 2017；Zhang et al.，2022；刘建达，2021）。

除了笔者所发表的 6 篇文章（如 Zhang & Wilson，2023；Zhang & Zhang，2022；Zhang et al.，2021a，2021b；2022a，2022b），现有文献中仅有四项实证研究对这三者间的关系进行了探究。Swain et al.（2009）通过有声思维数据收集法，以探索性的方法探讨了在计算机辅助测试中，学习者在综合口语任务和独立口语任务时的策略行为差异，以及策略行为和成绩间的关系。14 名中国研究生和 16 名本科生参加了该研究，

研究结果显示，实验对象在完成所有口试任务时，共使用了 49 种不同的策略，其中元认知策略、沟通策略和认知策略使用频率最高；在处理独立口语任务时，实验对象使用的三种元认知策略包括自我监控、自我评价和做出选择。在处理综合口语任务中，实验对象使用了自我评价的元认知策略。总体而言，实验对象在处理综合口语任务时使用的策略多于独立口语任务，但在处理在四个综合口语测试任务中所使用的元认知策略没有显著差异。实验对象元认知策略使用与口语考试成绩之间也没有直接相关性。此外，研究人员还发现，实验对象所报告的策略使用频率不存在统计学上的显著差异。总而言之，此研究结果表明，包括元认知策略在内的策略总体使用频率与口语考试总成绩之间没有关系。尽管如此，研究人员仍然强调，策略使用对于考生在综合口语考试任务中的表现至关重要，因为它在考试任务和考生成绩之间发挥中介作用。研究人员还进一步强调，策略使用和考试成绩之间的关系变化是由于考生特征、任务和环境之间复杂的相互作用造成的。Barkaoui et al.（2013）对 Swain et al.（2009）的研究进行了升级，并得出了类似的发现。他们对 30 名中国英语学习者在回答托福综合口语和独立口语题目时策略能力的表现及其和测试任务、口语表现间的关系进行了分析。结果表明，相比独立口语，实验对象在处理综合口语时采用的元认知策略更多，频率更高，但是策略能力和测试任务无显著相关性，和测试表现也无直接关系。通过设定测试和课堂学习两种研究情境，Yi（2012）的研究与 Barkaoui et al.（2013）的研究相比更加全面。该实验的研究对象为 6 名韩国大学生。通过使用刺激性回忆，Yi 对实验对象在托福考试综合口语任务中的策略能力表现和口语成绩进行了分析。她发现，在两种研究情境下，元认知策略均为实验对象使用最为频繁的策略，策略使用和测试任务间存在正相关，而实验对象的策略能力表现和口语测试表现之间无显著相关。Huang（2013）以 40 名中国英语学习者为研究对象，对策略能力、雅思口语测试及口语成绩的关系进行了研究。通过刺激性回忆，采用多元方差分析，Huang（2013）发现，评价是实验对象在所有测试任务中使用最为频繁的策略，评价和规划两种元认知策略的使用受到测试任务的显著影响，实验对象的策略使用和口语成绩无显著相关。

　　虽然以上四例实证研究为解决现代语言测试的根本问题提供了实证依据，增加了人们对现代语言测试的认知，但是一些学者指出，这些研究所采用的样本量较小，受试者不完全是中国英语学习者，测量工具单一，研究结果的信度、效度和可推广性值得商榷（Seong 2014；Zhang & Wilson，2023；Zhang et al.，2021a，2021b；2022a，2022b）。另外，测试任务在这些研究里被视作统一整体，不符合测试任务应被视作一系列任务集合的共识；策略能力各构成要素间的相互作用及其对成绩的影响也未得到探究，这也不符合策略能力的工作机制（Zhang & Wilson，2023；Zhang & Zhang，2022；Zhang et al.，2021a，2021b；2022a，2022b）。综上，现有关于测试情境下口语策略能力的研究主要集中在策略能力和测试成绩之间，以及策略能力和测试任务间的两两相关（何莲珍、熊笠地，2021），策略能力与测试任务及测试表现间的实证研究相对不足，且存在研究方法上的缺陷，本书涉及的实证研究将从研究目的（参考1.3）和研究设计（参考5.1）上弥补这些不足。

3.10　小结

　　本章从跨学科视角，通过对策略能力在语言测试、元认知、语言学习策略及二语口语产出研究领域的理论发展探讨了策略能力的定义、组成要素及工作模式，如对策略能力在测试领域的理论发展主要集中于策略能力模型（Bachman & Palmer，2010）；在元认知领域的探究聚焦于元认知模型（Brown，1987；Flavel，1979）；在语言学习策略领域的发展则主要体现为学习策略系统模型（Oxford，1990）、策略分类模型（O'Mally & Chamot，1990）、策略学习元认知模型（Chamot et al.，1999）和元认知三要素模型（Wenden，1987）；在口语研究领域的探讨则关注双语话语产出过程及口语测试模型的工作模式（Kormos，2011）。基于跨学科策略能力探讨，本章提出了实证研究对策略能力的定义，即提前规划、解决问题、自我监控和自我评价。此外，本章通过口语测试情境下策略能力的研究综述，明确了现有研究的不足，证明了开展实证研究的重要性和必要性。

第4章

口语测试任务研究

语言测试是个复杂的研究领域，即便是对最有经验、最具权威的专家而言，这一领域仍然具有很大的挑战性。

——Huges & Reed，2017

4.1　测试任务特性与任务复杂度

语言测试是个复杂的研究领域，鉴于策略能力在口语测试情境下研究不足的现状，明确策略能力在口语测试情境下的工作模式是个比较复杂的研究问题（Zhang et al.，2021b；2022a，2022b）。通过第3章对策略能力一般工作模式及在特定口语情境下的探讨不难发现，策略能力受到测试任务对被测试者的认知需求所影响。换句话说，策略能力和测试任务的认知需求产生相互作用，对被测试者的口语成绩产生作用。任务认知需求是指某一给定任务在认知方面对任务执行者提出的要求。语言测试领域对测试任务的研究通常建立在二语习得研究基础之上（Elder et al.，2002；Ellis et al.，2019；Skehan，2018）。因此，本章从"任务"这个概念在语言测试及二语习得这两个领域的定义出发，探讨测试任务的认知特性及该概念和策略能力间的互动工作模式。

4.1.1　任务

"任务"一词源自拉丁语"taxare"，意思是评判（evaluate）、估计（estimate）或评估（assess）（Oxford，2006）。不管是在二语习得还是在语言测试研究领域，研究人员对任务的定义尚未达成共识（Ellis et al.，2019）。在二语习得领域，早在近 20 年前 Ellis（2003）就从范围、角度、真实性，语言技能和结果五个方面列出了该领域研究人员所提出的九个任务定义。其中，Long（1985）将任务定义为工作；Skehan（1996）认为任务指关注意义的活动，这些活动与现实世界相关且其结果将根据某一特定目标进行自我评价；Lee（2000）则将任务视为课堂活动或练习，以及语言学习的行为；Bygate et al.（2001）认为，任务是指需要学习者使用语言来实现意义或实现目标的活动。基于这些任务定义，Ellis（2003：3）提出了更为具体的定义："任务是一种激发聚焦意义的语言使用活动。"同时，他提出任务需具备的六个特质：（1）任务是一项工作计划；（2）任务主要关注意义；（3）任务涉及现实世界的语言使用过程；（4）任务涉及四种语言技能中的任何一项技能；（5）任务涉及认知过程；（6）任务需要明确定义交流结果。此外，Oxford et al.（2004）将任务定义为完成某一特定工作需要承担的职责。Samuda & Bygate（2008）不仅将任务视为活动，还将任务视为一个整体的过程，这个过程与输入和过程所涉及的不同阶段相关。他们认为任务之所以是个整体活动，是因为它在意义、发音、语法、词汇和话语结构等方面都对语言学习者有一定的要求。基于这种任务定义，Samuda & Bygate（2008：69）对 Eills（2003）先前的任务特质提议做了改动，提出"任务是一项涉及语言使用的整体活动。其目的是要在接受语言挑战的同时实现某些非语言性的结果，其总体目标就是通过这一过程、结果或者整合过程与结果来促进语言学习"。

由此可见，二语习得研究领域对于任务的定义有不同的看法。经过近 20 年的研究发展，Ellis et al.（2019）提出了新的任务定义。首先，他们指出对任务定义缺乏共识的根本原因在于混淆了区分"任务即工作计划"和"任务即流程"的这两种认知。Ellis et al.（2019）认为，任务应被视为一项工作计划，而一个工作计划是否可以被定义为任务（如练习）需要根据一系列标准来判断。这些标准包括：（1）该工作计划的重点是否具有意义；（2）该工作计划是否包含了可以允许个人表达观点和传达信息的空间；（3）任务执行者是否可以依靠语言和非语言资源来完成该工作计划；（4）该工作计划是否明确提出需要沟通、交流的结果。Ellis et al.（2019）还指出，某一事物能否被定义为任务，取决于它是否能够满足以上标准。满足的标准越多，越接近"任务"。事实上，Ellis et al.（2019）提出的这些定义任务的标准是对 Ellis（2003）和 Skehan（1998）任务定义的扩展，因为前者体现了 Rahimi & Zhang（2018，2019）对这两位任务研究学者曾经提出的任务定义的总结。该总结反映出两人对任务定义的相似之处：（1）任务是工作计划；（2）任务基于意义；（3）设定任务执行者要完成的任务目标；（4）可以参考任务结果来自我评价任务；（5）一项任务在现实世界中应该是至关重要的。Skehan（2018）对任务的重新定义也支持了 Rahimi & Zhang（2018，2019）对任务定义的概括和解释。因为在其更新的定义中，Skehan（2018：299）总结了一组任务特征，这些特征包括"基于意义对结果进行评估"等。不难看出，二语习得领域对任务采用的这种多维度定义与语言使用任务特征模型（Bachman & Palmer，1996）（参考图 2-4）对测试任务特征的定义一致。在语言测试领域，Bachman & Palmer（2010：59）提出，精准的测试任务定义应该把任务视为一系列特征的集合。语言任务在应用语言学领域具有以下特性："（1）与特定任务场合相关或基于某一特定场合；（2）以目标为导向；（3）涉及语言使用者的积极参与。"参照这些任务特征，Bachman & Palmer（2010）将语言使用任务定义为个人在特定情境中使用语言达到目标的活动，这些任务包括具体的活动和活动发生的环境。

4.1.2　测试任务特性研究法则

Bachman & Palmer（1996，2010）的语言使用任务特征模型反映了测试领域对任务特性研究所采用的互动能力法则。虽然该模型在语言测试领域有很大影响力，不过它在实证研究中并未得到普及，其原因在于该模型被一些学者批评为是一个无序列表，难以用于研究或任务设计（Fulcher & Reiter，2003；Gan，2012）。除了 Bachman & Palmer（1996，2010）的语言使用任务模型所代表的互动能力法则，还有语言测试领域用以定义测试任务的法则、互动主义者法则和信息处理法则（Iwashita et al.，2001）。互动主义者法则是语言测试领域对语言能力进行定义的法则，用该法则定义语言能力存在很大问题。同样，用该法则来定义测试任务也存在局限性，它仅适用于任务和表现有交互作用的二元对话。对于信息处理法则，最具代表性的体现就是反映 Skehan（1998，2016，2018）任务难度理念的有限注意力模型（Limited Attention Capacity Model）和反映 Robinson（2001，2005，2015）任务复杂度思想的三维元素框架（Triadic Componential Framework）（Sasayama，2016）。信息处理法则被学者普遍认为适用于检查、定义任务的认知特征（Elder et al.，2002；Iwashita, et al.，2001）。尽管这三种法则存在差异，但是它们对待任务特性和任务复杂度的关系是却普遍一致，都普遍认可特定任务的任务特征可以说明任务复杂度，影响任务表现（Ellis et al，2019；Liu & Li，2011）。不过，由于语言任务模型（Bachman & Palmer，1996，2010）以及互动主义者法则的不足，信息处理法则已经超越了其他两种法则，在语言测试任务特征实证研究中占据主导地位（Gan，2012；Lee，2018）。

4.1.3 信息处理法则模型

1. 两种模型的异同

信息处理法则的集中体现为 Skehan（1998，2016，2018）的有限注意力模型和 Robinson（2001，2005，2015）的三维元素框架（Wang & Zhang，2019）。这两大模型都将任务视作任务执行者认知信息处理过程，在思想构建理论上有相似之处，但也存在很大不同。这种不同主要体现在两个方面：（1）任务特性的定义；（2）任务特性与任务表现间的关系。在任务特性方面，Skehan（1998，2016，2018）的有限注意力模型提出的任务特征主要体现在三个方面：（1）与任务执行者的语言相关的代码复杂度（code complexity）；（2）任务引发的认知过程的认知复杂度（cognitive complexity）；（3）与完成任务的条件相关的交际压力（communicative stress）。Robinson（2001，2005，2015）的三维元素框架也从三个方面定义了任务特性，但和 Skehan（1998，2018）的角度大不相同。在 Robinson（2001，2005，2015）的框架里，被用来定义任务特性的三方面指：（1）反映认知负荷（cognitive load）或需求的任务复杂度；（2）学习者对任务要求作出判断的任务难度；（3）任务执行者处理任务的条件，其中与任务本身特性密切相关的是任务复杂度（Rahimi & Zhang，2018，

2019；Révész & Gurzynski-Weiss，2016；Zhang & Zhang，2022；Zhang et al.，2021b）。

关于任务特性和任务表现间的关系，基于其竞争假设（trade-off hypothesis），Skehan（1998，2001，2003，2016）在解释有限注意力模型时指出，当任务越来越复杂时，话语生成的流利度、准确性和复杂度变量之间会发生竞争效应。这是因为信息处理能力是有限的，注意力和记忆资源也是有限的。任务执行者不能同时关注话语生成的形式和意义，他们会优先考虑内容或意义而不是形式，牺牲话语生成的准确性和复杂度来获得流利度。相比 Skehan（1998，2016，2018）的模型，Robinson（2001，2005，2015）的三维元素框架将任务复杂度和任务表现间的关系分析地更加细化。它将任务复杂度变化分成两个维度：资源导向（resource directing）和资源分散（resource dispersing）。当任务复杂度沿着资源导向维度增加时，任务对学习者的概念要求和语言使用需求会增加。这些需求可以通过学习者语言系统的某些方面来满足，其结果就是学习者将自己的注意力和记忆资源集中到第二语言结构和代码概念，从而使口语表达有更高的准确性和复杂性，有助于其中间语（interlanguage）的发展。相反，如果任务复杂度沿着资源分散维度增加，如占用计划时间等，就会分散和限制学习者可支配的注意力和工作记忆（working memory）资源，因为他们的注意力不会集中在语言代码特征上，而必须通过借助已经建立的中间语系统来完成任务，其结果是话语准确性、复杂性、流利度可能会下降（Rahimi & Zhang，2018，2019；Robinson & Gilbert，2007）。可以看出，在这两个维度上，任务复杂度对任务表现的影响和 Skehan（1998，2016，2018）的有限注意力模型的假设存在不同。尽管如此，两大模型都把复杂度、精确度、流利度作为衡量话语生成的标准，这也是口语研究常采用的判断任务表现的方法。但是，如前文所述，在口语测试领域，对生成话语进行打分是更为常见的方法。因此在本书针对中国英语学习者的实证研究中，对于测试任务特性的研究虽然基于 Robinson（2001，2005，2007，2015）的任务复杂度模型，但是对测试表现的评价则采用测试领域常用的打分制。

2. 两种模型和口语测试

在语言测试领域，Skehan（1998，2016，2018）的有限注意力模型被 Bachman（2002：465）批评为"本质上是混淆了任务和任务执行者的表现，并未体现任务特征"。Bachman 认为，用这种方法研究测试任务特征会把测试任务和被测试者混淆起来，因为这种方法确定的任务特征本质上是对被测试者的能力要求和测试任务特征的结合。换句话说，Skehan（1998，2018）的模型很难明确区分被测试者和测试任务（Robinson & Gilabert，2007）。与 Skehan（1998，2016，2018）相反，Robinson（2001，2005，2015）的三维元素框架明确区分了任务和任务执行者，将任务定义为包含多个任务特性的集合，这种对任务的理解和测试领域以 Bachman & Palmer（1996，2010）为代表的测试学者对测试任务的理解一致。虽然在语言测试早期的实证研究中，Skehan（1998，2016，2018）的模型被大量使用，但自从 Robinson（2001，2005，2007，2015）使用三维元素框架来区分任务难度和任务复杂度以来，该模型已经获得了越来越多的支持并广范运用于任务特征相关研究中（Pallotti，2019），尤其是在与口语任务密切相关的研究中（如 Adams & Alwi，2014；Levkina & Gilabert，2012；Tajeddin & Bahador，2012）。

本书第 3 章（参考 3.5.4）在讨论二语口语产出模型时指出，在口语生成过程中，由于说话人的注意力是有限的，他们必须根据任务认知要求对自我注意力进行合理分配，以满足完成任务的基本需求。当任务的认知需求发生变化时，说话人必须对自我注意力的分配进行调整以满足变化所带来的概念化阶段及形式化阶段对注意力需求的改变，并最终影响说话人策略能力的表现，从而影响话语产出。根据 Komors（2011，2016）的观点，这种任务需求的变化体现了三维元素框架（Robinson，2001，2005，2007，2015）中，任务复杂度模型中资源分散维度的变量。任务复杂度模型是支撑二语口语生成过程中说话人注意力分配的工作机制（Kormos，2006，2011）。鉴于三维元素框架，特别是框架中任务复杂度模型和测试领域任务特性概念的一致性、该模型在口语实证研究中的广泛使用，以及任务复杂度变量和二语口语生成的密切关系，本书实证研究中关于计算机综合口语测试任务特性的研究亦采用三维元素框架里的任务复杂度模型作为理论依据，将测试任务特性定义为测试任务复杂度。

4.1.4　三维元素框架与任务复杂度模型

在二语习得领域，任务复杂度这一概念的诞生源自对教学大纲中的任务进行排序以实现预期教学目标的相关研究（Gilabert，2007a，2007b）。任务复杂度被认为是"造成同一学习者在执行两个不同任务（如简单任务和复杂任务）时表现不同的根本原因之一"（Roninson & Gilabert，2007：163）。Robinson（2011：29）认为，任务复杂度指任务的认知需求，它是可操作的、依赖于任务的，是"任务结构对语言学习者在注意力记忆、推理和处理方面提出的要求"。正是基于二语习得领域对教学大纲设计和任务排序研究的基础，Robinson（2001，2005，2011）提出了认知假设（cognition hypothesis）和三维元素框架。三维元素框架被认为是迄今为止对任务特征的组成维度区分最详细、最具操作性的框架（Lee，2018，2019）。它清楚地呈现了任务特征、任务执行者、任务实施条件之间的区别。其中任务特征表现为一系列任务复杂度元素变量，指任务对任务执行者造成的认知负荷或提出的认知需求；任务执行者对这种认知负荷或者认知需求的判断被定义为任务难度，而任务执行者执行任务的情境则被定义为任务条件（Liu & Li，2012；Révész & Gurzynski-Weiss，2016；Zhang & Zhang，2022；Zhang et al.，2021b）。在这个框架中，任务本身这一维度的元素代表了任务复杂度，因此有些学者（如 Zhang，2017；Zhang et al.，2021b）将这些元素变量统一归类为任务复杂度模型。

三维元素框架代表了认知假设理念。该假设的核心思想是，在一定维度上增加任务复杂度将提高口语准确度和复杂度，从而满足给定任务的功能和交际需求。此外，任务执行者按照从简单到复杂的顺序执行任务会提高自主性，帮助他们对复杂的二语任务构成要素进行有效排序（Roninson & Gilabert，2007）。根据认知假设，Robinson（2015）提出，任务复杂度模型包含资源导向和资源分散两个维度。沿着两个维度对任务复杂度元素变量进行调整可以生成复杂程度各异的任务，以复制现实世界语言对任务执行者不同的认知需求（Lee，2019）。沿着资源导向维度改变任务复杂度元素变量可以改变任务在概念或语言的需求，这些元素变量包括：（1）是引用已知共享情境中（a shared context）发生的事件（即此时、此地），还是引用其他地方过去发生的事件（即那时、那地）；（2）是提及少数要素（few elements）还是提及更多要素；（3）是否要求任务执行者推理他人的意图、信念和愿望，以及他们之间的关系；（4）是否提供了有关于空间位置的支持性信息；（5）任务执行者需要做的是处理简单的信息传输还是推理他人意图；（6）任务执行者的视角是第一人称还是第三人称。另一方面，沿着资源分散维度改变任务复杂度元素变量会改变任务在处理信息和信息流程方面的要求，这些元素变量包括：（1）是否提供计划时间；（2）是否提供了背景知识；（3）完成任务需要少数步骤还是需要多个步骤；（4）任务是按顺序进行还是独立进行；（5）给定任务的结构是否清晰。

在任务复杂度元素变量的两个维度变化带来的对任务整体复杂度及任务表现影响的预测基础上，Robinson（2015）进一步提出，这两个维度同时改变多个元素变量会产生协同（synergetic）效应，而该效应的结果可能是：沿资源导向维度改变任务复杂度的影响可能会因沿资源分散维度带来的影响而增加、减弱甚至是抵消。由此可见，与任务难度模型（Skehan，1998，2018）相比，在探索同时改变多个任务复杂度变量对任务表现的影响以及预测这些变量之间的关系方面，Robinson（2015）框架的全面性使其更具操作性和可行性（Abdi & Tabari，2018）。由于本书实证研究聚焦的测试任务为体现多任务复杂度变量的计算机综合口语测试任务（参考4.2.4），Robinson（2015）框架的这一特点也进一步说明它作为本书实证研究测试任务理论框架的合理性。

虽然Robinson（2015）框架对任务复杂度的研究有突出影响，一些学者对框架所体现的"全方位标准"的有效性提出了质疑。他们认为，该框架在实际研究中很难操作，这与测试领域对语言任务特征模型（Bachman & Palmer，1996，2010）提出的问题类似（Kuiken & Vedder，2007；Skehan，2016，2018）。此外，Skehan（2016，2018）和Ellis（2017）等学者对于从两个维度改变任务复杂度的有效性也提出了质疑：改变任务复杂度元素变量未必会引起预期的任务复杂度变化。为了解决以上问题，Robinson（2005）及二语习得领域的其他学者（如Révész，2011，2014；Révész et al.，2016；Sasayama，2015，2016）通过大量实证研究提出了一些被广泛认可的独立测量任务复杂度和效度的方法。本书也将采用这些方法来解决以Robinson（2015）任务复杂度模型做理论框架研究口语测试任务特征可能带来的问题。同时这些独立测量产生的数据也可以把任务的抽象认知特性量化，在研究方法上可以使用统计方法来解决与任务特性有关的研究问题，提高研究信度及效度（Creswell & Creswell，2018）。

4.1.5　任务复杂度测量

1. 测量方法和工具

　　任务复杂度表示特定任务对任务执行者的认知需求。沿着 Robinson（2011）任务复杂度模型的两个维度改变任务复杂度元素变量会改变任务的认知负荷或认知需求。认知负荷是指任务对任务执行者的工作记忆处理能力造成的负担。相对简单任务，复杂任务对任务执行者的工作记忆带来更大挑战，造成的工作负荷也更大，从而影响任务执行者的任务表现。尽管如此，在现实中，任务执行者在复杂任务与简单任务上的表现差异不能简单地归因于任务复杂度的变化，可能是由个体差异等其他因素引起的（Bell & Ruthven，2004；Lee，2019）。因此，二语习得领域任务研究的学者一致认为，任务复杂度应在任务执行者开始执行任务之前，通过独立测量确定（Révész，2014；Révész et al.，2016；Sasayama，2016）。然而，在许多现有的实证研究中，研究人员通常沿着任务复杂度模型的某一维度去改变任务复杂度元素变量，旨在设计出难度不同的任务，并直接用于自己的研究中。但是这种难度是研究人员基于自己的理解和意愿设定的，设计出的任务不一定可以真正满足研究人员对于复杂度的预期。因此，在这种情况下设计出的体现预期任务复杂度变化（简单 / 复杂）的任务有效性是存在问题的（Révész，2011，2014；Révész et al.，2016；Sasayama，2016），这也反映了 Skehan（2016，2018）和 Ellis（2017）等学者对 Robinson（2001，2015）的任务复杂度模型提出的质疑。针对这个问题，Robinson（2011）、Révész（2011，2014）、Sasayama（2015）和 Declerck & Kormos（2012）等研究人员已经制定并验证了一些客观、独立测量任务认知负荷的方法。根据 Révész（2011，2015）和 Sasayama（2016）的研究，目前在二语习得任务研究领域，有几种方法可以有效用于任务认知负荷 / 难度的客观测量：（1）任务难度自测量表 / 问卷（self-rated scales/questionnaire）；（2）主观时间估计（subjective time-estimation）；（3）双任务法（dual task methodology）；（4）诸如眼动仪（eye-tracking）、心脏活动（heart activity）等心理生理测量技术（psycho-physiological techniques）；（5）专家评判（expert judgement）。

自我打分评量表/问卷最初由 Robinson（2001）使用在实证研究中，用来检查任务执行者是否认为任务难度与预期难度一样。该测量方法的依据是：任务执行者为脑力劳动分配一个数值，同时根据自己在任务执行过程中所判断的难度给出任务难度数值。如果这两个值之间存在正相关，则表明沿任务复杂度模型的某个维度去改变任务因素变量造成的预期变化确实会给任务执行者带来预期认知负荷的变化。主观时间估计则要求任务执行者在处理任务过程中，预估执行任务需要的时间（Baralt，2010，2014；Sasayama，2015，2016）。在双任务法中，任务执行者需要同时执行两项任务。其中一个任务被认为是首要任务，另一个任务是需要任务执行者持续关注的一个简单认知活动。这一测量方法的假设理论依据是，任务执行者在处理较简单任务上的表现实际上反映了他们的认知负荷，并且在较为简单任务上的表现是根据处理任务所需的时间及任务表现的准确性所做的自我评价。心理生理测量技术包括测量任务执行者的心脏活动和记录他们的眼部活动，如眼动追踪。最后邀请专家，如具有教学经验的英语教师，根据他们的专业知识，在评分问卷上对任务的认知负荷和难度进行打分（Lee，2018，2019；Révész，2011，2014；Révész et al.，2016；Zhang & Zhang，2022；Zhang et al.，2021b）。

虽然这些测量方法经过验证具有较高的信度和效度，但仅凭借这些方法，研究人员还是无法解释是否有其他因素（如任务设计特征）影响认知任务的复杂度。为了解决这些问题，Sasayaman（2015）提出，除了以上几种客观测量任务复杂度的方法，必须采用多种方法来验证任务，以全面了解任务复杂度。根据这一提议，研究人员开始尝试使用一些让任务执行者内省的方法来判断任务复杂度，如刺激回忆法（Kim et al.，2015）和任务难度访谈法（Tavakoli，2009）。

2. 本书实证研究采用工具

在上述可行的任务复杂度测量方法中，本书的实证研究采用自我打分评分量表 / 问卷、专家评判法和访谈法测量综合口语任务的任务复杂度。虽然这三种方法都是主观测量方法，但通过多种认知复杂性测量方法的组合，可以相辅相成，实现研究结果的三角验证（triangulation），从而全面理解测试任务中的认知任务复杂度（Lee，2018，2019；Revesz，2011，2014；Révész et al.，2016；Sasayama，2016）。研究人员采用自我打分评量表 / 问卷所测量的是多变量同时变化产生的协同效应，无法测量某个具体元素变量的变化产生的任务复杂度改变。通过访谈，我们可以了解单个变量变化对任务复杂度的影响，避免了单独使用自我打分量表 / 问卷的不足。因此自我打分量表 / 问卷和半结构化访谈的结合可以使两种测量方法所获得的数据聚敛，全面回答与任务复杂度相关的研究问题（Creswell & Creswell 2018；Creswell & Guetterman；2019；Harris & Brown，2010）。另外，虽然双任务法、时间估计法和心理生理技术法较之量表和访谈更客观，但本书未采用这些方法主要有两个原因：（1）在本书的实证研究里，中国英语学习者必须在有限的时间内在计算机上完成四项口语测试任务，双任务法和时间估计法可能会分散被测试者的注意力，影响研究结果的信度；（2）资源限制，如记录眼动追踪和心脏活动等心理生理技术无法在本书实证研究中采用。

4.2　口语测试任务

本书实证研究的测试任务是计算机辅助综合口语测试任务，为明确如何在任务复杂度模型中确定这种测试任务类型的特性，就有必要了解测试任务本身。除了具有一般任务的特性外，作为代表口语测试未来发展方向的计算机辅助综合口语测试还具有独特的性质。下文将从口语测试任务开始，聚焦这种新型测试任务的特性。

口语测试中产生的语言表现是一个复杂的、反映被测试者潜在语言能力的结果。与其他语言技能如听、读、写相比，口语测试任务更复杂（Luoma，2004；Zhang et al.，2022a，2022b；王华，2022）。被测试者在这个过程中需要充分发挥其策略能力的作用，特别是自我监控和制定计划这两种元认知策略（Cohen，2014；Zhang et al.，2022）。在语言测试领域，Luoma（2004）对口语测试任务进行了细致的定义和分类。她指出，口语任务可以被视为目标导向的语言使用活动。在这些活动中，说话者使用语言在给定的口语环境中实现特定目标。用于口语测试的任务可以分为两大类：结构化任务（structured task）和开放式结尾任务（open-ended task）。

结构化口语测试任务结构严谨，"相当于口语测试中的多项选择题"（Luoma，2004：50）。在最为高度结构化的口语测试中，被测试者通常会从任务材料中获得完成口语测试所需要的所有内容，如以发音为重点的朗读任务。结构化口语任务通常以音频输出，如托福综合口语测试。相比结构化口语测试任务，开放式口语测试任务结构相对松散。这类口语测试任务根据话语类别又可以分为描述性任务（task of description）、叙述任务（task of narration）、指令任务（task of instruction）、比较任务（task of comparison）、解释任务（task of explanation）、证明任务（task of justification）、预测任务（task of prediction）和决策任务（task of decision）。Luoma（2004）这种对于口语测试任务的分类实际上和更早时期 Bygate（1987）对口语任务的分类是一致的，但是相比前者，后者对口语任务类型的划分更加精细。Bygate（1987）把口语任务分成两大类：以事实为目的的口语任务（factually oriented talks）和以评判为目的的口语任务（evaluative talks）。前者又分为描述任务、叙述任务、指令任务和比较任务；后者分为解释任务、证明任务、预测任务和决策任务。Lumo（2004）还指出，所有类型的口语任务都是与信息相关的谈话，以面对面谈话的方式进行，如面试官和考生之间的对话，或两名考生之间的对话，亦或者是角色扮演、口头陈述等。

Luoma（2004）和 Bygate（1987）对于开放式口语测试任务的分类与 Skehan & Foster（1996）对口语任务的分类也是一致的。Skehan & Foster（1996）认为，作为任务特征之一，任务类型对任务执行者的认知负荷有不同的要求，并影响任务复杂度。在口语任务中，如果其他关键因素相同，不管说话人是否存在差异也不管说话环境如何，任务类型的变化将对说话人的口语表现产生影响（Samuda & Bygate，2008）。在这种关于任务类型认知的基础上，基于注意力有效模型、任务特性分析，并通过实证研究（Skehan & Foster，1996），Skehan（1998）将口语任务分成三类：个人信息交换任务（personal information exchange task）、叙述任务和决策任务（decision-making task）。由于个人信息交换任务与个人信息有关，因此被认为是最简单的任务；而决策任务则被认为是最难的任务，因为它们涉及大量新信息的输入、自我评价和维护观点，对认知负荷有额外的影响。相比之下，Robinson（1995）对任务的分类更加宽泛。他指出，任务类别是指任务中使用的类型、方式和技能，如撰写论文是一种任务类型，口头总结阅读材料又是另一种任务类型。可以看出，Robinson（1995）的任务分类并不只是针对口语任务，因此并不适合用来对口语测试任务进行分类。

Luoma（2004）、Bygate（1987）和 Skehan & Foster（1996）的口语任务分类注重语篇和结构，而 Huges & Reed（2017：105）对口语测试任务类型的解释更关注考试的"形式（format）"和"口语自我评价的复杂性（complexity of spoken assessment）"。"形式"表示口语测试中是否有面试官或对话者，如直接口语测试有面试官和对话者，而间接口语测中则没有；"口语自我评价的复杂性"表明被测试者的测试表现与语言之间的关系。直接口语测试任务表明被测试者的表现与所测试的语言之间存在密切关系；而间接口语测试任务仅表明被测试者的表现对被测语言有指示性作用（Huges & Reed，2017）。

4.3　计算机辅助综合口语测试任务

4.3.1　任务特性

计算机辅助综合口语测试任务是通过计算机技术将综合测试任务分配给被测试者的一种测试模式。从形式上来说，它是间接口语测试任务的一种（Abdolrezapour，2019；Huges & Reed，2017）。尽管有关这种测试模式的实证研究数量有限，但是已有证据表明该测试可以激发学习者与其策略能力相关的口语能力（Brown & Ducasse，2019；Chen，2007；Cox，2013）。这种能力在高等教育中受到高度重视，被认为是影响学习者学业成功以及语言能力可持续发展的核心要素（Frost et al.，2020；Zhang et al.，2021b）。计算机辅助口语测试、策略能力及高等教育间的这种紧密关系使这种测试模式成为二语课堂教学，特别是高等教育阶段二语教学的有效测量工具（Bahari，2020）。

在现实世界中，随着计算机技术的飞速发展，计算机辅助外语测试成为当前二语学习和教学的不同阶段，尤其是大学教育的常态化教学模式（Zhang et al.，2021b）。作为融合了综合口语测试特点的计算机辅助外语测试的一种，计算机辅助综合口语测试整合了多种语言技能（如阅读、听力和口语）来复制真实世界的语言使用，以此来评价学习者的日常口语能力。这种真实性增强了二语测试对课堂教学的正向反拨（backwash）效应，也使得这种体现现代技术的测试成为未来测试发展的方向标，并逐渐在高风险测试（high-stakes test）中扮演重要作用（Bahari，2020；Farnsworth，2013；Farr et al.，2016. Zhang et al.，2021b）。

从构建角度来说，计算机辅助综合口语测试由二语测试领域的两股"年轻学科新势力"组合而成：计算机辅助语言评价和综合口语测试（Winkle & Isbell，2017）。计算机辅助语言评价也称为计算机辅助语言测试（Pathan，2012），指的是使用计算机技术来创造语言使用情境，促进、加强对学习者语言能力的评价。伴随着计算机技术的快速、广泛应用，计算机辅助语言测试变得越来越普及。计算机技术在语言测试中的应用始于19世纪30年代，用于对二语测试进行评分。后期，计算机辅助语言测试的发展拓宽了二语测试领域的发展，给二语课堂教学带来巨大的反拨效应（Isbell & Winke，2019；Winkle & Isbell，2017）。一些研究人员认为，由于计算机辅助语言测试能将测试过程个性化，测试管理简单化，将成为二语测试不可避免的、不可逆转的发展趋势，并代表着该领域的未来发展方向（Booth，2019）。另外，当应对疫情这样的自然灾害所带来的前所未有的挑战，在线学习和在线测评已被公认为是确保教学正常化的有效手段，这进一步促进了计算机辅助测试成为未来测试的发展导向（Sasere & Makhasane，2020）。基于有关计算机辅助语言学习的主流研究，计算机辅助测试正朝着综合语言技能自我评价的方向发展（Bahari，2020）。

综合语言技能自我评价研究兴起于19世纪70年代（Chapelle & Voss，2016；Bridgeman et al.，2012），虽然历经了近50年的发展，但是关于综合口语测试的研究相对很少（Frost et al.，2020）。综合口语测试任务，顾名思义，就是要求被测试者运用多种语言技能以完成口语任务。这种口语任务比独立口语测试任务更复杂，认知要求更高，因为这些任务要求被测试者处理和转换复杂的认知刺激（Brown et al.，2005；Fox，2007；Gu，2014），如在口语测试之前要阅读文章或听音频。因此，综合口语测试更好地复制了现实世界的真实语言使用情况。因为在现实世界中，语言技能不可能是孤立的，通常以综合形式显现，语言使用者在交流之前必须先接收书面或口头输入。综合口语任务的真实性特征使他们能很好地再现真实世界的语言特征。因此研究人员认为，如果学习者在综合口语测试中表现出色，则说明他们具备了使用多语言技能完成口语任务的能力（Luoma，2004）。因此，许多学者提出，综合口语测试应被视作促进语言学习者语言能力发展的重要手段，应将此类任务作为重要的教学组成部分纳入二语学习者的课堂学习（Newman & Nation，2020；Zhang & Zhang，2022；Zhang et al.，2021a，2021b，2022a，2022b）。

4.3.2　计算机辅助综合口语测试任务与策略能力

计算机辅助综合口语测试任务融合了测试和口语的特点。前文已经论述过策略能力以元认知策略的形式在二语测试中发挥的核心作用，并说明了元认知策略在二语口语生成过程中不可或缺的作用。策略能力的这些作用和表现形式在计算机辅助综合口语测试中同样适用。也就是说，策略能力在计算机辅助口语测试情境中的工作和作用反映了它在口语和测试情境中的工作模式。实际上，计算机辅助综合口语测试被认为是基于真实语言使用的模式，是交际语言能力模型（Bachman，1990）在现实世界的延伸。因此，这种测试在"很大程度上激发了被测试者的策略使用"（Barkaoui et al.，2013：16），适合激发被测试者使用提前规划、在线规划、自我监控、自我评价这四大元认知策略（Cohen，2014；Kahan，2010），而这也是策略能力在口语和测试中的表现。这也表明，基于元认知、语言学习策略、口语生成及口语表现等跨学科理论，本书对策略能力的定义也适用于计算机综合口语测试情境下的策略能力定义，也进一步说明本书对策略能力的定义符合实证研究目的。

4.3.3 本书实证研究中的计算机辅助综合口语测试任务

在语言测试领域，计算机辅助综合口语测试最具代表性和影响力的考试就是托福综合口语测试（TOEFL IBT Integrated Speaking Tests）（Huges & Reed，2017）。托福综合口语考试是美国教育考试中心（Educational Testing Service，ETS）研发和设计的若干针对英语语言测试的考试形式之一。它通过"人机对话"的方式，让考生通过计算机发出的口语指令完成口语任务。整个过程没有人与人的交流，考生需要在阅读和/或听力的基础上，完成口语任务（ETS，2019；2021）。在计算机辅助综合口语测试的实证研究中，特别是在检查二语学习者的策略能力在测试情境下的表现通常都是采用这种考试形式（Zhang et al.，2021a，2021b，2022a，2022b）。遵循这种常规实践，本书也采用托福综合口语测试建立口语测试情境。

1. 考试信度、效度

作为全球最普及的高风险考试之一，托福考试的发展伴随着大量与其信度和效度相关的实证研究。研究结果表明，托福考试具备很高的信度和效度，这说明它可以作为研究工具使用，也可以用作建立具体的研究背景/情境（Brooks & Swain，2014；Zhang et al.，2022a）。

2. 测试内容

托福综合口语测试的语言结构涉及音韵、语法、词汇、流利度和策略能力，与英语学习者的口语能力相对应（Fulcher，2014）。其内容围绕大学校园生活、学习场景，如去图书馆，或者做学习报告等，让被测试者完成阅读、听力和口语任务。从被测试者的角度来看，尽管与传统的独立口语测试相比，托福综合口语测试难度更大，但能真实地体现他们的学习和生活。从某种意义上说，这种考试可以成为学习者学习语言的动力。因为任务的复杂度还原了任务的真实性和融合性，使学习者更容易从现实生活中切换到学术生活。同时，综合口语测试也为学习者提供了自我评价的有效手段（Alderson，2009）。换句话说，综合口语考试具有更好的预测力，可以刺激更多的语言测试，对语言学习起到反拨作用，提高学习者的积极性（Zhang et al.，2022a）。此外，计算机辅助综合口语测试任务为学习者提供了阅读文本，可以帮助他们在口语产出前理解学术文本和讲座内容，使所有学习者在背景信息方面处于更加平等的地位，有效弱化了测试主题内容对测试表现可能造成的不公平影响。这种公平性也可以增加语言学习者的学习动力（Bridgeman et al.，2012）。

3. 衔接《中国英语能力等级量表》

托福综合口语测试是针对全世界英语学习者开发的一种语言测试，该考试已经在 2019 年和中国自主研发的《中国英语能力等级量表》进行了有效对接（教育部考试中心，2019）。这种对接说明托福考试可以有效评测中国英语学习者的语言能力，包括策略能力，也近一步说明使用该测试作为测试工具符合本书实证研究中的中国英语学习者的语言需求。

4.3.4　托福综合口语考试的任务复杂度

2019 年 9 月托福考试进行了最新一轮的改革。改革前常规的托福综合口语测试有四个口语任务（任务 1、任务 2、任务 3、任务 4）。在这四个任务中，任务 1 和任务 2 是阅读、听力和口语，考生有 30 秒的准备时间和 60 秒答题时间，期间考生需要先阅读文本并听一段音频，然后就给定话题进行回答；在任务 3 和任务 4 中，考生有 20 秒的准备时间和 60 秒答题时间，考生只需要听一段音频然后就指定话题进行回答。任务 1 和任务 3 是关于校园生活的话题，而任务 2 和任务 4 与学术讲座有关。在任务类型方面，任务 1 要求考生对音频中说话人所讨论的内容进行口头总结，任务 2 和任务 4 要求考生使用学术讲座里的示例来说明某个学术概念，任务 3 是让考生就音频里说话人提出的解决方案给出合理的建议和理由（Zhang et al.，2021a）。改革后的托福综合口语考试进行了简化，除去了任务 3，保留了任务 1、任务 2 和任务 4。但是不管是改革前还是改革后，托福综合口语考试不同的任务主要区别在：（1）话题不同（校园生活或学术讲座）；（2）准备时间不同（20 秒或 30

秒);（3）所需语言技能或流程不同（读—听—说或听—说）;（4）任务类型不同（陈述观点或论证观点）。

基于资源使用方便原则（Creswell & Creswll，2018），本书采用了改革前的托福综合口语测试。根据任务复杂度模型，托福综合口语考试的四个任务体现了资源分散维度的三个复杂度元素变量，即背景知识、计划时间、任务步骤。虽然 Robinson（2015）的任务模型中没有任务变量，但在实证研究中，一些研究人员将任务类型视作任务模型的推理需求（reasoning demand）这一元素变量（Kim，2009；Kim et al.，2015）。遵循这一操作，本书实证研究中的托福综合口语的不同任务将从任务类型的角度来定义，涉及四个任务复杂度变量：背景知识、计划时间、任务步骤和任务类型（见表 4-1）。

表4-1 托福综合口语测试中的任务复杂度元素变量

任务	背景知识	所需步骤	计划时间	任务类型
任务1	校园生活	R-L-S	30s	叙事
任务2	学术讲座	R-L-S	30s	证明
任务3	校园生活	L-S	20s	决策及证明
任务4	学术讲座	L-S	20s	证明

注：R= 读，L= 听，S= 说，s= 秒。

4.4 任务复杂度实证研究

在三维元素框架（Robinson，2001，2005，2015）内探索任务复杂度的研究中，虽然大多数实证研究关注任务复杂度与口语表现之间的相关性（如 Rahimy，2015），但主要是在非测试情境下展开的（Adams & Alwi，2014）。这些研究中使用的口语任务通常由研究人员设计，通过改变两大维度的任务复杂度元素变量达到预期复杂度。这些研究对口语成绩通常采用语篇分析，而不是二语口语测试中常用的参考评分量表。这些研究展示了两个共性：第一，这些研究是二元化的简单任务和复杂任务的对比，主要通过改变资源导向维度来实现任务复杂度的变化（Adams & Alwi，2014；Tajeddin & Bahador，2012）。只有少数研究关注资源分散这一变化维度，大多数研究人员只关注计划时间这个变量。例如，Yuan & Ellis（2003）研究了在无计划、任务前计划和带有叙述任务的在线计划三种不同条件下任务对口语表现的影响。研究表明，给任务执行者提供计划时间增加了口语词汇的多样性和复杂性，但对准确性没有显著影响。而没有提供计划时间的在线计划任务提高了口语词汇的多样性和语法准确性。就任务类型而言，任务类型在不同计划时间的条件下影响任务执行者的口语表达（Foster & Skehan，1996；Neary-Sundquist，2008）。在关于任务类型对口语表现影响的实证研究中，Rashvand et al.（2019）邀请了 40 名中级和高级英语水平的伊朗学习者执行了四种不同类型的口语测试任务：解释性任务、解决问题任务、讲故事任务和图片描述任务。研究人员通过单向重复测量方差分析、配对样本 t 检验得出结论，任务类型对这些实验对象的口语表现并没有任何显著影响。

第二，研究人员倾向于通过改变一个或两个变量来确定任务复杂度的差异，而同时变化若干任务因素变量的研究很少，只有少数研究人员做了这样的尝试（如 Gilabert，2005，2007；Levkina，2008；Levkina & Gilaber，2012）。Gilabert（2005，2007）通过重复测量设计改变两个变量（计划时间和参考过去还是现在），设置了四个级别的任务复杂度。研究表明，计划时间对二语学习者口语表达的流利度和词汇复杂度有直接影响，而参考过去还是现在这个任务复杂度变量则会影响口语流利度和准确性。Levkina（2008）对 14 名中级和高级英语水平的西班牙语和俄语学生开展研究，以探索同时改变任务复杂度元素变量（计划时间和元素多少）对口语的影响。结果表明，计划时间对词汇结构复杂性有正向影响，但对口语流利度和准确性没有显著影响。另一方面，通过改变任务中元素的数量来增加任务复杂度，可以对口语流利度和结构复杂性产生负面影响，对词汇复杂性产生积极影响，但对准确性没有显著影响。Levkina & Gilaber（2012）升级了 Levkina（2008）的研究，聚焦同时改变任务复杂度元素变量的协同效应。研究结果表明，同时改变任务复杂度变量的确可产生预期的协同效应。

上述任务复杂度与口语表现相关研究的共性说明，在真实外语口语测试情境下，同时改变多个任务复杂度元素变量是否会影响被测试者的口语表现以及这些同时变化的变量间是否存在交互作用仍然未知，有待研究。而本书实证研究的研究问题和测试情境涉及计算机辅助综合口语测试任务，不仅可以解决这两个待解决问题，同时可以弥补现有实证研究不足的问题。

4.5　小结

本章分为三部分。第一部分从二语习得及语言测试领域关于"任务"的基本定义讨论出发，探讨了测试领域对于口语任务特性进行定义的法则、任务类型、任务特点和任务复杂度的关系、口语任务复杂度和策略能力的关系，以及用于测试任务特性研究的三维元素框架（Robinson，2001，2005，2015）的任务复杂度模型及其构成要素。第二部分分析了计算机辅助综合口语测试任务的任务复杂度，并从内容、考试信度、效度及其与《中国英语能力等级量表》对接方面讨论了托福综合口语测试如何体现计算机辅助综合口语测试的测试情境，并在任务复杂度模型（Robinson，2015）内讨论这种考试模式所涉及的四个任务复杂度元素变量：计划时间、背景知识、任务步骤及任务类型。最后，本章针对任务复杂度和口语测试成绩相关实证研究，指出了现有研究不足以及本研究对于弥补这一不足所做的努力。

中篇
实证研究

    本篇基于"理论发展篇"关于策略能力、任务复杂度，及口语产出的理论研究，通过计算机辅助综合口语测试情境下中国英语学习者策略能力及其与测试任务和测试表现间的复杂关系的实证研究，从研究方法层面详细呈现并解释如何开展语言测试视阈下的口语策略能力研究，具体包括：策略能力量表研发、策略能力及任务复杂度访谈纲要研发、聚敛混合单向重复测量设计、等阶线性模型和演绎编码的具体应用、数据收集及分析，以及如何处理伦理道德问题。实证研究结果表明：（1）策略能力四个独立要素（计划、解决问题、监控和评价）中，只有解决问题在不同的口语测试中表现出显著差异；（2）策略能力要素与任务复杂度显著相关；（3）自我监控在任务复杂度和口语成绩关系间起调节作用；（4）相比其他三个任务复杂度变量（计划时间、任务步骤和任务类型），背景知识更能预测测试任务的复杂度；（5）个体特性（如动机）在策略能力与任务复杂度交互作用中起中介作用。

第 5 章
测试视阈下口语策略能力研究详释

研究是个过程，在这个过程中，只有研究人员使用逻辑思维细致地处理每一个步骤才可以完成整个研究过程。

——Creswell & Guetterman，2019

5.1　测试视阈下口语策略能力研究设计

在语言测试领域对策略能力开展实证研究最常用的研究方法是混合研究方法，特别是聚敛混合方法设计（convergent mixed-methods design）。该方法将定量分析（quantitative approach）和定性分析（qualitative approach）有效结合（Cramer & Howitt，2004）。定量分析通过实验工具测量各变量，并通过统计方法检查变量之间的关系，从而验证理论（Meissel，2014）；定性分析是研究人员从个人或群体的角度来研究社会现象，它是从特殊到一般归纳构建的数据分析。聚敛混合实证研究法融合贯通了定性、定量这两种方法的优势，可以实现对研究对象的全面探索，从而全面解决研究问题。定量分析、定性分析及混合研究分析是研究设计的三大法则，在具体研究中，除了可行性之外，究竟采用哪一种法则要看设计原则是否符合研究人员的假设，实现研究目标的调查、数据收集、分析和解释的需求，以及是否能够解决研究问题（Creswell & Creswell 2018；Creswell & Guetterman；Creswell & Poth，2018）。参照这些准则，本书采用聚敛混合法，具体原因为：

（1）本研究的两大问题：中国英语学习者在计算机辅助综合口语测试情境下策略能力（元认知策略使用）的表现，以及这种表现与测试任务的复杂度和口表现间的复杂关系。这两大研究问题涉及三大研究变量：策略能力、任务复杂度、口语表现。基于这三大变量的测量理论和实证研究基础，本研究通过问卷调查和访谈相结合的方式收集策略能力数据。在四个综合口语测试任务中，实验对象对任务复杂性的认知数据通过自评量表、开放式自评问卷和半结构化访谈纲要（以下简称"纲要"）收集。另外，口语测试参考打分量表进行打分。因此，数据分析不仅涉及定量统计，还涉及定性编码，以及两种类型数据集的融合。

（2）"口语研究应采用多种方法"，因为口语研究的目标是"动态的、有社会基础的"口语（Hughes & Reed，2017：123-125）。由于本研究考察的是综合口语测试任务，聚敛混合方法可以为研究中国英语学习者在综合口语测试中的表现提供多种方法。在聚敛混合方法的宏观设计中，研究人员采用了单向重复测量法收集中国英语学习者的元认知策略、任务复杂度，以及四个综合口语测试数据，并通过多种统计方法分析数据，这些统计方法包括：描述性统计分析、单项重复方差分析、独立 t 检验、等阶线线性模型和单项重复多元方差分析（Barkaoui，2013；Raudenbush & Bryk，2002）。

本研究采用现象学理论通过结构性访谈及开放式问卷收集元认知策略以及任务复杂度定性数据（Creswell & Guetterman，2019；Creswell & Poth，2018；Daniel，2011）。基于聚敛混合设计设计，本研究由两个阶段组成：第一阶段主要涉及策略能力测量工具研发，包括探索性因子分析和验证性因子分析，以及评分人员培训、设备测试和口语测试预演，重点是进行口语策略能力量表开发、验证和抽样适用检查，确保研究流程的顺利进行；第二阶段的重点在于数据收集和分析（见表 5-1）。

表 5-1　聚敛混合设计方法

阶段	研究目标	测量工具	步骤	实验对象
一	测量工具开发、验证和抽样试用	量表、自评量表、访谈纲要	开发、验证、抽样试用检查量表和访谈纲要；测试考试设备、模拟测试流程、组织和评分人员培训	496 名中国英语学习者和 2 名评分人员

（续表）

阶段	研究目标	测量工具	步骤	实验对象
二	定量：考察中国英语学习者元认知策略使用；评判任务复杂度；元认知策略使用与任务复杂度、口语成绩关系分析	量表、自评量表、托福综合口语考试评分标准	定量数据收集与分析	120 名中国英语学习者和 2 名评分人员
	定性：学生元认知策略；学生和教师对任务复杂度的判断	访谈纲要和开放式问卷	定性数据收集和分析	4 名中国英语教师和 8 名中国英语学生

5.2　风险处理

在聚敛混合设计方法中，如果量表数据（定量）和访谈数据（定性）不一致（data alignment），就会降低研究结果的信度和效度（Wilson，2013）。为减少此类风险，本研究在开发访谈纲要和量表时均采用简单的内部结构，两种工具中关于元认知策略的问题在内容设计上相似，以确保两者的高度一致。为进一步提高定量数据和定性数据的一致性，根据一些学者的建议，研究人员将两种数据源的收集间隔时间控制在了一周以内（Harris & Brown，2010）。

单向重复测量设计引起的延滞效应（carry-over effect）和顺序效应（order effect）会给研究结果的有效性带来风险。延滞效应是指先前的测试条件可能对实验学生产生的影响，如疲劳。本研究为减少延滞效应，在完成每项口语任务后，研究人员给实验学生提供了 20 分钟的休息时间。顺序效应是指因任务的排列顺序对研究结果产生的影响，拉丁方设计（Latin square）是降低该影响的主要手段（Corriro，2017）。按照拉丁设计的原则，本研究中的实验学生被分成四组，每组人数总体相同，以不同顺序完成四项口语任务。例如，第 1 组学生完成任务的顺序为：任务 1、任务 2、任务 3 和任务 4；第 2 组学生完成任务的顺序则为：任务 2、任务 3、任务 4 和任务 1，四组学生的任务完成顺序依此类推（Verma，2015）（见表 5–2）。

表 5-2　任务顺序

学生组	任务顺序
第 1 组	任务 1—任务 2—任务 3—任务 4
第 2 组	任务 2—任务 3—任务 4—任务 1
第 3 组	任务 3—任务 4—任务 1—任务 2
第 4 组	任务 4—任务 1—任务 2—任务 3

此外，本研究通过三角测量、受访者检查（member checking）和外部审核（external auditing）来降低定性结果信度、效度风险（Creswell & Guetterman，2019；Creswell & Poth，2018）。三角测量通过多种方式（观察现场笔记、访谈录音记录和研究日记）整合定量和定性数据；受访者检查是指邀请几名学生受访者参与检查原始访谈数据、叙述性叙述和采访者的评论，以了解受访者的真实想法是否得到准确反映；外部审查指相关领域专家对定性研究流程进行的全面审查（Creswell & Poth，2018；Révész et al.，2016）。为减少评分信度相关风险，要先对评分人员进行培训。评分人员首先观看 ETS 官网提供的评分准则和具体评分视频；然后就评分标准提出问题并讨论解决；接着两位评分人员以合作方式共同对学生的两组口语任务表现进行评分，并在讨论一致的基础上给出每组的成绩。在此基础上，两位评分人员再对相同学生的另外两组口语任务表现进行独立评分，并给出评分理由，以提高评分人员之间的评分一致性，提高评分信度（Huang & Hung，2013；Huang et al.，2018；Weir et al.，2006）。

5.3　前期准备

研究人员在正式开展研究前需要做好一系列前期准备工作以确保研究的顺利开展，包括研究地点、研究对象及研究工具的确定。基于研究资源的考虑（Creswell & Guetterman，2019；Creswell & Poth，2018），本研究选择了国内两所综合型大学，具体原因为：（1）样本可行性。这两所大学为本研究提供了获取中国英语学习者样本的途径。此外，这两所大学的学生特点符合本研究要求（参考 5.3）；（2）时间、经费限制。研究人员通常会选择"对自己来说比较便利且随时可以访问的研究地点"（Walford，2001：151）。本研究中的研究人员曾经是这两所大学国际合作项目的英语教师，在寻求有关部门开展研究许可和合作时比较方便。而且这两所大学地理位置便利，可以减少通勤成本，提高研究效率，有利于更好地开展研究；（3）熟悉度。研究人员对于研究地点比较熟悉，增强了与实验对象融洽沟通的可能性，从而提高了实验对象对于问卷回答的诚实性和准确性。这既有利于确保研究的顺利进行，提高研究效率，又有助于提高整体研究结果的信度和效度（Creswell & Creswell，2018；Creswell & Guetterman，2019；Creswell & Poth，2018）。本研究共招募了 616 名学生、4 名英语教师和 2 名评分人员。其中 8 名学生参与了半结构化访谈（Creswell & Creswell，2018；Creswell & Guetterman，2019；Creswell & Poth，2018）。参加本研究的实验对象多为英语专业学生或者国际合作交流项目的学生，他们具备相关的英语学术背景和参与研究的积极性。他们认为，参与本研究有助于为其未来职业或学习做好语言准备。这种积极性使他们在研究中比较具有合作性，在一定程度上有助于提高量表及访谈回答的准确性，从而提高研究信度、效度（Creswell & Creswell，2018；DeVellis，2012；Nishishiba et al.，2014）。此外，参与研究的学生均通过了大学英语四级考试，分数为 425～550 分。根据国家教育部考试中心（2020）发布的考试官方评分解释，该分数范围表明学生的语言水平处于中上水平，这使得他们在语言上具备区分简单任务和复杂任务的能力（Rahimi，2016）。另外，根据 ETS 对托福综合口语考试的官方解释，该考试对考生的英语水平要求较高，约为中级水平（Huang & Hung，2013）。从这一点来看，本研究实验对象的英语水平可以确保他们完成托福综合口语测试任务，有助于研究的顺利进行。

由于本研究涉及两个阶段，参与不同阶段的实验对象也有所不同。尽管第一阶段在整个研究中发挥了多种作用（如量表开发、评分人员培训和测试设备调试、组织预演等），但只有量表验证对实验对象样本量有具体的严格要求。为了验证量表，共 496 名学生参加了两个因子分析。其中 254 名学生参加了探索性因子分析，242 名学生参加了验证性因子分析。样本量的确定是基于因子分析的统计要求：探索性因子分析和验证性因子分析分别需要至少 100 和 200 个样本，且要求不同的样本组（Hair，2019；Kline，2016）。所有实验对象的年龄在 20～21 岁之间，其中男学生占 36.32%，女学生占 63.68%。参与探索性因子分析的实验对象与英语学习的相关特征如表 5-3 所示。

表5-3　探索性因子分析实验对象特点（学生）

类型	表现	人数	百分比（%）
学习时间（年）	7～9	105	49.53
	10～12	75	35.38
	13～15	22	10.38
	其他	10	4.72
参加的测试	四级	209	98.58
	六级	124	58.49
	剑桥商务英语	2	0.94
	雅思	1	0.47
	托福	1	0.47
四级成绩（分）	< 425	3	1.42
	425～500	175	82.55
	500～550	27	12.75
	>550	7	3.30

242 名参加验证性因子分析的学生实验对象中，有效回答人数为231 名人，其中男学生 90 人，占样本总量的 38.96%，女学生为 141 人。如表 5-4 所示，实验对象的英语学习经历存在差异。

表5-4　验证性因子分析实验对象特点（学生）

类型	表现	人数	百分比（%）
学习时间（年）	7～9	95	41.13
	10～12	93	40.26
	13～15	20	8.60
	其他	23	9.90
参加的测试	四级	228	98.7
	六级	101	42.72
	剑桥商务英语	3	1.30
	雅思	1	0.43
	托福	1	0.43
四级成绩（分）	< 425	14	6.06
	425～500	134	58.01
	500～550	58	25.11
	>550	25	10.82

根据研究第二阶段所采用的统计测试方法的经验法则（rule of thumb-up），共 120 名学生参加了第二阶段的研究，有效量表 104 份，其中男性占 34.62%（n=36），英语学习经历各不相同，如表 5-5 所示。

表 5-5　第二阶段实验对象特征（学生）

类型	表现	人数	百分比（%）
学习时间（年）	7～9	44	42.31
	10～12	44	42.31
	13～15	12	11.54
	其他	4	3.85
参加的测试	四级	102	98.08
	六级	65	62.85
	剑桥商务英语	1	0.96
	雅思	6	5.77
	托福	2	1.92
四级成绩（分）	< 425	13	12.5
	425～500	56	53.85
	500～550	22	21.15
	>550	13	312.50

由于假设检验是统计程序中不可或缺的关键步骤，因此在考虑本研究与统计程序相关的所有假设检验结果后，最终有效样本量为 95。两个阶段的学生参加了单向重复测量方差分析以测量任务难度，数据清洗后样本量达到 600，符合样本要求（Pallant，2016；Salkind，2010）。8 名学生参加了半结构化访谈，样本量符合现象学设计的经验规则：5～25 名实验对象（Creswell & Creswell 2018；Creswell & Guetterman，2019；Daniel，2011）。实验对象为 18～22 岁，平均英语学习时长为 11 年，其中一半受访者有雅思考试经历。表 5-6 展示了这 8 位受访学生的背景信息。

表 5-6　实验对象背景信息（学生）

身份	性别	年龄	英语学习（年）	英语测试
受访者 1	男	21	12	剑桥商务英语
受访者 2	女	22	15	六级

（续表）

身份	性别	年龄	英语学习（年）	英语测试
受访者 3	女	21	12	六级
受访者 4	男	20	12	雅思
受访者 5	男	19	15	雅思
受访者 6	男	19	12	雅思
受访者 7	男	22	9	雅思
受访者 8	男	19	15	其他

4 名英语教师自愿参与研究，他们的母语为汉语，年龄在 30～41 岁。所有教师均具有 10 年以上英语教学经验，并有英语文学硕士学位（见表 5-7）。此外，本研究的两名评分人员是具有 7 年以上教学经验的英语教师，均有海外合作文化交流项目经验，对国际语言测试体系非常熟悉，均有托福综合口语考试评分经历。两名评分人员中，一位是男性，一位是女性，均具有英语文学硕士学位。

表 5-7　实验对象背景信息（教师）

身份	性别	年龄	教学经验（年）	教育背景
教师 1	女	38	15	硕士（英语文学）
教师 2	女	37	15	硕士（英语文学）
教师 3	女	37	12	硕士（英语文学）
教师 4	男	36	15	硕士（英语文学）
教师 5	男	41	17	硕士（英语文学）

实证研究中，测量工具是数据收集的关键所在，在很大程度上决定数据的信度和效度，并影响研究结果的信度和效度，而测量工具的确定主要取决于相关研究惯例（Creswell & Creswell 2018；Creswell & Guetterman，2019；Daniel，2011）。基于上篇"理论发展"中关于策略能力、任务复杂度及口语产出测量工具及本研究聚集的两大问题，研究人员采用了策略能力量表（参考附录 1）、任务复杂度自测表、托福综合口语测试、半结构化访谈纲要（参考附录 2）、开放式任务复杂度量表。

1）策略能力量表

策略能力量表基于策略能力定义、策略学习元认知模型（Chamot et al.，1999）、《中国英语能力等级量表》，根据评测标准研发而成。量表报告的策略分四类：制定规划、解决问题、自我监控和自我评价，体现在量表主体第二部分 23 个问题中。每个量表问题使用 6 分制李克特量表：0（从不或几乎不）、1（很少）、2（偶尔）、3（常常）、4（大多数情况）、5（总是或几乎总是这样）。量表第一部分为五个结构化问题，旨在了解学生的背景信息，如年龄、性别和英语学习经历；第三部分主要招募访谈对象。由于量表使用者是母语为汉语的中国英语学习者，因此量表设计采用了汉语，以减少因语言障碍导致的理解偏差，减少对最终研究结果的信度和效度的影响（Creswell & Creswell，2018）。

2）任务复杂度自则表

任务复杂度自测表借用了 Révész et al.（2016）研发的量表，该量表为英文。考虑到学生的母语是汉语，研究人员将量表翻译成了中文。该量表只有一个问题，要求学生对任务难度进行打分，采用李克特 9 分制，1—9 表示任务难度逐渐增大（见图 5–1）。由于量表仅包含一个问题，研究人员将它作为量表的第二部分，避免实验对象个人信息重复，提高研究效率（Creswell & Creswell 2018；Creswell & Guetterman，2019；Dörnyei & Taguchi，2009）。

这道题一点不难　　　1 2 3 4 5 6 7 8 9　　　这道题太难了

图 5–1　学生任务难度自我打分量表

3）托福综合口语测试

基于资源使用方便原则，研究人员从 2019 年改革前的托福综合测试的在线数据库软件包（TOEFL Practice Online，TPO）中选择了 TOEFL IBT 综合口语部分。除了托福综合口语测试任务特有的模式外，本研究采用的四项口语任务具体内容如下：（1）任务 1 要求学生首先阅读一篇关于某大学校车改变路线的短文，然后听一段录音。录音中两名说话人讨论并表达对校车改变路线的观点。口语任务为：学生陈述其中一位说话人的看法。（2）任务 2 首先给学生提供了一篇有关"观众效应"这一学术概念的阅读材料。在接下来的一篇听力讲座中，某教授举例对阅读材料里的学术概念进行讲解。口语任务为：学生使用听力中的示例来解释阅读材料中的概念。（3）任务 3 是一位教授和学生关于时间冲突的对话。为了解决冲突，教授为学生提供了两种可能的解决方案，但学生都不满意。口语任务为：学生推荐一种冲突解决方案，并给出这种解决方案有效的原因。（4）任务 4 是一位教授讲解关于金钱的两种定义的讲座。口语任务为：学生使用听力中的例子来解释这两种定义。

4）半结构化访谈纲要

半结构化访谈纲要用于深度探究中国英语学习者元认知策略及其对任务难度的判断。访谈纲要有两组问题：第一组问题关于学生的元认知策略使用情况；第二组问题是关于任务复杂度的判断。这种访谈设计是为实现和量表及任务理论框架一致，确保定量、定型数据的聚敛混合（Harris & Brown，2010）。访谈纲要还包括了受访者的背景信息。由于访谈对象为中国英语学习者，因此访谈纲要使用了中文，确保受访者无语言理解障碍，保证访谈的信度和效度。

5）开放式任务复杂度量表

该量表用于收集英语教师对任务复杂度的判断数据（Révész et al.，2016），格式和措辞与学生任务复杂度量表相同。两者唯一的区别是，开放式量表结尾为一个开放式问题，用于探索教师对四项综合口语测试难度作出某种判断的原因。以任务 1 为例，如果某教师给该任务复杂度的打分为 7 分，开放式问题要求教师给出解释。在考虑了教师的语言能力后，研究人员直接使用了原版英文量表，量表开头为参与教师的英语学习和教学经历等背景信息。验证和抽样检查是确保测量工具可靠性、有效性和实用性的先决条件（Creswell & Guetterman，2019；Creswell & Poth，2018；Dörnyei，2010）。由于本研究的量表和访谈纲要是新开发的测量工具，因此在数据收集之前必须对其进行验证并进行抽样适用检查。同样，由于学生任务复杂度自评量表为翻译版本，也要对其进行验证和抽样适用检查。此外，由于该研究涉及 600 多名学生数据的五种测量工具，对这些测量工具进行抽样适用检查也很重要。

量表验证的第一阶段为表面效度、内容效度和标准效度验证（Hair，2019；Muijs，2011；Pallant，2016）。为此，研究人员就版面、措辞、逻辑一致性等方面咨询了奥克兰大学语言学专业的四位博士生，删除了引起误解的问题。由于量表问题的设计主要基于反映本研究策略能力定义的策略学习元认知模型（Chamot et al.，1999）（参考表 3-2），且该模型对于策略能力的解释和具体分类所使用的语言为英语。因此，研究人员对量表问题进行了翻译，将它们转换成中文。根据量表翻译语言问题的要求（Creswell & Guetterman，2019；Creswell & Poth，2018；Dörnyei & Taguchi，2009），研究人员邀请了两位母语为汉语的英语语言学教授对翻译过的量表问题进行回译，确保量表在实际使用时不会给实验对象造成理解障碍。接下来，经过回译的由 40 个问题组成的量表通过探索性因子分析和验证性因子分析进行效度验证，并参照 Cronbach α 系数检验进行信度验证。探索性因子分析提取了 28 个问题；经验证性因子分析最终验证的具有较高信度的量表由 23 个问题组成（Byrne，2016；Kline，2016）。效度、信度验证后，研究人员又邀请 6 名学生对量表进行了抽样适用性检查。由于学生完全理解量表内容，因此经因子分析验证的量表未做任何改动，可用于实际数据收集。翻译过的任务复杂度自评量表也是经上文提及的两位母语为汉语的英语语言学教授回译，并邀请 4 名学生对量表进行抽样试用检查后使用，以确保翻译的量表可被学生理解，提高数据的信度和效度（Dörnyei & Taguchi，2009）。两位教授还对访谈纲要进行了指导，保证指南措辞清晰、简明、易懂（Creswell & Guetterman，2019；Creswell & Poth，2018；Dörnyei & Taguchi，2009）。

　　验证及抽样适用检查的重点是测试设备和测试组织、管理，使学生熟悉设备，如耳机和考试软件，确保口语考试的顺利进行，并保证可以成功存储学生的语音样本并用于后期打分。需要强调的是，学生在完成综合口试任务后随即回答量表问题，因此口语测试的抽样适用检查过程也是策略能力量表、任务复杂度自评量表的抽样适用检查过程。托福综合口语测试评分标准抽样适用检查实际上是对打分人员进行培训。由于两位评分人员均有托福综合口语测试评分经验，因此培训工作重点在于提高评分者之间的分数一致信，提高评分信度（Ergai et al.，2016；Fulcher，2012a，2012b；Gwet，2014；Hallgren，2012；Sun，2020）。

5.4 数据收集及分析

　　本研究的数据收集主要用于测量测试情境下口语策略能力的量表和解决两大研究问题。因此数据收集分为两个阶段：策略能力量表开发和解决两大研究问题。

5.4.1 数据收集

　　第一阶段的数据收集主要用于策略能力量表的研发与验证，以及任务复杂度自评打分。量表验证通常分两步：探索性因子分析和验证性因子分析（Creswell & Guetterman，2019；Creswell & Poth，2018；Dörnyei & Taguchi，2009）。在本研究中，研究人员首先设计了由 40 个测试情境中口语策略能力问题组成的策略能力量表。第一批学生分四组完成四个综合口语任务之后，随即回答 40 个量表问题，并对任务难度进行评价。该组数据用于统计探索性因子，然后得到由 28 个问题组成的量表。参与验证性因子分析的学生与参加探索性因子分析的学生来自不同批次的样本，他们在完成口语任务后，回答经探索性因子分析验证过的 23 个量表问题（参考附录 1），完成验证。此步骤中的数据收集流程与探索性因子分析流程相同。经因子分析后的量表信度参考 Cronbach's α 系数进行信度检查。

　　第二阶段数据分学生数据与教师数据两部分，旨在解答两大研究问题。学生定量数据收集程序与第一阶段几乎相同，但存在三方面差异：样本、量表和评分。参与第二阶段数据收集的学生与参与第一阶段的学生为不同批次样本的学生，在第一阶段完成全部四个口语任务后回答一个量表；而第二阶段学生需要每完成一道口语题目回答一份量表。此外，第二阶段使用的量表是验证后的量表，而第一阶段使用的是未经完整验证的量表。评分方面，第一阶段学生的口语表现仅用于评分人员培训，第二阶段学生的口语表现被正式用于研究问题。在评分过程中，两名评分人员首先参照评分总标准中的四个子标准对每位学生的口语回答进行独立评分，四个部分的分数从 0 到 4 分不等；然后，将这四个分数相加作为学生每道口语题目的总分数；接着，评分人员将四道题目的分数相加，生成一个平均分，作为学生的口语总分（Huang & Huang，2013）。

第二阶段在收集定性数据时，研究人员在教室里使用汉语进行访谈。访谈开始时，研究人员向学生简单介绍了研究目标和相关的伦理问题，并给他们足够的思考时间，提高回答的有效性。作为三角验证手段，研究人员用笔记、录音和日记捕捉受访学生回答的每一个细节，每个访谈持续约 30 分钟。

5.4.2　数据分析

　　与数据收集一致，数据分析也分两个阶段：量表验证及研究问题解答。量表验证旨在验证新开发的量表效度和信度。"效度是指测量工具在多大程度上可以测量意向测量的东西"（Kimberlin & Winterstein，2008：2278），即效度是指所测量到的反映考察内容的程度。信度可以理解为一致性，即尽管时间和样本不同，测验结果具有一致性、稳定性及可靠性（Kimberlin & Winterstein，2008）。任何新开发的量表工具在使用之前必须通过因子分析验证其整体效度，并且通过内部一致性进一步检验其信度。按照这一基本要求，研究人员使用 SPSS（Windows 版本）统计软件进行探索性因子分析，了解其结构有效性，并采用 AMOS 24（Windows 版本）绘制路径图验证从探索性因子分析生成的模型（Kline，2016；Reinard，2006）。

　　探索性因子分析由三个基本步骤组成：（1）参照 Bartlett 球形检验（Bartlett's Test of Sphericity）（>0.05）或 Kaiser-Meyer-Olkin（KMO>0.7）检查数据是否符合探索性因子分析要求，即探索性因子分析在本研究数据中运行的可行性；（2）因子确定；（3）确定每个因子上的量表问题。其中，第二步和第三步分别通过因子提取和因子旋转来实现。因子提取采用最大似然估计法，因子旋转采用斜交旋转法（Sun，2020；Sun et al.，2016；Vandergrift et al.，2006）。为确定每个因子上的问题数量符合统计要求，研究人员对量表的因子载荷系数进行了检查，删除了载荷系数低于 0.4 或者同时落在多个因子上的量表问题，符合要求的量表和因子构成了基本模型，并通过验证性因子分析交叉验证（Brown，2015；Byne，2016；Kline，2016）。验证性因子分析分两步：验证前和验证中。第一步，除了假设性测试之外，还包括模型设定（model specification）及模型识别（model identification）。模型设定指基于探索性因子分析产生的模型结构设计模型；模型识别则是参照 Byrne（2016）和 Kline（2016）提出的指南进行。这些指南包括为潜变量指定单位（因子第一个指标的方差固定值设定为 1.0）、参数数量（输入矩阵反映的数量应不小于自由估计的模型参数数量），以及每个潜在变量所需的指标数量（≥ 3）。模型拟合的检验参照拟合指数，包括拟合优度（GFI）、增量拟合指数（IFI）、Tucker-Lewis 系数（TLI）、比较拟合指数（CFI）以及均方根误差（RMSEA）。当 GFI、IFI、TLI、CFI 的拟合指数大于 0.9 且 RMSEA 的值小于 0.8 时，通过探索性因子分析提取的模型被认为是有效的。因子分析后，研究人员根据 Cronbach α 系数检验量表信度，该系数的经验指标为大于 0.8。验证性因子分析所采用的估计方法与探索性因子分析一样均为最大似然估计法（Brown，2015；Byrne，2016；Kline，2016；荣泰生，2009）。

1. 定量分析

第二阶段研究问题解答具体分为定量分析和定性分析。定量分析分两步，采用统计软件 SPSS 26（Windows 版本）和 HLM.7（学生版）完成。第一步，通过描述性分析获取学生元认知策略的基本数据、口语成绩，以及表明任务复杂度的四项综合口语测试的认知负荷。基于这些基本信息，研究人员使用策略能力均值，通过表格生成的折线图来说明不同学生在处理不同任务中使用元认知策略的情况，以回答第一个研究问题中关于策略能力是否存在个体差异的问题。研究人员首先根据口语分数的中值将学生分为两组（高水平组和低水平组），采用独立样本 t 检验的方法来检查两组学生的策略能力是否因语言水平不同而存在显著差异。第二步基于第一步的基本信息，通过等阶线性模型（Hierarchical Linear Modeling，HLM）以及多元方差分析解答第二个研究问题（Hair et al.，2014；Huta，2014）。具体来说，第二阶段定量数据分析涉及的方法包括：描述性分析、独立 t 检验、单向重复方差分析和单向重复多元方差分析。

描述性分析可以提供关于数据集中趋势的基本信息，包括均值、中位数和众数，以及标准差、偏度和峰度。均值（平均值）是描述特定数据集中趋势最常用的方法，而偏度和峰度是正态性检验的关键参数（Muijs，2011；Pallant，2016；荣泰生，2009）。描述性数据分析方法常被用来分析策略使用和口语测试成绩（Youn & Bi，2019；Sun，

2020）。因此，本研究也采用该方法了解中国英语学习者四个综合口语测试成绩和元认知策略。同时，检查标准差、偏度和峰度值是否符合数据正态分布是后续检验中必不可少的步骤。在使用独立 t 检验时，基于课堂教学及日常语言习得背景下元认知策略使用的理论（Zhang，2014；Zhang & Goh，2006），研究人员首先根据学生口语分数的中值（$M=4.25$）将学生参与者分为两组：第 1 组（成绩高的学生）和第 2 组（成绩低的学生）。第 1 组由 47 名学生组成，而第 2 组有 48 名学生组成。鉴于两组的样本量不同，故采用独立样本 t 检验，因为这种统计检验方法适合比较人数不等的两个样本之间的方差（Field，2018）。参考 t 值（$p<0.05$）和效应值（$r>0.30$）（Field，2018，Sun，2020），研究人员对学生四种元认知策略的使用进行了检查。

研究人员采用单向重复方差分析法，将四个综合口语测试任务代表的四种不同任务条件设为自变量，以任务复杂度为因变量，通过参考 F 比率的 p 值（$p \leqslant 0.05$），以及表明效应量的 η^2 值检验四个任务之间的任务复杂度是否存在显著差异（Révész et al.，2016）。如果 $\eta^2 \leqslant 0.01$，表明效应量小，差异不显著；若 η^2 为 0.01 至 0.06，表示效应规模中等，存在差异；如果 $\eta^2 \geqslant 0.14$，则表示效应规模较大（Pallant，2016），存在显著差异。另外，任务复杂度差异的确认也为后续 HLM 建模奠定了基础（Barkaoui，2013；Raudenbush & Bryk，2002）。

在语言测试领域，分层数据结构，特别是重复测量数据结构非常普遍，如口语测试成绩就是由个体层面和任务层面构成的数据结构。语言测试领域多采用单层测量技术进行数据结构分析，包括方差分析（如多元方差分析）、多元回归分析、G 理论和多面 Rasch 测量模型等。但是这些统计方法可能会产生标准误差和置信区间错误等，从而导致研究结果不正确（Barkaoui，2013；Raudenbush & Bryk，2002；温福星、邱皓政，2015）。为避免统计误差，本研究既包含中国英语学习变量，又包含计算机综合口语测试任务变量和测试成绩变量，涉及学习者和任务成绩两个层级（In'nami & Barkaoui，2019），用两个层级的 HLM 来解答三个变量间的关系。在模型中，第一层是任务层级，反映任务复杂度的任务条件。在这个层级，学生口语成绩为结果变量，四个综合口语测试的四个任务条件是预测变量；第二层级为学生个体层级，预测变量是学生的元认知策略（Barkaoui，2010a，2010b，2013；Raudenbush & Bryk，2002；温福星，2009）。

　　模型数据分析分两步进行：第一步通过跨层交互作用，研究四种元认知策略（独立工作模式）代表的策略能力和任务复杂度代表的测试任务间的相互作用对口语表现的影响；第二步研究元认知策略在以独立方式和相互作用工作模式的同时，与测试任务发生交互作用对口语表现的影响。为了对四种元认知策略内的交互作用进行建模，研究人员将代表四种单独策略的数据相乘以获得新的交互变量（Muijs，2011；Pallant，2016；Young，2017）。例如，为了模拟规划和解决问题之间的相互作用，研究人员将两种策略的数据进行相乘，得出的结果即为代表两种策略相互作用的变量。根据该规则，研究人员共创建了 11 个反映元认知策略内部交互作用的变量（见表 5–8）。

　　尽管在两个研究步骤中第一层级的变量相同，但是由于研究策略的独立和相互作用工作模式不同，第二层级的预测变量不同。在第一步中，四个独立的元认知策略被视为第二层级预测变量；在第二步中，第二层级的预测变量不仅涉及第一步中的变量，还包括表 5–8 中所列的 11 个体现元认知策略内部交互作用的变量。为区别两个步骤中的层级变量，表 5–9 总结了第一步中两个层级的变量。

表 5–8　第二层级元认知策略新变量

名称	交互策略
变量 1	规划 × 解决问题
变量 2	规划 × 监控
变量 3	规划 × 评估
变量 4	解决问题 × 监控
变量 5	解决问题 × 评估
变量 6	监控 × 评估
变量 7	计划 × 解决问题 × 监控
变量 8	计划 × 解决问题 × 评估
变量 9	解决问题 × 监控 × 评价
变量 10	规划 × 监控 × 评估
变量 11	计划 × 解决问题 × 监控 × 评估

表 5-9   第一步中的两个层级变量

变量名称	结果 / 预测变量	测试任务层级	学生层级
口试成绩	结果变量	※	
任务难度	预测变量	※	
规划	预测变量		※
解决问题	预测变量		※
监控	预测变量		※
评估	预测变量		※

注：※ 表示各层级的变量。

　　变量识别之后是数据准备，包括假设性验证测试、可行性测试、模型构建和评估以及模型检查。在数据准备中，根据 HLM 建模需要，研究人员将数据从宽格式转换为长格式，以便数据可以被 HLM 默认的 MDM 格式识别，从而使数据分析正常进行。数据转换之后是假设性验证测试和可行性测试，以检查是否可以使用 HLM 来分析数据。在模型构建中，元认知策略数据经过总均值中心化处理，任务难度数据经过组均值中心化处理进入模型。两个研究步骤中均建立了两个模型：第一个模型是没有任何预测变量的零模型，以获取组内相关系数（ICC）来评估数据是否适合采用 HLM 来进行分析。ICC 数字越高，越接近数值 1，表明数据分析越适合采用 HLM。此外，零模型还可作为模型构建中模型比较偏差的基准。另一个模型是完整模型，即将所有变量同时输入模型，以研究元认知策略和任务复杂度的跨层交互作用如何影响口语表现。模型拟合度评估采用完全最大似然估计法，检查模型拟合度的两个主要指标分别为离差值（与零模型相比，值减小表示模型拟合更好）和显著性检验，后者包括检验参数固定效应（$p < 0.05$）的 t 检验，及检验参数随机效应（$p < 0.05$）的卡方检验。研究人员对第一层级随机系数的可靠性也进行了检验，因为它代表了学生个体特征，包括个人元认知策略对口语成绩表现影响的占比（Barkaoui，2010a，2010b，2013；Garson，2013）。

　　最后，研究人员对两层级模型进行检查和比较，确保本研究中的数据适合所建模型。在包含假设性验证的模型诊断过程中，研究人员通过使用经验贝叶斯截距，诊断层级数据是否存在多重共线性：如果没有识别出椭圆形散点图，则第二层级残差中不存在非线性。第一、二层级残差的正态分布通过散点图进行检查。如果第二层级残差的卡方分布的预期值与马氏距离形成的散点图成 45 度角，则满足第二层级的正态分布假设。另外，研究人员通过检查经验贝叶斯残差与第二层级残差预测值形成的散点图，判断异方差的异常值。此外，研究人员还对稳健标准错误与普通标准错误进行比较，判断模型设定是否正确：如果两者间存在较大差距，表明模型设定错误（Raudenbush & Bryk，2002；温福星、邱皓政，2015）。

由于 HLM 无法测量低层级变量对于高层级变量的影响，因此要检查测试任务对策略能力的影响，则需要单独使用统计方法来处理。由于本研究中元认知策略由四种策略组成，任务难度有四个任务条件，因此采用单向重复测量多元方差分析。为此，研究人员通过线性组合四个单独的元认知策略创建了新变量来代表策略内的交互作用。通过检验 F 值（$p < 0.05$）和 η^2（效应量）来判断实验对象在处理不同任务时使用的策略（交互）的不同，判断这些指数的经验法则与单向重复方差分析相同。检测不同测试任务对元认知策略交互使用的影响后，研究人员使用单向重复测量方差进一步分析不同任务对元认知策略独立使用的影响（Frey，2018；Muijs，2011；Pallant，2016）。

2. 定性分析

定性数据分析第一阶段旨在分析半结构化访谈数据，第二阶段分析开放式问卷的教师回答。在实证研究中，本研究第一阶段访谈内容数据的分析通常是以编码工作开始。编码对工作人员有一定的技能要求，以确保编码人员内部及编码人员间的编码一致性，从而确保访谈结果的信度和效度。本研究中参与编码工作的一位研究人员和一位研究助理进行了相关的技能培训。经过培训，两位编码工作人员间及其内部的编码一致性均达到了 0.9 以上，确保了编码结果的信度和效度（Barkaoui et al.，2013；Fernandez，2018）。编码过程中，两位编码人员首先将访谈录音转录变成文字，然后参考编码表通过演绎方法分析访谈数据。编码就是"用基于内容或概念性的短语来概括构建访谈研究问题的数据碎片"（Saldana，2016：84）。Saldana（2016）认为，编码适用于半结构化访谈和开放式问卷，通常紧跟内容分析，适用于新开发的访谈数据集合、研究问题被明确定义且编码类别比较成熟的访谈纲要（Drisko & Maschi，2015）。鉴于这些特点，编码特别适用于本研究的访谈数据。

编码表是研究人员参考的编码依据（Saldana，2016）。本研究编码表根据研究问题、访谈纲要、策略能力定义和任务复杂性因素制定，元认知策略的四大组成策略和五个任务复杂度元素（任务复杂度的总体判断是四元素之外的第五元素）作为编码表的子结构。元认知策略的定义被用作学生元认知策略编码，背景知识、任务步骤、任务时间、任务难度和任务类型作为任务复杂度编码。编码表共计由 17 个元认知策略代码和 10 个任务复杂度子类别组成，如表 5-10 所示。

表 5-10　编　码　表

类别	子类别	代　码	定　义
元认知策略	制定规划	制定目标	识别任务目标
		确定关注点	提前决定任务忽略其他干扰
		使用背景知识	思考并使用已知知识
		预测	期待信息以准备任务方向
		组织计划	计划内容顺序
		自我管理	安排学习条件
	解决问题	推理	根据已有知识进行猜测
		替代	使用同义词或描述短语替代不认识的单词
	自我监控	选择性关注	关注关键词、短语及思想内容
		演绎推理	有意识使用所学或自我建立的准则解决任务
		个人经历	将任务信息和个人经历相结合
元认知策略		笔记记录	记录重要的单词和概念
		自我发问	检查是否理解任务，了解任务完成进度并发现问题
		自我对话	自我对话减少焦虑
	自我评价	验证预测及猜测	检查预测及猜测是否正确
		评价表现	对任务表现进行判断
		检查目标	确定是否实现目标

（续表）

类别	子类别	代码	定义
任务复杂度	规划时间	支持较短规划时间	计划时间短有助执行任务
		支持较长规划时间	计划时间长有助执行任务
	背景知识	对校园生活的态度	校园生活提供背景知识
		对学术讲座的态度	学术讲座提供背景知识
	涉及步骤	阅读作为背景知识	阅读提供背景信息
		阅读作为额外认知负荷	阅读带来额外信息负荷
	任务类型	积极态度	任务类型对任务表现产生积极影响
		消极态度	任务类型对任务表现产生负面影响
	整体复杂度判断	简单	总体任务简单
		难	总体任务复杂

在实际编码过程中，如果所需编码的数据较多，为提高研究效率，研究人员可以使用一些编码软件，如 NVivo（Bazeley，2016）。本研究的编码人员使用了 NVivo 12（Windows 版本）软件包分析学生访谈。NVivo 12 支持将文档直接导入文字处理包，简化了编码过程，提高了研究效率（Bazeley，2016），适用于处理半结构化访谈数据（Bazeley & Jackson，2013；Saldana，2016；Sun，2020）。在编码数据准备工作中，编码人员将转录后的访谈数据直接导入 NVivo 12，创建了代表八个类别的节点和反映两组代码的子节点。由于数据结构清晰，编码人员首先以问题为标题对所有回答进行自动编码，简化了随后的详细编码，提高了编码效率。在详细编码中，编码人员参照表 5-9 编码表逐行逐字检查，创建分析备忘录，这些备忘录将在编码后期结合代码形成主题。

编码人员采用了纵向和横向相结合的分析方法。纵向分析用来检查个别受访者的回答，尤其是一些极端个例，有利于发掘编码表之外的新主题。比如本研究中，受访学生将"任务顺序"视作影响其任务复杂度判断的一个因素，但"任务顺序"并未包含在三维元素框架（Robinson，2015）中，因此未被列入任务复杂度的编码表中。所以，编码人员在任务复杂度独立评分影响的标题下，增加了"任务顺序"这一主题。在对个案进行纵向分析后，再开始横向分析。它主要是以跨案例的方式对学生元认知策略及其对任务复杂度的独立判断进行共性和差异分析，且尤为关注未列入编码表的共同主题、重复出现的话语模式和具有独特性质的个例。在实际编码过程中，被问及在处理口语任务之前是否设定了目标时，一些受访学生表示在计划时间内没有设定任何目标，且编码表中没有对应的主题，所以该回答被编码人员编码为新主题"没有特别的计划"。数据编码最后一步是对数据进行再次检查，以重新评估并完善主题（Cresswell & Poth，2018；Meloy，2002；Paltridge & Phakiti，2010；Richards，2015）。编码过程如图 5-2 所示。

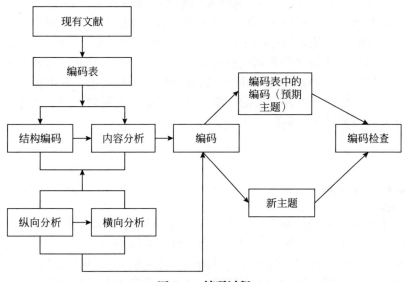

图 5-2　编码过程

实证研究访谈数据分析结果通常以直接引用受访者回答的方法呈现（Creswell & Guetterman，2019；Creswell & Poth，2018）。基于这一原则，本研究直接引用受访者的回答展现定性研究结果，并在引用末尾括号内呈现数据来源。例如，受访者 2 于 2018 年 6 月 24 日参加访谈，研究人员在结尾括号处注明内容并用数字表明访谈时间，具体示例为：

> 当我遇到一些我听不懂的单词时，我会猜……根据上下文猜测为什么使用这个单词……这个方法对我有用……在口语任务时遇到问题我经常用猜测的方法。（受访者 2，2018 年 6 月 24 日）

在此，受访者 2 反映了她是如何处理口语任务中的问题的。通过结构编码，编码人员将这部分数据编码为"解决执行任务中的问题"，放在 NVivo 12 名为"解决问题"的节点中。在随后的内容分析中，编码人员将该数据放入名为"根据上下文或背景知识进行猜测"的子节点中。根据元认知策略的编码表，这一子节点最后与其他受访者的类似回答一起被进一步编码为"推理"。本研究中，开放式自评量表所收集的教师受访者任务复杂评价数据的分析流程与上述分析流程相似。不过，由于教师数据相对较小（n=5），编码人员参考手动分析法（Révész，2016）对教师数据进行逐一单独分析，以内容分析演绎法为准则，采用描述性编码。编码人员使用简单的单词或短语总结每位教师的回答；然后通过横向和纵向分析将这些单词或短语命名为特定主题，并通过这种方式总结、分析教师受访者回答的异同，确定新的主题或类别，并根据任务复杂度对新主题进行注释；最后，将注释归入特定类别后，产生注释的频率计数并以此体现主题。

5.5　小结

本章从研究设计角度全面呈现了计算机辅助综合口语测试情境下，中国英语学习者策略能力、测试任务及测试成绩间的复杂关系，详释了如何开展现代语言测试视阈下的口语策略能力研究，包括通过因子分析开发验证口语策略能力量表，研发、验证策略能力及任务复杂度访谈纲要，开展测量工具的抽样适用检查、评分人员培训、聚敛混合单向重复测量设计，确保定量、定性数据有效聚敛解决研究问题，还详释了等阶线性模型及演绎编码在实证研究里的具体应用，包括构建、检查模型，制作编码表及编码过程。

第6章
测试视阈下口语策略能力研究结果详释

阐述研究结果有助于从内部理解研究问题：将问题分解成若干片段，并从不同的角度去审视研究问题。

——Creswell & Creswell，2018

6.1　第一阶段：量表验证

实证研究中，量表验证结果主要通过两个因子的分析结果报告来呈现。本研究开发的测试情境中中国英语学习者策略能力的量表验证也是通过探索性及验证性因子分析结果来实现。

6.1.1　探索性因子分析

1. 假设检验

探索性因子分析的假设检验包括使用 Bartlett 球形检验和 Kaiser-Meyer-Olkin（KMO）抽样检验来处理缺失数据、检查正态分布、异常值、线性、多重共线性和评估因子分析的可行性。如表 6-1 所示，描述性分析表明，口语策略能力量表最初版本的 40 个问题均不存在数据缺失的问题，且这些数据的偏度值在 –0.02 和 0.43 之间，峰度值在 –0.90 和 0.27 之间，所有值都在单变量正态分布可受范围内（偏度：$-7 \leqslant 7$；峰度：$-3 \leqslant 3$；）（Beavers et al.，2013；Kline，2016）。此外，正态曲线、QQ 图和箱线图检查也进一步确认了 40 个问题数据的单变量正态分布。

基于单变量正态性检验，研究人员计算了这 40 个量表问题数据的 Z 分数，均在异常值的 +/−3 分界值之内。这一结果与对箱线图的检查相结合，表明当前数据不存在单变量异常值，但表明数据存在 30 个多个异常值。除去这些异常值后，EFA 的最终样本量与需要验证的量表问题数量分别为 224 名学生和 40 个问题，符合 EFA 样本规定的经验原则，即主体（样本）与变量（问题）的比率应为 5：1。多重共线性回归分析显示，40 个问题数据的容许区间值均高于 0.2 的分界点，其方差膨胀因子（VIF）的个数均小于分界值 5，这些结果表明数据不存在多重共线性。鉴于量表中的问题数量较多，研究人员通过散点图检查了具有强负偏度的问题（问题 10）数据和具有强正偏度的问题（问题 33）数据间的线性，结果显示数据呈多元正态分布，满足假设检验要求（Beavers et al,2013；Field，2018；Kline，2016）（见表 6−1）。为确认在本研究数据中运行 EFA 的可行性，研究人员通过初始因子分析进行了 Bartlett 球形检验和 KMO 检验。结果表明，变量之间的关系强度具有统计学意义：χ^2（df=780）=4740.273，$p<0.001$。从统计的角度来说，这种显著性表明 EFA 适用于量表上的 40 个问题数据。此外，KMO 的值为 0.92，表明本研究中的样本量适用于 EFA（Beavers et al.，2013；Brown，2015；Byne，2016；Field，2018；Kline，2016）。

表 6−1　量表（因子分析前）描述性分析

问题	均值	偏度	峰度	标准偏差
问题 1	4.21	−0.18	−0.90	0.08
问题 2	3.94	−0.07	−0.77	0.08
问题 3	3.37	0.29	−0.24	0.07
问题 4	3.57	0.02	−0.54	0.07
问题 5	3.69	0.09	−0.85	0.07
问题 6	3.64	0.18	−0.74	0.07
问题 7	3.67	0.09	−0.62	0.07
问题 8	3.11	0.37	−0.14	0.07
问题 9	3.11	0.42	−0.02	0.07
问题 10	4.43	−0.40	−0.72	0.08

（续表）

问题	均值	偏度	峰度	标准偏差
问题 11	3.63	0.11	−0.57	0.07
问题 12	3.61	0.03	−0.49	0.07
问题 13	3.78	−0.07	−0.58	0.08
问题 14	4.07	−0.17	−0.15	0.06
问题 15	4.11	−0.20	−0.29	0.06
问题 16	3.02	0.24	−0.68	0.08
问题 17	3.96	−0.04	−0.39	0.07
问题 18	3.15	0.22	−0.63	0.08
问题 19	3.96	−0.07	−0.37	0.06
问题 20	3.89	0.03	−0.43	0.06
问题 21	3.83	0.01	−0.34	0.07
问题 22	4.39	−0.30	−0.66	0.07
问题 23	3.31	−0.10	−0.38	0.06
问题 24	3.59	0.13	−0.23	0.07
问题 25	3.75	0.17	−0.43	0.07
问题 26	3.54	−0.05	−0.34	0.07
问题 27	3.06	0.20	−0.50	0.07
问题 28	3.48	0.08	−0.42	0.08
问题 29	3.30	0.26	−0.15	0.07
问题 30	3.61	0.25	−0.50	0.07
问题 31	3.32	0.19	−0.55	0.07
问题 32	3.76	0.19	−0.43	0.07
问题 33	3.12	0.56	−0.01	0.06
问题 34	3.60	0.22	−0.50	0.07
问题 35	3.63	0.02	−0.49	0.07
问题 36	3.65	0.22	−0.21	0.06

问题	均值	偏度	峰度	标准偏差
问题 37	3.46	0.27	−0.21	0.07
问题 38	3.60	0.12	−0.45	0.07
问题 39	3.49	0.22	−0.43	0.07
问题 40	3.48	0.28	−0.15	0.06

2. EFA 结果

在第一轮 EFA 中，研究人员采用最大似然估计法参考特征值、碎石图和提取的方差百分比，提取了八个因子，解释了总方差的 62.16%。然而，有 39 个载荷系数高于 0.4 的量表问题落在了同一个因子中。通过斜交旋转法对提取的因子进行旋转后，模式矩阵的数字显示，因子载荷高于 0.4 的量表问题分散在八个因子中，但没有一个因子上的问题数量超过 3 个，不符合经验原则所规定的每个因子上应至少有 3 个量表问题的要求。这表明，第一轮 EFA 未能从 40 个量表问题中成功提取潜在的公因子。考虑到本研究对策略能力的明确定义，研究人员采用了另一种方法来提取因子，即根据事先确定好的因子数量及名称提取因子（Brown, 2015; Byne, 2016; Kline, 2016），产生了四个因子：制定规划、解决问题、自我监控和自我评价。

通过最大似然估计法和斜交旋转法对四个因子进行第一轮 EFA 检验后，四个因子仅解释了总方差的 49.96，模型拟合（Goodness-of-fit）指数为 χ^2（$df=626$）$=1105.67$，$p \leqslant 0.001$，这说明四因子模型并不优于八因子模型 χ^2（$df=488$）$=700.17$，$p \leqslant 0.001$ 的解决方案。同时，模式矩阵数值显示，六个问题的载荷系数在四个因子中均小于 0.4。在删除了这六个问题后，第二轮 EFA 模型拟合得到显着改善：χ^2（$df=321$）$=590$，$p \leqslant 0.001$，四个因子解释的总方差增加到 54.94%。此轮 EFA 还发现，另外四个载荷系数小于 0.4，不符合要求的量表问题。在删除了这些问题后研究人员进行了第三轮 EFA 检验，对保留模型进行了进一步改进：χ^2（$df=296$）$=555.51$，$p \leqslant 0.001$。四个因子解释的总方差达到 55.75%，且只有一个问题的因子载荷系数小于 0.4。研究人员将其删除后再开始另一轮 EFA，按照相同程序进行了五轮 EFA 后，从四个因子的原始 40 个量表问题中提取了 29 个问题，这四个因子对总方差的贡献约为 55.76%。四个因子的贡献方差分别为：因子一（制定规划）占方差的 38.33%，为贡献最大的因子；因子二（自我监控）、因子三（解决问题）和因子四（自我评价）贡献方差比例分别为 4.58%、5.97% 和 6.88%。需要指出的是，尽管量表问题 22 没有按照预期落在"自我监控"因子上，而是落在了"解决问题"因子上，但是研究人员在进行信度验证之前没有将其删除。

　　EFA 后的信度分析由两个步骤组成：参考 Cronbach 系数 α 对分量表信度和全量表信度进行检查。关于量表信度的原则是：Cronbach 系数 α 高于 0.7，说明量表信度良好（Brown，2015；Byne，2016；Kline，2016）。本研究中分量表和全量表信度的 Conbach 系数 α 均高于 0.80，表明落在每个因子上的量表问题间具有一致性；量表所有问题间也具有良好的一致性。如上文所述，由于问题 22 没有落在预期因子上，研究人员在分量表信度测试中特别注意了该量表问题。而删除该问题后 Conbach α 值增加，量表整体信度也相应从 0.941 提高到 0.942。这样的结果证明问题 22 不适合保留在量表中，且删除该问题后的 EFA 结果表明四因子解释的总方差值增长到 56.69%。在删除了量表问题 22 后，每个因子的方差比例为：因子一（制定规划）为 39.23%，因子二（自我监控）为 6.66%，因子三（解决问题）为 6.14%，因子四为 6.14%（自我评价）。模型拟合指数也有所增加：χ^2（df=272）= 526.27，$p \leqslant 0.001$，表明删除问题 22 后的模型结构更好。因此，经过五轮 EFA 后由四个公因子支撑的 28 个问题组成的模型由此形成。表 6–2 报告了这 28 个问题的因子载荷系数以及量表信度。此外，表 6–3 所示的成分相关矩阵的输出显示表明各因子间呈中等相关（$\geqslant 0.3$ 但 $\leqslant 0.8$），说明斜交旋转法可用于本研究（Field，2018）。

表 6–2　量表因子载荷系数及信度

因子载荷						
因子	问题	制定规划	解决问题	自我监控	评估	α
制定规划	问题 1	0.52				
	问题 2	0.51				
	问题 3	0.67				
	问题 4	0.81				0.89

因子	问题	制定规划	解决问题	自我监控	评估	α
	问题5	0.73				
	问题6	0.63				
	问题7	0.52				
	问题8	0.68				
	问题9	0.68				
解决问题	问题14			0.64		
	问题15			0.65		
	问题17			0.74		0.85
	问题19			0.70		
	问题20			0.72		
自我监控	问题23		0.56			
	问题24		0.43			
	问题26		0.47			
	问题27		0.61			0.87
评估	问题28		0.47			
	问题29		0.78			
	问题30		0.51			
	问题31		0.63			
	问题33		0.63			
	问题35				0.62	
	问题36				0.60	
	问题37				0.68	0.86
	问题38				0.88	
	问题39				0.65	
整体信度		0.94				

注：α=Cronbach 系数。

表 6-3　因子成分相关矩阵输出

因子	规划	解决问题	自我监控	评估
规划	1.00	0.69	0.56	0.59
解决问题	0.69	1.00	0.56	0.66
自我监控	0.56	0.56	1.00	0.53
评估	0.59	0.66	0.53	1.00

6.1.2　验证性因子分析

验证性因子分析（CFA）结果分两部分：CFA 前的模型设定、模型识别和假设测试。CFA 对违规估计测试进行检查，对模型拟合和相应的模型修改进行综合评估，并对最终模型效度、信度进行评估（Scott，2014）。

1. CFA 前准备结果

1）模型设定与识别

经过模型设定与识别，研究人员建立了由四个相关因子组成的零模型（模型 A）。在模型中，研究人员使用 AMOS 数据分析软件将四个因子中每个因子的第一个指标的方差固定值默认为 1。根据公式 $1/2[p(p+1)]$，p 指 EFA 后量表的问题数量或者变量数量（$p=28$），矩阵中的参数为 406，大于自由估计的模型参数 62。此外，每个因子都有三个以上的问题/指标（因子一和因子三有九个问题，因子二和因子四有五个问题）。每个问题仅限于一个因子，其中误差项与每个指标变量不相关（Brown，2015；Byne，2016；Kline，2016）。图 6-1 显示了模型 A 的结构。需要指出的是，图 6-1 中 Q15 是通过 AMOS 在模型 A 中生成，代表量表第一个问题变量的默认名称。同理，Q16 是量表第二个问题在模型 A 中的默认名称，以此类推。表 6-4 提供了模型 A 中每个量表问题的默认名称及其内容。

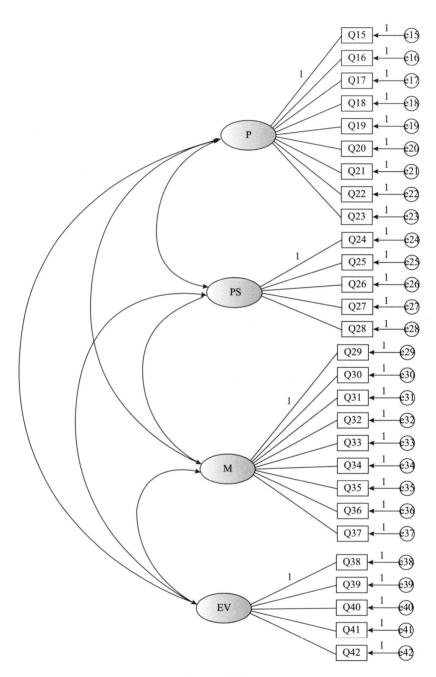

图 6-1 模型 A

注：P= 制定规划；PS= 解决问题；M= 自我监控；EV= 评估；Q= 问题；e= 错误。

表 6-4　模型 A 中量表各问题默认名称及其内容

量表问题	模型 A 默认名称	内　　容
问题 1	Q15	答题前，我注意了答题的要求。
问题 2	Q16	我清楚题目要求我做什么。
问题 3	Q17	我明白需要规划答题过程。
问题 4	Q18	我想过需要做什么才能完成好答题。
问题 5	Q19	我需要怎么做才能完成好答题。
问题 6	Q20	我确信已清楚任务目标。
问题 7	Q21	我明白完成任务所需的主要步骤。
问题 8	Q22	我事先组织好了想说的内容结构。
问题 9	Q23	我对词语与表达事先做了准备。
问题 10	Q24	我会借助已有知识（如上下文、构词及话题）来猜测陌生单词或词组的意思。
问题 11	Q25	我根据上下文猜测话题。
问题 12	Q26	我借助已有知识来完成话题任务。
问题 13	Q27	（口语表达）想不起来某个英语单词时，我用意义相同的其他词或词组。
问题 14	Q28	我使用近义词来表达意思。
问题 15	Q29	我知道答题时何时该加快速度。
问题 16	Q30	我知道答题中何时要更加仔细。
问题 17	Q31	答题过程中我知道自己用掉多少时间。
问题 18	Q32	口试过程中，我知道自己哪些地方说得比较地道。
问题 19	Q33	口试过程中，我能意识到自己犯的语法错误。
问题 20	Q34	我能把题中的信息与已有知识联系起来。
问题 21	Q35	答题过程中我会记录重要词语与概念。
问题 22	Q36	考试时我不断核查做好的题目和答题进度。
问题 23	Q37	如果进展不顺利，我知道该怎么对付。
问题 24	Q38	完成口语任务后，我在脑子里给自己的表现打了个分数。
问题 25	Q39	任务结束后，我会检查是否达到目标。
问题 26	Q40	考试后我会检查自己的错误。
问题 27	Q41	我会评价自己答题的满意度。
问题 28	Q42	我会评价计划实施的有效性。

2）假设检验

模型设定和模型识别之后是假设检验，包括检查缺失数据、单变量正态分布、多变量正态分布、单变量异常值和多变量异常值的识别。描述性统计表明数据中不存在缺失数据。28 个问题的偏度值在 0.05 到 0.26 之间，其峰度值介于 –0.89 至 –0.39 之间。根据单变量正态分布的偏度（+/–3）和峰度（+/–7）临界值，28 个变量呈正态分布。此外，用正态曲线、箱形图和 QQ 图对直方图进行检查表明，数据近似正态分布。在使用箱线图进行正态检验的过程中，研究人员识别出四个异常值单变量并从数据中删除，之后研究人员对多变量异常值进行了检测（Brown，2015；Byne，2016；Kline，2016）。根据临界卡方值 56.89（α =0.00，df=28），24 例样本数据的马氏距离值大于截止点，因此从模型中删除。删除后样本量从 242 减少到 218，仍然满足 CFA 样本量统计要求：不小于 200。回归分析显示，28 个问题的容忍区间值均高于 0.2 的临界值，其方差膨胀系数值在可接受的范围内（小于 5），表明不存在多重共线性。但是，共线性和同方差性检验显示变量中存在双变量非正态分布，因此该数据不符合多元正态分布要求。

2. CFA 结果

1）违犯估计检查

违犯估计检查是为了确保所有估计参数的可行性和统计意义，它是模型拟合评估之前的基本步骤，包括检查结构（收敛效度）、标准化因子载荷和标准误差之间的相关性（Brown，2015；Byne，2016；Kline，2016）。潜在变量或构造之间的相关系数值应小于 0.80，标准化因子载荷值不能接近或超过 1，标准误差应该大于 0（Brown，2015）。第一轮 CFA 后相关系数、标准化回归权重和方差统计表明，自我监控和自我评价之间的相关系数为 0.81，略大于 0.80，表明数据适合进行模型拟合评估。图 6-2 显示了模型评估前模型 A 中各因子相关系数。

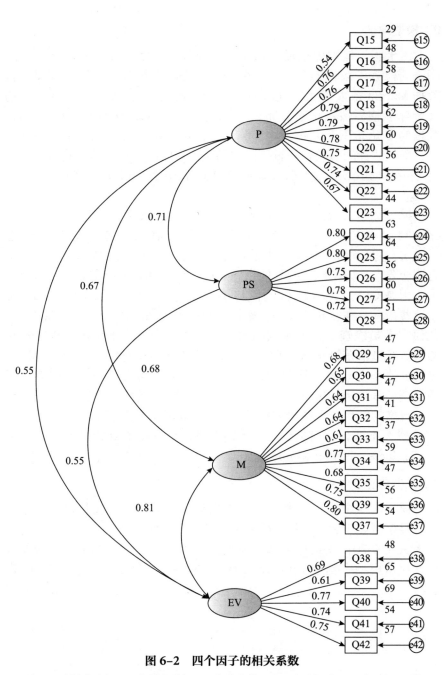

图 6-2　四个因子的相关系数

注: P= 制定规划; PS= 解决问题; M= 自我监控; EV= 自我评价; Q= 问题; e= 错误。

2）模型评估

由于假设检验中违反了多元正态分布，研究人员在第一轮 CFA 期间重新检查了数据的多元正态分布。正态分布检查中，研究人员发现数据 Mardia 系数多元峰度值为 136.09，其临界比（CR）为 24.29，均大于标准临界值：正态分布多元峰度小于 5，CR 值小于 1.96。因此，数据为多元非正态分布。对于非正态校正，研究人员采取了自举抽样法，参数估计的偏差校正置信区间和校正后的一般模型拟合指数用于模型评估（Brown，2015；Byne，2016；Kim & Millsap，2014；Kline，2016）。

模型 A 在最大似然估计条件下的一般模型拟合指数结果为 χ^2（df=344）=750.03，p=0.00。由于 χ^2/df 的值为 2.18，大于分界点（≥2），并且 p 值为 0.00，小于 0.05 的经验值，因此该模型被认为不符合拟合要求。模型拟合的其他指标 RMESA 和 SRMR 小于 0.08，符合要求，但是 CFI、GFI 和 TLI 的值均小于模型可被接受的标准值 0.9。鉴于这些指标是在多元非正态性条件下使用最大似然估计法计算所得，因此研究人员检查了每个参数的自举标准误差和自举置信度的偏差校正参数。经过偏差校正后，所有这些指标都具有统计学意义：自举标准误差的 p 值小于 0.00，且它们的自举置信度并未落在零值上。研究人员还检查了 Bollen-Stine bootstrap 值的偏差校正一般模型拟合，该值等于零。自举的结果与上述最大似然估计法下的原始模型拟合检查一致，表明模型 A 不适合当前数据，因此需要修正以获得更好的模型（Brown，2015；Byne，2016；Kline，2016）。

3）模型修正

研究人员根据因子载荷、修正指数和标准化残差权重进行模型修正。经模型修正后，可接受的因子载荷至少应大于 0.50，理想的因子载荷应大于 0.70；变量标准化残差权重大于 1.96（p<0.05）表示应变区域，应从模型中删除（Brown，2015；Byne，2016；Kline，2016）。根

据这一模型修正准则，Q15 和 Q33 的因子载荷分别为 0.54 和 0.61，略大于 0.50，但不接近理想值 0.70，从模型中删除。删除后，模型拟合度增加并生成模型 B。研究人员在对模型 B 修正指数检查后，在误差项（e17 和 e18、e24 和 e25、e27 和 e28、e29 和 e30、e31 和 e35、e38 和 e39）间增加六条路径生成拟合度更好的模型 C。在最后的模型修正中，研究人员删除了不符要求的标准化残差权重变量（Q19），并建立模型 D。该模型拟合指数达到预期：尽管 CFI 指数（0.89）仍低于 0.9 的临界值，但其他指数都达到要求。而且，最大似然自举估计表明偏差校正的自举标准误差和模型中参数区间均达到可接受标准要求。此外，模型 D 的偏差校正 p 值为 0.20，远远大于 0.05，表明模型拟合的统计显著性。表 6-5 总结了四个模型的详细指标。模型 D 设定了四个因子和 23 个问题。图 6-3 说明了模型中 23 个量表题目的因子载荷和四个因子间的相关系数。

表 6-5　模型拟合指数

模型	χ^2	CMIN/DF	CFI	GFI	TLI	RMESA	SRMR
模型 A	750.03	2.18	0.88	0.80	0.87	0.07	0.06
模型 B	628.76	2.14	0.90	0.81	0.89	0.07	0.06
模型 C	553.98	1.93	0.92	0.84	0.91	0.07	0.06
模型 D	302.57	1.39	0.97	0.90	0.96	0.04	0.05

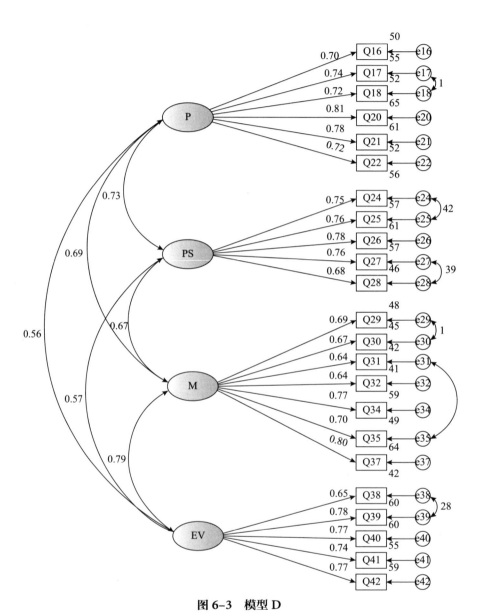

图 6-3　模型 D

注：P = 制定规划；PS = 解决问题；M = 自我监控；EV = 评估；Q = 问题；e = 错误。

4）效度、信度

在 CFA 中衡量模型，需要参考组成信度（CR>0.70）、提取平均方差（AVE>0.50）和最大共享方差值（MSV≤AVE）来评估模型的效度和信度（Hair，2019；Hair et al.，2014）。模型 D 的各因子 CR 值均符合要求，自我监控因子的 AVE 值略低于 0.50 的临界值，自我监控和评估因子的 MSV 值略大于 AVE 值（见表 6-6）。这些数值表明模型 D 不符合结构有效性的要求。但模型 D 的整体拟合指数非常理想，因此实际值和临界值间的这种微小差异是可以接受的（Brown，2015；Byne，2016；Kline，2016）。总体来说，模型 D 与本研究量表数据拟合度较好。

表 6-6　模型 D 的效度和信度

因子	CR	AVE	MSV
自我监控	0.89	0.48	0.66
制定规划	0.91	0.56	0.45
解决问题	0.88	0.59	0.44
评估	0.87	0.57	0.66

6.1.3　量表验证小结

正如假设那样，研究人员在第一批样本数据上采用 EFA（n=254）生成一个四因子模型，而在另外一批样本（n=242）数据上使用 CFA 验证了该模型与数据拟合度较好，且模型具有较高的效度与信度，经因子分析验证的新开发的口语策略能力量表可以用来测量中国英语学习者的策略能力表现。

根据表 6-2，第一个因子为"制定规划"，指中国英语学习者对学习目标的确定以及如何实现预期目标。关于这个因子的结构在量表中体现在六个问题上（如"我明确题目要求我做什么""我明白需要规划答题过程"）；第二个因子标记为"解决问题"，与中国英语学习者在测试时处理问题的行为（如猜测或使用替代语言）高度相关。量表中有五个问题代表这个因子，如"我会借助已有知识（如单词、上下文、构成及话题）来猜测陌生单词或词组的意思"；第三个因子为"自我监控"，指中国英语学生处理测试任务时，对某个制定规划进行检查的过程。模型 D 中表示该因子的问题包括"我知道答题中何时要更加仔细""口试过程中，我知道自己哪些地方说得比较地道"。第四个因子为"评估"，指中国英语学生测试任务完成后的自我评估，代表该因子的量表问题，如"我会自我评价答题的满意度""任务结束后，我会检查是否达到目标"。表 6-7 展示了模型 D 中的各因子及代表因子的量表问题。CFA 验证的四种因子的较高相关系数证明了四种元认知策略在中国英语学习者处理测试时的相互作用（见表 6-4），这与元认知策略的工作模式是一致的：在实际处理任务时，语言学习者的元认知策略或独立或交互发挥作用。

表 6-7　模型 D 中的因子和量表问题

因素	子结构	量表问题
制定规划	设定目标	我清楚题目要求我做什么。
		我确信已清楚任务目标。
	自我管理	我明白需要规划答题过程。
		我明白完成任务所需的主要步骤。
	组织规划	我想过需要做什么才能完成好答题。
		我事先组织好了想说的内容结构。
解决问题	推理	我会借助已有知识（如上下文、构词及话题）来猜测陌生单词或词组的意思。
		我根据上下文猜测话题。
		我借助已有知识来完成话题任务。
	替代	（口语表达）想不起来某个英语单词时，我用意义相同的其他词或词组。
		我使用近义词之类其他方法来表达意思。
自我监控	选择性注意	我知道答题何时该加快速度。
评估	选择性注意	我知道答题中何时要更加仔细。
	询问是否有道理	答题过程中我知道自己用掉多少时间。
		口试过程中，我知道自己哪些地方说得比较地道。
	个性化／个人体验	我能把题中的信息与已有知识联系起来。
	做笔记	答题过程中我会记录重要词语和概念。
	评估绩效	完成口语任务后，我在脑子里给自己的表现打个分数。
	检查目标	我会自我评价答题的满意度。
		任务结束后，我会检查是否达到目标。
	验证预测和猜测	我会自我评价计划实施的有效性。
		考试后我会检查自己的错误。

6.2　第二阶段：研究问题

第二阶段旨在回答研究问题，包括通过定量统计方法发现变量间的关系，通过质性分析深入了解关系存在的原因。

6.2.1　定量分析

解答研究问题的定量数据分析分为两步，第一步有关中国英语学习者元认知策略、口语分数及任务复杂度的基本信息。这些基本信息回答了研究问题 1，并为回答第二步的研究问题 2 提供信息。

1. 元认知策略使用

研究问题 1 与中国英语学习者在综合口语测试中报告的元认知策略有关，包括基本策略使用情况、个体差异和语言水平。表 6-8 中的描述性统计表明，学生的四种元认知策略（独立工作模式）使用频率均值在 3 到 4 之间。根据量表，3 代表"经常"，4 代表"通常"，这个数值范围表明学生在综合口语测试中元认知策略使用频率一般。具体而言，学生使用解决问题的元认知策略最多，其次是制定规划和自我评价，而自我监控策略使用最少。图 6-4 显示了 95 名学生在制定计划，解决问题，自我监控和自我评价四大元认知策略使用的个体差异。

表 6-8　元认知策略使用

任务	制定规划	解决问题	自我监控	自我评价
任务 1	3.61	3.90	3.17	3.17
任务 2	3.38	3.45	3.21	3.22
任务 3	3.53	3.69	3.18	3.36
任务 4	3.55	3.74	3.30	3.26
平均值	3.52	3.70	3.22	3.26

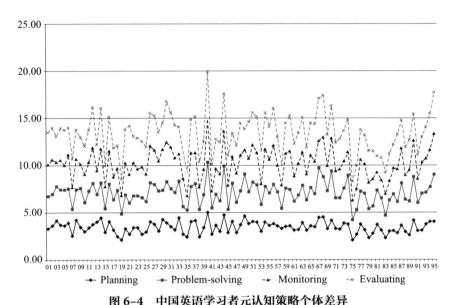

图6-4 中国英语学习者元认知策略个体差异

注：Planning = 制定规划；Problem-solving = 解决问题；Monitoring = 自我监控；Evaluating = 自我评价。

为检查语言水平是否对元认知策略使用有影响，研究人员使用了独立 t 检验。该统计测试方法包括正态分布及均等方差检验。描述统计表明四大策略使用数据偏度和峰度值均落在可接受的边界值内：$-3 \leqslant$ 偏斜 $\leqslant 3$，$-7 \leqslant$ 峰度 $\leqslant 7$，呈正态分布。Q-Q 图、直方图与 Kolmogrove-Smirnov 值（$p > 0.05$）也证明了数据的正态分布性。方差齐性检验结果表明四种元认知策略的 p 值均大于 0.05，数据方差平等。描述性分析表明，语言水平较高的学生四种元认知策略使用频率均高于语言水平较低的学生（见表6-9）。其中两组学生在解决问题策略使用上差异最大：前者使用频率为 3.75，而后者为 3.48。同样，在自我评价及自我监控策略使用方面，与语言水平较低的学生（自我评价为：$M = 3.09$；自我监控为：$M = 3.00$）相比，语言水平较高的学生使用更频繁（自我评价为：$M = 3.33$；自我监控为：$M = 3.23$）。两组学生在制定规划策略使用上差异最小，语言水平高的学生使用频率为 3.54，而语言水平低的学生使用频率为 3.35。

表 6-9   元认知策略基本数据（学生）

元认知策略	均值（标准差）		人数		结果对比
	第一组	第二组	第一组	第二组	第一组 vs. 第二组
制定规划	3.54（0.57）	3.35（0.66）	47	48	第一组 > 第二组
解决问题	3.75（0.62）	3.48（0.72）	47	48	第一组 > 第二组
自我监控	3.23（0.65）	3.00（0.65）	47	48	第一组 > 第二组
自我评价	3.33（0.61）	3.09（0.66）	47	48	第一组 > 第二组

注：第一组为语言水平较高学生组；第二组为语言水平较低学生组。

独立 t 检验结果所示，在制定计划方面，p 值为 0.14，大于 0.05，$t(93)=1.48$，表明两组学生在制定规划策略上没有显著差异（见表 6-10）；在解决问题方面，p 值约为 0.05，$t(93)=1.96$，接近 alpha 水平；在自我监控和自我评价方面，p 值分别为 0.10，$t(93)=1.69$ 和 0.08，$t(93)=1.78$。这些数据表明，在元认知策略使用方面，语言水平较高的学生与语言水平较低的学生没有显著差异。

表 6-10   独立 t 检验结果

元认知策略	t 值	p 值	均值差
制定规划	1.48	0.14	0.19
解决问题	1.96	0.05	0.27
自我监控	1.69	0.10	0.23
自我评价	1.78	0.08	0.23

2. 任务复杂度

学生对四项任务难度的打分在 5.57 至 6.34 之间。任务难度量表为李克特 9 分制，其中 9 表示非常难。这些数据表明学生认为任务 3 最难，其次是任务 4 和任务 2，任务 1 被学生评为难度最低的任务（见表 6-11）。此外，四项任务数据的偏度值介于 0.07 到 0.08 之间，峰度值介于 –0.61 和 –0.37 之间，均满足正态分布的数值要求（–3≤偏度≤3；–7≤峰度≤8）（Pallant，2016）。

表 6-11　任务复杂度评分（学生）

任务	均值	标准差	偏度	峰度
任务 1	5.57	0.08	0.10	−0.57
任务 2	6.07	0.07	−0.12	−0.55
任务 3	6.51	0.07	−0.42	−0.37
任务 4	6.34	0.08	−0.39	−0.61

尽管描述性统计分析表明这四项任务的复杂度各不相同，但现阶段研究尚未确定是否存在显著差异。为此，研究人员进行了单向重复测量方差分析，检查任务复杂度是否存在显著差异（Filed，2018；Frey，2018）。反映任务复杂度的四项综合口语测试代表四个级别的任务条件，被视为自变量。研究人员首先对箱线图进行检查，发现了 16 个异常值，将其删除后，最终确认有效样本量为 600，满足单项重复方差测量的样本要求，即每种任务条件至少需要 15 名实验对象。异常值删除后，直方图、QQ 图、箱线图检查证明了数据近似正态分布。但是，Mauchly 检验结果显示数据违反了球形假设：$F(5)=116.90$，$p=0.00$，然后研究人员使用 Greenhouse-Geisser Epsilon 值修正单向重复测量结果。修正后的统计测试结果表明，四个测试任务复杂度存在显著组内（学生个体内部）差异：$F(2.65，1586.36)=81.12$，$p<0.00$，$\eta^2=0.11$。多变量检验显示，Partical Eta Squared（η^2）的值为 0.26，表明效应量较大，四项测试任务的任务复杂度存在显著差异（Frey，2018；Field，2018；Pallant，2016）。五位英语教师对任务复杂度开放式问卷的回答表明，他们将任务 3（$M=6.25$）评为最难任务，其次是任务 4（$M=5.00$）、任务 2（$M=4.60$）和任务 1（$M=4.00$）。这些教师参与者对四项任务的评分与学生的评分基本一致（见表 6-12）。

表 6-12　任务复杂度评分（教师）

身份	任务复杂度			
	任务 1	任务 2	任务 3	任务 4
教师 A	3	5	6	7
教师 B	2	2	5	2
教师 C	5	6	7	7
教师 D	6	5	8	5
教师 E	4	5	5	4
均值	4.00	4.60	6.25	5.00

3. 学生口语成绩

为确保评分有效性，研究人员根据 Cronbach 系数 α 检验出评分者之间的信度值为 0.91，符合经验原则的要求（>0.70），说明评分有效（Sun，2020；Upton & Cook，2014）。学生在任务 1 上的口语分数最高，其次是任务 4、任务 2，而任务 3 分数最低。此外，描述性分析未发现异常值，数据呈正态分布（见表 6-13）。

表 6-13　口语成绩分析

口试成绩	任务 1	任务 2	任务 3	任务 4
均值	5.45	4.40	3.51	4.86
偏度	0.15	0.39	0.80	0.39
峰度	−0.53	−0.69	−0.21	−0.51
标准差（偏度）	0.28	0.25	0.25	0.25
标准差（峰态）	0.49	0.49	0.49	0.49

4. 策略能力与测试任务、测试成绩间的关系

HLM 假设检验包括：检测异常值、检查因变量和自变量之间的线性关系、残差方差的同质性以及诊断残差的多重共线性和正态分布。首先，研究人员参考第一层级残差检查异常值并确认样本量为 95，符合要求。第一层级方差同质性检验结果显示：$F_{(df=77)}=10.59$，$p>0.50$，说明第一层级残差违反同质性，因此研究人员在 HLM 软件提供的"异质性"设置中参考稳健统计数据进行建模。第一层级和第二层级残差散点图、OQ 图和直方图表明数据不存在多重共线性和异方差，且未违反残差正态发布，符合 HLM 假设检验要求。

假设检验后为可行性测试，旨在检查数据是否适用 HLM 及是否有必要使用该统计方法。为此，研究人员检查了学生口语分数的组内差异以及处理不同任务时元认知策略的情况，并检查了第二层级的预测变量（元认知策略）的多重共线性以及组内相关系数（ICC）。在建模前，研究人员还通过单向方差分析和箱须图检查了学生口语分数和元认知策略使用的组间差异。结果显示，在四种任务条件下，这些变量之间存在显着差异：$F_{(df=3)}=7.36$，$p<0.00$。箱须图检查表明，95 名中国英语学习者的元认知策略也存在组间差异。这种组间差异表明当前数据适用

HLM 统计测试方法（Raudenbush & Bryk，2002；温福星，2009）。其中，ICC 的检查与无条件模型/零模型（模型 1）的建立同时进行，因为 ICC 值是通过空模型中的公式 1 计算（Barkaoui，2010a，2010b，2013；Garson，2013）。

$$公式 1：p = \tau^{00}/(\sigma^2 + \tau^{00})$$

在公式 1 中，p 是 ICC 的值，τ^{00} 是指第二层级方差（学生组间差异对口语成绩的随机效应）；σ^2 指第一层级方差（学生组内差异对其口语分数的随机效应）。本研究中 τ^{00} 为 5.66，而 σ^2 为 3.41。参考公式：ICC=5.66/(5.66+3.41)=0.62，表明学生口语成绩总方差中有 62% 可被第二层级学生个体差异所解释，而口语分数总方差约 38% 可被任务复杂度解释。该结果进一步表明了在本数据中进行 HLM 测试的必要性和适当性。此外，零模型还是用于模型比较偏差的基准值，本研究中该模型的离差值为 1737.86（见表 6-14）。

表 6-14　零模型（模型 1）

随机效应	方差分量	标准误差	p 值
第 2 层级 元认知策略使用（π_{0i}）	5.66	2.38	<0.00**
第 1 层级 无法解释的方差（e_{ti}）	3.41	1.85	
离差值（15）		1737.86	

注：离差参数预计数量为 15；**$p<0.01$。

零模型建立后研究人员在模型内代入三个研究变量建立全模型（模型 2）来检验三个研究变量之间的关系，解答研究问题 2。模型 2 中两个层级的方程如下：

第一层级模型：分数$_{ti}$ = π_{01} + π_{1i}*（任务复杂度$_{ti}$）+ e_{ti}

第二层级模型：π_{0i} = β_{00} + β_{01}*（制定规划$_i$）+ β_{02}*（解决问题$_i$）+ β_{03}*（自我监控$_i$）+ β_{04}*（自我评价$_i$）+ r_{0i}

π_{1i} = β_{10} + β_{11}*（制定规划$_i$）+ β_{12}*（解决问题$_i$）+ β_{13}*MONITORI$_i$）+ β_{14}*

（自我评价$_i$）+ r_{1i}

混合模型：分数$_{ti}$ = β_{00} + β_{01}*制定规划$_i$ + β_{02}*解决问题$_i$ + β_{03}*自我监控$_i$ + β_{04}*自我评价$_i$ + β_{10}*任务复杂度$_{ti}$ + β_{11}*制定规划$_i$*任务复杂

度 $_{ti}$+β_{12} * 解决问题 $_I$ * 任务复杂度 $_{ti}$+β_{13} * 自我监控 $_i$ * 任务复杂度 $_{ti}$+β_{14} * 自我评价 $_i$ * 任务复杂度 $_{ti}$ +r_{0i} +r_{1i} * 任务复杂度 $_{ti}$ + e_{ti}

以上公式中，分数 $_{ti}$ 表示第 i 个学生在第 t 个任务上的口语分数。π_{0i} 指第 i 个学生四项任务口语成绩的平均均值。β_{01}、β_{02}、β_{03} 和 β_{04} 是指学生的四种元认知策略在口语分数平均值的固定效应，r_{0i} 表示模型无法解释的个体差异对口语分数均值造成的随机效应。π_{1i} 表示任务难度与口语成绩的斜率或关系，它受 β_{10}、β_{11}、β_{12}、β_{13} 和 β_{14} 的影响。β_{10} 代表任务复杂度对口语成绩的平均斜率，或任务复杂度与口语成绩之间的平均关系。β_{11}、β_{12}、β_{13} 和 β_{14} 的数值表示四种元认知策略对任务复杂度和口语成绩关系的影响，或元认知策略与任务复杂度的跨层次交互作用对口语的影响值。具体而言，β_{11} 表示制定计划对任务复杂度与口语分数关系的影响，β_{12} 用于考察解决问题对第一层级变量之间相关性的影响，而 β_{13} 和 β_{14} 分别表示自我监测和自我评价对第一层级变量之间关系的影响，r_{1i} 指学生组间差异对任务复杂度和口语平均分数关系造成的随机效应。同样，e_{ti} 指模型无法解释的组内差异对任务复杂度和口语成绩关系造成的随机效应（RandenBush & Byrk，2002；温福星，2009）。由于研究问题 2 侧重元认知策略和任务难度的交互作用对口语成绩的影响，因此研究人员特别关注了反映跨层级交互作用的 β_{11}、β_{12}、β_{13}、β_{14} 数值（见表 6–15）。

表 6–15　跨级交互效应（模型 2）

固定效应	系数	标准误	t 统计量	p 值
任务复杂度与口语成绩关系平均值（β_{10}）	−0.21	0.08	−2.7	0.00**
制定规划对任务复杂度和口语成绩关系影响（β_{11}）	0.12	0.15	0.83	0.40
解决问题对任务复杂度和口语成绩关系影响（β_{12}）	−0.24	0.13	−1.79	0.07
自我监控对任务复杂度和口语成绩关系影响（β_{13}）	0.29	0.14	2.12	0.03*
自我评价对任务复杂度和口语成绩关系影响（β_{14}）	−0.26	0.15	−1.74	0.08

注：*$p<0.05$；**$p<0.01$。

从表 6–15 可以看出，β_{11}、β_{12} 和 β_{14} 的 p 值分别为 0.40、0.07、0.08，均大于 0.00，说明制定规划、解决问题和自我评价对任务复杂度与口语成绩没有显著影响。相反，β_{13} 的 p 值小于 0.05（t 统计量 =2.12，p=0.03），说明自我监控对任务复杂度与口语成绩之间的关系有显著影响。此外，β_{13} 的系数值为 0.29，说明这种影响的大小和方向：在控制其他因素的情况下，任务复杂度对使用自我监控策略频率较高的学生口语成绩影响较弱，与使用自我监控策略较少的学生相比，这种影响降低了 0.29 个单位。简而言之，学生在处理四个综合口语测试时使用自我监控策略可以减弱任务复杂度对口语成绩的负面影响，图 6–5 展示了自我监控的调节作用。

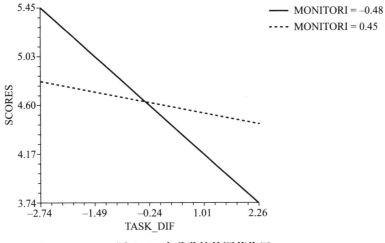

图 6–5　自我监控的调节作用

注：SCORES = 中国英语学习者的口语成绩；TASK_DIF = 任务复杂度；MONITORI = 自我监控（虚线表示自我监控频率使用较高，实线表示自我监控频率使用较低）。

β_{10} 的系数值说明任务复杂度对学生个人口语成绩的平均斜率预计为 –0.21（见表 6–15）。负值指出了任务复杂度与口语成绩之间的负相关方向，即任务越复杂，学生的考试成绩就越低。此外，β_{10} 的 p 值为 0.00，小于 0.05，表明任务复杂度和学生口语成绩关系的平均斜率表现出异质性，也说明任务复杂度对学生口语成绩有显著影响。表 6–16 显示，β_{01}、β_{02}、β_{03}、β_{04} 的 p 值均大于 0.05：β_{01} 系数值 =–0.18（t 统计量 =–0.34，p=0.74），β_{02} 系数值 =0.32（t 统计量 =0.67，p=

0.50），β_{03} 系数值 =0.10（t 统计量 =0.17，p=0.87），β_{04} 系数值 =
0.46（t 统计量 =0.78，p=0.44），说明学生元认知策略的使用对口语
成绩没有显著影响。

表 6-16　固定效应（模型 2）

固定效应	系数	标准误	t 统计量	p 值
制定规划与口语成绩的关系（β_{01}）	−0.18	0.53	−0.34	0.74
解决问题和口语成绩的关系（β_{02}）	0.32	0.47	0.67	0.50
自我监控和口语成绩的关系（β_{03}）	0.10	0.57	0.17	0.87
自我评价和口语成绩的关系（β_{04}）	0.46	0.59	0.78	0.44

在随机效应方面，r_{0i} 的方差成分值为 5.81 [F（77）= 683.72，
SE=2.41]，p 值小于 0.01，这意味着不同任务上学生的平均口语成绩存
在较大的组间差异（见表 6-17）。相反，r_{1i} [F（77）] 的 p 值为 0.09，
大于临界值 0.05。研究人员认为 r_{1i} 具有统计学意义，说明任务难度与
学生口语成绩之间的平均关系在第二层级的个体中存在差异（Nezlek，
2011）。此外，第一层级截距的信度估计为 0.89，大于 0.80，表明学生
口语成绩平均值可以通过层级的预测变量（非本研究的元认知策略）解
释（Randenbush & Byrk，2002；温福星，2009）。

表 6-17　全模型（模型 2）

随机效应	标准误	方差	X^2（自由度）	p 值
元认知策略使用（r_{0i}）	2.41	5.81	683.72（77）.	<0.00[**]
任务复杂度和口语成绩平均关系（r_{1i}）	0.16	0.02	93.61（77）	0.09[*]
第一层级随机系数		信度估计		
截距（π_{0i}）：元认知策略使用		0.89		
离差值		1673.00		

模型检查方面，研究人员检查了模型设定是否正确及模型拟合
度。如果固定效应最终估计普通标准误差和稳健标准误差存在显著
差异，模型设定就存在错误（Garson，2013；Nezlek，2008，2011；
Raudenbush & Bryk，2002）。根据这一提议，研究人员对本研究数据
的两类标准误差进行检查发现，两者不存在显著差异，因此模型设定是

可接受的。另外，研究人员参考离差值对零模型（模型1）和完整模型（模型2）模型进行比较，检查模型拟合。数据显示，离差值从1737.86（空模型）大幅降低到1673.00（全模型），表明模型拟合较好（见表6-14、表6-17）。此外，两层残差文件的残差检查表明，完整模型与当前数据集拟合良好（Randenbush & Byrk，2002；温福星，2009）。以上HLM数据分析所检查的是四种元认知策略独立工作模式下与测试任务及口语成绩间的关系，接着研究人员遵循上述HLM建模程序，检查了元认知策略相互作用时与测试任务之间的交互作用，以及这种交互作用对中国英语学习者口语表现的影响。结果表明，当同时考虑四种元认知策略独立工作模式下对测试任务与口语成绩关系的影响时，在以下情况下元认知策略间的相互作用与测试任务间发生跨层级交互作用：

（1）解决问题与自我监控发生相互作用；

（2）制定规划、解决问题和自我评价相互作用；

（3）解决问题、自我监控和自我评价相互作用；

（4）制定规划、自我监控和自我评价相互作用。

表6-18说明了相互作用的元认知策略与测试任务间的跨层级交互作用，其中对第一层级任务复杂度与口语测试成绩关系影响的p值均低于0.05，说明这些相互作用的元认知策略对任务复杂度和口语之间的关系有显著影响。相比之下，相互作用的策略对口语成绩影响的固定效应p值均大于0.05，说明这些互动策略对学生口语成绩没有显著影响（Snijders，2012）。

表6-18 元认知策略相互作用对第一层级变量关系的影响

交互式 MS	系数	标准误	t 统计量	p
PS × M	−0.19	0.94	−2.04	0.04
P × PS × E	−0.03	0.01	−2.05	0.04
PS × M × E	−0.03	0.010	−2.71	0.00
P × M × E	−0.03	0.01	−2.45	0.02

注：MS = 元认知策略；P = 制定规划；PS = 解决问题；M = 自我监控；E = 自我评价；× = 交互作用。

HLM数据分析表明：（1）中国英语学习者元认知策略（独立或互动工作模式）使用对口语成绩没有显著影响，自我监控（独立工作模式）使用对任务复杂度与口语成绩之间的关系有显著调节作用；（2）任务复杂度对口语成绩有显著影响；（3）中国英语学习者在四个综合口语测试任务上的口语表现差异与其个体特征差异（非策略能力）有关。

4. 测试任务与策略能力

在 HLM 中由于测试任务为第一层级变量，元认知策略为第二层级变量，且 HLM 无法检测低层级变量对高层级变量的影响，因此仅通过该统计方法无法检查测试任务对策略能力的作用。鉴于此，本研究根据两变量的特点，采用单向重复测量多元方差分析来检查两者间的关系。

HLM 建模中的数据已经进行过严格的假设检验，且这些假设检验与单向重复测量多元方差分析的假设检验总体一致，因此样本量确定为 95，符合多元方差分析的样本要求。散点图矩阵显示四个元认知策略数据代表的因变量存在线性；双变量相关性检验表明，变量之间的相关性强度介于 0.49 和 0.70 之间，说明数据满足多重共线性和奇点性。Box 回归检验 p 值小于 0.00，表明数据违反同质性假设。尽管如此，方差齐性检验结果说明，所有四个因变量的 p 值均大于 0.25，没有违反变量方差相等的假设。基于假设检验的结果，研究人员采用 Pillai 迹线指数校正多元方差分析数据（Allen，2017；Field，2018；Pallant，2016）。通过使用更稳健的 Pillai 迹线指数校正，研究人员发现元认知策略相互作用的模式与任务复杂度间存在组内差异：F（12，1212）=12，p=0.00（小于临界值 0.05），Partical Eta Squared（η^2）=0.02。为了进一步定位差异，研究人员又对独立工作模式下的四种元认知策略中进行了一系列单独的方差分析。所有方差分析均根据经 Bonferroni 调整的 alpha 水平（0.25）进行评估。结果表明，解决问题策略在四项任务中存在显著差异 [F（3，405）=3.85，p=.010，η^2=0.022]，其他元认知策略在四项任务中未发现显著差异：制定规划 [F（3，405）=1.21，p=0.38，η^2=0.01]，自我监控 [F（3，405）=0.42，p=0.74，η^2=0.003]，自我评价 [F（3，405）=0.73，p=0.47，η^2=0.006]（Frey，2018；Field，2018）。多元方差分析及方差分析结果表明，任务复杂度对元认知策略（相互作用工作模式）有显著影响，对其他独立工作模式的三种元认知策略没有显著影响。

5. 定量分析结果

定量分析结果表明：（1）中国英语学习者元认知策略存在个体差异，语言水平不同元认知策略使用不存在显著差异；（2）四道托福综合口语测试题目的任务复杂度存在显著差异；（3）任务复杂度对中国英语学习者的元认知策略（交互形式）有显著影响，任务复杂度对元认知策略（独立形式）无显著影响；（4）中国英语学习者的自我监控策略对任务复杂度与口语成绩有显著调节作用，一些交互式元认知策略也具有相同的调节作用；（5）元认知策略（独立或相互作用工作模式）对口语表现/口语成绩无显著影响。

6.2.2 定性分析

1. 学生元认知策略概述

如表 6-19 所示，受访学生的元认知策略使用情况被编码为 14 个主题。尽管在编码过程中出现了编码表无法概括的新主题，但总体编码结果与编码表一致（参考表 5-9）。需要指出的是，在访谈中，受访学生将任务 1，任务 2、任务 3、任务 4 表述为第一题、第二题、第三题、第四题。

表 6-19　元认知策略情况（学生）

类别	受访学生	元认知策略
制定规划	全部	组织规划（概述和组织）
	学生 4、学生 8	使用已有知识
	学生 2、学生 3	设定目标
	学生 1、学生 3	基于任务复杂度设定不同目标
	学生 4、学生 5、学生 6、学生 7、学生 8	没有特别制定目标
	学生 1、学生 3	口语练习机会
解决问题	学生 6、学生 7、学生 1、学生 2、学生 3	推理
	学生 8	创造新的表达方法

（续表）

类别	受访学生	元认知策略
	学生 8	使用母语
	学生 8、学生 5	填补语
	学生 1、学生 7	不知道如何解决问题
	学生 4	没有解决问题
自我监控	学生 1	笔记记录凌乱
	学生 6	有目的地记笔记
	学生 5	在处理任务中做出预测和判断
自我评价	学生 7、学生 8	完成任务后自我评价
	学生 2、学生 6	对任务理解的自我评价
	学生 7	口语流利度的自我评价
	学生 1、学生 3	英语学习自我评价
	学生 5	任务总结的自我评价
	全部	个人感受的自我评价

表 6-20　新主题和示例

类别	子分类	主题	示例（学生访谈）
元认知策略	制定规划	无特定目标	我没有任何目标，只想认真完成任务。
		口语练习机会	我只想练习口语。
		基于任务复杂度设定不同目标	当任务变难时，如第三题，我觉得很难处理就没有目标。实际上，一开始我有目标，但是当任务不是我所期望的，我感到有压力，最后失去了所有的目标。
	解决问题	不知道如何解决问题	信息量太大了，如果我看不懂材料，我忽略并放弃。
		没有遇到任何问题	我不认为我有问题。你（研究人员）已经把任务要求解释得非常清楚了……我对测试形式和任务本身非常熟悉。
	自我评价	基于个人感受的自我评价	总的来说，我今天感觉不太好，我相信我可以表现得更好，我认为一定有一些可以改进的空间。
		同伴压力	当我无所事事时，我的同学可能会积极思考，并做笔记。在这种情况下，我会更加紧张……

（续表）

类别	子分类	主题	示例（学生访谈）
任务复杂度	综合判断	熟悉度	我觉得单词、句子……对我来说很熟悉。
		精神疲劳	我觉得太累了，没法做题。
		心理压力	第三题与我预测的完全不同……这给我带来了压力。
		更少／更多信息负荷	第二题需要额外的阅读，所以我必须处理额外的信息。

表 6-21　未识别的预设编码

类别	子分类	未识别编码
元认知策略	制定规划	定向关注
		自我管理
	自我监控	自我对话
	自我评价	验证预测和猜测
		检查目标
		评价表现

综合表 6-19、表 6-20、表 6-21 的信息可以发现，受访学生并没有积极使用元认知策略处理口语任务，而且元认知策略与个体特征如动机、压力、经验和知识等密切相关，而这些个体特征又进一步受到任务复杂度的影响。元认知策略与个体特征、任务复杂度之间的关系表明，个体特征在元认知策略与任务复杂度之间起着中介作用。

2. 学生元认知策略与任务复杂度关系

总体来说，除了两名受访学生表示自己设定的目标是练习和了解自己的英语水平外，其他学生并没有明确且具体的目标。他们的自我监控意识较弱，倾向于根据自己对任务的理解以及完成情况等个人感受来评价自己的表现。不过，他们在遇到问题时会主动采用解决问题的策略，尤其是优先使用通过上下文或已有的背景知识进行猜测、推理。

1）制定规划

关于制定规划，大多数受访学生表示，由于个人因素，如是否有利自己和压力等，他们没有设定任何明确的目标。

设定目标？没有，我没有设定任何目标……我认为个人设定目标取决于是否可以实现自我利益。如果没有的话可能就不重视，也不会制定任何目标。（受访学生 4，2018 年 6 月 27 日）

受访学生 4 的回答说明他认为利益对制定目标很重要，在任务中获得利益是实际使用策略的决定因素，而这种自身利益本质上是完成口语任务的动力。显然，本研究中的口语任务并没有激发受访学生 4 的动机，部分原因归咎于任务复杂度。这位受访学生后来的回答也证明了这一点，他抱怨任务太有挑战性，他不想去接受挑战：

这些口语题对我来说有点难，太有挑战性。我觉得以我的语言水平没法回答这些题目。所以，我没费力去做这些题。（受访学生 4，2018 年 6 月 27 日）

另一个例子是受访学生 5，因为担心设定目标会带来压力，他没有设定任何目标：

制定目标？我想想……我没有特别目标。我在做题时考虑的就是认真完成题目。我没想过制定目标，因为一旦制定了目标，就把口语测试当成了任务，那样就会感到压力，会对自己造成负面影响。（受访学生 5，2018 年 6 月 28 日）

可以看出受访学生 5 担心实现不了目标，这种担忧给他带来了压力。受访学生 6 的观点与受访学生 5 相同：

我没制定任何目标。毕竟，我不想给自己任何压力。如果我理解了口语题目要求，我就会去做题，但不会制定任何目标。（受访学生 6，2018 年 6 月 28 日）

显然，和受访学生 5 一样，受访学生 6 认为，制定目标就会承受一定的压力，为避免这种压力他们没有设定目标，这种看法说明了受访学生面临复杂任务时的焦虑。除了与任务复杂度相关的个人属性如压力、焦虑外，任务复杂度对元认知策略也有影响。例如，受访学生 1 回忆道：

> 和前两道口语题相比，后两道口语题难度更大，有很多单词我看不懂……我完全不知道怎么答题，脑子里比较乱，有很多混乱的信息，没有做任何计划。（受访学生 1，2018 年 6 月 24 日）

受访学生 1 的经历表明，在回答较难的题目时，他没有进行规划。题目难度让他思路混乱，没有具体想法。此外，题目的难度让他难以理解题目所给信息，脑子里多是些混乱、杂乱无章的信息。他无法制定规划，无法有效完成任务。同样，受访学生 3 的回答也表明他会根据题目的难度来调整自己使用制定规划的策略。

> 当题目变难时，如第五道题，我觉得很难回答，我根本就没有目标！其实一开始我是有目标的，对自己也有一些期待。但是，当题目变得太难超出我的预期时，我感到压力很大，最后也就放弃了最初制定的目标。（受访学生 3，2018 年 6 月 24 日）

受访学生 3 目标设定的前后差异表明题目难度对使用元认知策略有负面作用。如果题目难度在自己所能驾驭的范围，她会积极制定目标去完成题目。但是，当发现自己不能轻松完成题目时，会感到压力。在压力作用下选择放弃目标。受访学生 3 的经历体现了题目难度对学生使用制定规划这一元认知策略的负面效应。实际上，在 8 位受访学生中，只有 2 位受访学生（受访学生 3 和受访学生 1）表示自己在做题时设定了目标。他们表示，参加口语测试对自己来说是口语练习和了解自己语言能力的机会。比如，受访学生 3 回答道：

> 我想练习一下我的英语口语。在做每道口语题前，我对自己说，我会用自己的语言知识来答题。（受访学生 3，2018 年 6 月 24 日）

同样，受访学生 1 表示自己制定的目标是在英语学习中更好地了解自己：

> 我的目标是了解自己的英语水平。原来我的英语这么差……我没能按预期完成题目。（受访学生 1，2018 年 6 月 24 日）

通常，在语言学习方面，设定目标是指语言学习者通过努力获得理想分数、语言学习的成就和进步。从这个意义上来说，受访学生 3 的态度说明她在回答口语题目时可能没有设定任何具体目标。同样，由于受访学生 1 表现出比较犹豫的态度，也很难判断他在做题时是否制定了目标。此外，受访学生 1 用"可能"这个词，也证明了他在谈论目标时没有信心。从本质上讲，把了解自己的英语水平作为目标说明受访学生 1 缺乏明确的目标。

2）解决问题

解决问题是受访学生最常用的元认知策略，几乎所有受访学生都有很强的解决问题意识。他们会使用各种形式的替代策略来处理问题，包括创造新想法、使用母语以及使用填充语等。比如，受访学生 8 回答说：

> 在答题过程中，我的脑子里有时什么都没有，我不知道该说什么，然后我开始在脑子里搜索一些词，如"well"和"you know"来填补句子之间的空白……在回答问题时，我会先用中文思考，然后再用英语答题。如果答题前我能完全理解听力或阅读内容，我会在拿到口语题目后立刻思考出一些想法。（受访学生 8，2018 年 7 月 2 日）

推理（根据上下文或已有知识进行有根据的猜测）是解决问题策略的另一种表现形式，也是受访学生在做口语题目时优先考虑、使用最高的元认知策略。而且，几乎所有的受访学生都表示这种策略使用习惯和他们日常的课堂学习和实践密切相关。比如，受访学生 7 认为推理可以有效帮助自己解决做题时出现的问题：

> 当我听不懂听力材料时，我采取的唯一有用方法就是根据上下文或阅读材料进行猜测。我不会太依赖录音，因为录音只播一次，如果错过了，也不可能播放两次。（受访学生 7，2018 年 7 月 2 日）

受访学生 6 和受访学生 7 的观点相同：

> 做题时我遇到了很多不认识的新单词。这种情况下，我根据上下文猜测单词的意思。这个方法对我来说效果很好。（受访学生 6，6 月 28 日）

尽管受访学生 7 和受访学生 1 都在遇到问题时积极使用解决问题的元认知策略，但两人均表示，他们偶尔会因为题目中涉及的信息量太多而不知道如何解决问题。受访学生 7 表示，遇到这种情况时，通常他自己完全不知道怎么去组织这么多的信息：

> 我脑子里塞满了信息。即使我理解了听力和阅读材料，我也无法通过逻辑思维组织所有信息。所以，我没能在规定时间内完成口语题目。（受访学生 7，2018 年 7 月 2 日）

同样，受访学生 1 表示，他脑子里太多信息，完全不知道怎么去解决问题：

> 遇到信息量太大的题目时，如果看不懂提供的材料，我就忽略并放弃它们。不管怎样，我尽了最大的努力，但是，无论哪种情况，一切都显得一团糟。（受访学生 1，2018 年 6 月 24 日）

两名受访学生的经历表明，如果题目包含太多信息，他们的头脑里只有一些杂乱无章的想法，无法使用逻辑组织语言回答问题。更糟的是，当受访学生认为题目所给的信息量对他们的认知造成挑战，超过他们的处理能力时，他们很容易放弃。这表明，题目难度变化会给受访学生造成额外信息负担，导致他们不知道如何使用解决问题策略来处理问题。与大多数积极使用解决问题策略的受访学生不同，受访学生 4 表示，因为他已经具备和题目相关的背景知识，所以在答题过程中没有遇到任何问题：

> 我想你（研究人员）已经用中英文把题目要求解释得很清楚了，对我来说这等于给了我两次学习题目相关信息的机会，让我很好地理解了题目也因此非常熟悉考试形式和题目，这对我帮助很大（受访学生 4，2018 年 6 月 27 日）

可以看出，受访学生 4 的背景知识来自于他对口语题目的熟悉度，从而使他能够了解题目的各个方面，包括题目要求、题目主题、测试过程等。换句话说，他对题目的熟悉度降低了他对题目难度的判断，并对他处理问题和使用解决问题策略产生了积极影响。

3）自我监控

从表 6-21 可以看出，受访学生的自我监控意识较弱，只有 3 名受访学生报告了他们使用这一策略的情况。受访学生 1 和受访学生 6

谈到了做笔记，这是自我监控策略的实际运用模式。而受访学生 5 使用了几种不同形式的自我监控策略，其他受访学生均没有使用元认知策略。受访学生 1 说自己做了笔记，但他认为这些笔记只是些凌乱的想法：

> 我只写了一些自己能明白的简单想法。这些笔记有点乱，都是些乱七八糟的简单想法……但答题时我自己能够识别这些笔记。(受访学生 1，2018 年 6 月 24 日)

受访学生 1 的凌乱笔记很难被理解为是在使用自我监控策略，因为自我监控策略的笔记是指记下关键词和关键概念，完全不同于受访学生 "乱七八糟的笔记" 所体现的 "简单的想法"。不过，受访学生有意识地记录可识别的笔记，也可以视作是在尝试使用自我监控策略。与受访学生 1 不同的是，受访学生 6 回忆了他回答问题的过程：

> 我写下了一些关键的信息，如重要单词，包括一些关于地点、时间的关键单词，还有教授在讲座中提到的建议。(受访学生 6，2018 年 6 月 28 日)

当被进一步问及如何判断关键词和信息时，受访学生 6 答道：

> 我是根据自己参加英语考试的经验作出的判断，而且我的英语学习经历也帮助我确定哪些知识对答题有用。(受访学生 6，2018 年 6 月 28 日)

受访学生 6 对关键词和信息进行有目的性的判断，并结合自己以前的考试、学习经验记录笔记，可见他是在使用背景知识和经验来回答题目。与其他受访学生相比，受访学生 5 似乎对如何答题有更好的理解。除做笔记外，他还报告了其他几种自我监控策略的使用。比如，受访学生 5 表示在答题时知道自己在做什么，知道在这个过程中该怎么做：

> 录音播完后，我立刻开始思考对话或讲座的内容。我把信息写下来，然后思考我要说什么、我的回答可以分成几个部分、我该怎么去表达。然后，我会根据分析做出判断……我非常清楚我要说什么以及如何去做。(受访学生 5，2018 年 6 月 28 日)

显然，受访学生 5 有选择性地关注关键信息，答题过程中不时地检查自己对题目的理解、推理，并结合考试题目和上下文，使用自己学过的知识完成题目。从受访学生的个人叙述可以看到，该学生积极使用了自我监控元认知策略。事实上，受访学生 6 和受访学生 5 都有一年的雅思考试培训经历，并且都通过了雅思考试，这表明两名受访学生的语言水平都高于其他受访学生。他们能够有目的地使用自我监控策略完成任务，这在一定程度上说明英语学习者的语言水平与元认知自我监控策略的使用有关。

4）自我评价

所有受访学生均表示，他们在完成题目后对自己的表现进行了评价，不过他们的回答传递了一个信息：受访学生是根据个人感受来评价自己的表现。换句话说，如果他们在完成任务后感觉良好，他们会认为自己表现很好；否则，他们会认为自己表现不佳。此外，大多数受访学生表示，自己对考试表现是否感觉良好在很大程度上取决于题目的难度。例如，当谈到负面自我评价时，受访学生 1 认为答题对自己英语学习信心造成了沉重打击。他进一步评论了这一"打击"，将其与题目难度联系起来：

> 我觉得我的英语在答题时毫无用处，尤其是在回答第三道题时。这道题太难了，我觉得压力很大。我答题时在想自己花了这么多年时间学习的英语在实际使用时怎么没有用呢！（受访学生 1，2018 年 6 月 24 日）

受访学生的抱怨表明，题目难度让他答题时信心崩溃。由于这种负面情绪，学生对自己进行了负面评价，对英语学习的信心也因此遭受打击。与受访学生 1 在自我评价中对学习英语持消极态度不同，受访学生 3 看到了自己在应对难题时表现不佳所反映的英语学习差距：

> 我觉得自己表现得太糟糕了，没法用我学过的英语来答题。这次答题的经历让我明白，如果只是知道一些单词而不知道如何使用它们，学习英语是没有用的。或许以后我会更加注意语言使用，而不是像之前那样只专注于背单词。（受访学生 3，2018 年 6 月 24 日）

受访学生 3 的自我评价显示，这次答题经历让他学习很多，有助于他后期改进学习。尽管如此，不难看出，受访学生 1 和受访学生 3 的自我评价都是基于个人对任务难度判断的负面感受。实际上，除了根据个人感受进行自我评价，受访学生没有报告任何与自我评价有关的元认知策略。例如，尽管在回答是否使用了解决问题策略时，所有受访学生都说积极使用了猜测或推理的元认知策略，但是当被问及答题结束后是否做了检查时（自我评价的一种形式），所有受访学生均给出了否定的回答。

3. 任务复杂度判断概述（学生）

在关于任务复杂度的访谈中，受访学生提到最多的单词就是"熟悉度"，指自己是否事先了解所给任务。如果提前了解任务，他们倾向于认为这项任务比较容易，否则他们会判断这项任务很复杂。正因为如此，受访学生在判断任务复杂度时，优先考虑自己是否具有与任务相关的背景知识，并认为背景知识在四个任务复杂度因素（背景知识、计划时间、所涉及步骤和任务类型）中起决定作用。在对四个具体任务复杂度因素的评价中，受访学生一致认为：（1）准备时间越长，任务复杂度就越低；（2）需要提供解决方案的任务比要求用示例说明学术概念的任务更容易；（3）涉及三个步骤（阅读、听力和口语）的任务比涉及两个步骤（听力和口语）的任务更简单。根据上述受访学生的一致看法，他们还认为第三道题比第一、二、四题更复杂。除了任务因素，部分受访学生还提到了心理因素，包括因同伴压力导致的焦虑、任务顺序引起的消极情绪等（见表 6-22）。

表 6-22　任务复杂度评判（学生）

类别	任务复杂度判断	原因	受访学生
总体判断	第一题最简单	题目熟悉度	全部
	第四题比第二题、第三题简单	结构清晰	受访学生 5
		题目熟悉度	受访学生 2、受访学生 3、受访学生 6
	第四题最难	缺乏背景知识	受访学生 1
		任务顺序引起精神疲劳	受访学生 4
	第二题最难	额外信息	受访学生 5、受访学生 8

（续表）

类别	任务复杂度判断	原因	受访学生
总体 判断	第三题最难	心理压力	受访学生 3
		不熟悉	受访学生 6
涉及 步骤	更简单	阅读提供背景知识	受访学生 1、受访学生 2 受访学生 3、受访学生 4
		三步骤与课堂练习相似	受访学生 2
	更难	额外信息	受访学生 5、受访学生 8
背景 知识	校园生活话题简单	与大学生活相似	受访学生 1、受访学生 2、 受访学生 3、受访学生 5、 受访学生 6、受访学生 7、 受访学生 8
任务 类型	陈述观点的任务最简单	思想表达清晰	受访学生 5
	提供解决方案最难	大量信息	受访学生 2、受访学生 3
	提供解决方案简单	结构清晰	受访学生 1
		给出了存在的问题和解 决办法	受访学生 8
	说明概念最难	额外信息	受访学生 1、受访学生 3、 受访学生 5
		不熟悉	受访学生 7
计划 时间	计划时间长减少难度	详细的规划和深入准备	受访学生 2、受访学生 3、 受访学生 5、受访学生 4、 受访学生 7、受访学生 8
	计划时间短减少难度	同伴压力	受访学生 4
		分散注意力	受访学生 6
	计划时间因难度而不同	熟悉度	受访学生 3、受访学生 4

1）总体判断

受访学生对四个任务的整体任务复杂度判断排序为：任务 3 > 任务 4 >
任务 2 > 任务 1。他们认为第一题最简单，因为这道题关于大学生活，让
他们感到熟悉。同样，由于大部分受访学生是金融和国际贸易专业的学生，
因此对第四题中关于金钱的话题比较熟悉，所以他们认为这道题相对于第
二题和第三题要容易一些。例如，受访学生 6 将自己对第四题的任务难度
评判与对题目主题的熟悉度联系起来：

> 我是金融和国际贸易学院的学生，了解货币的相关信息。我觉得第四题比较简单因为讲座的话题是金钱，和我的专业相匹配，我非常熟悉讲座中的单词和句子。（受访学生6，2018年6月28日）

从受访学生6的回答不难发现，他所具有的关于第四题的背景知识让他很容易理解讲座涉及的金融知识，他的专业知识降低了他对任务难度的判断。受访学生7的语言水平较高，他也强调熟悉度的重要性：

> 今天的口语题目给我的感受就是，即使语言水平很高，如果没有背景知识，还是会觉得很难，因为不知道如何展开自己的想法。如果对话题非常熟悉，就会知道如何表达思想，对主题的熟悉度决定任务复杂度。（受访学生7，2018年7月2日）

受访学生7对话题背景知识的重视表明，如果题目没有提供相关背景知识，即使是语言水平高的学生也会表现很差，因为他们可能不知道如何仅凭语言技能去完成任务。受访学生1进一步证明了背景知识的重要性，与大多数受访学生不同，他认为第四题最难。他回忆说，答题时他没能有效、立即处理听力材料中的信息，因为第四题没有提供阅读材料，而他认为阅读材料可以提供熟悉的背景信息。除了背景知识带来的熟悉感，心理因素也会影响受访学生的评价。受访学生4表示任务答题顺序造成自己精神疲劳：

> 我认为第四题最难，因为它是最后一道题目。做到最后一题时我已经觉得累了，所以我觉得最难。当我完成任务时，我觉得太累了，差点没法完成它。（受访学生4，2018年6月27日）

因为受访学生4非常专注于之前的任务，所以做到最后一题时，他在精神上感到疲惫，无法以较好的状态答题。另一个例子来自受访学生3，他认为第三题最难，原因是自己在任务表现中有心理压力：

> 第三题和我做题前的预测完全不一样，对我来说太难了。我有点失望，做题过程中压力很大。（受访学生3，2018年6月24日）

在回答第三题时，受访学生3有积极的期望，这表明她使用了制定计划策略。但是，当她发现任务并不是自己所预期的时候，她感到失望，有压力，因此认为第三题很难。

2）规划时间

在计划时间方面，五名受访学生认为计划时间长有利答题；两名受访学生提出时间长会对心理造成负面影响，如焦虑、注意力分散，时间短有利于答题；一名受访学生认为计划时间长短是否影响答题表现与任务复杂度有关。具体来说，受访学生 2 支持给答题者提供较多时间。她认为，计划时间越长，答题者就越有机会详细考虑自己的回答，如选择什么样的词汇等：

> 我认为 30 秒可以让我有更充分的准备，如我能在 20 秒内准备一个提纲。我可以更仔细地思考回答的细节，甚至可以想到更好的词汇。计划时间越长，我就越有可能更好地完成任务，就有更多的时间去反思和深入思考。（受访学生 2，2018 年 6 月 24 日）

受访学生 2 的看法是，比起 20 秒，30 秒让答题者有更多的思考空间。在这额外的 10 秒里，答题人可以做更多的准备工作。如果他们能在 20 秒内完成大纲，那么在这 10 秒内，他们可以完善大纲，思考更好的词汇，考虑到每一个细节。此外，计划时间长可以减少任务对答题人的整体信息要求，因此像受访学生 2 这样的答题人认为，时间越长，挑战就较小，答题人也会更有信心。但受访学生 4 和受访学生 6 支持给答题人提供相对较短的计划时间。受访学生 4 认为，如果把这四个口语任务作为一个整体考虑的话，第一题和第二题应该给答题人提供 30 秒的计划时间，因为更长的时间可以帮助他们"热身"。有了"热身"时间，无论后续计划时间有多长，30 秒或 20 秒，对于像他这样的考生来说意义不大。此外，受访学生 4 还提出了一个令研究人员意想不到的观点：

> 就个人而言，我更倾向于支持 20 秒的规划时间。因为在真实的测试情况下，我很可能只用 20 秒的时间来思考如何答题。在剩下的 10 秒里，我可能什么都想不到，所以对我来说是浪费时间。更糟的是，如果我被迫浪费这 10 秒的时间而无所事事时，我的同学可能会利用这段时间积极思考，做笔记。在这种情况下，除了考试带来的紧张之外，我还需要面对同学压力，这让我更紧张。我的回答可能会缺乏逻辑，表现也会糟糕。不过，如果给我 20 秒的计划时间，我会很安心，因为如果我在给定的时间内无法很好地答题，我同学可

能和我差不多，他们也没有额外的 10 秒去计划，或者比我做得更好。这样会让我心态平静，有助于答题。（受访学生 4，2018 年 6 月 27 日）

由于担心同伴压力，受访学生 4 支持更短的计划时间。在他看来，如果自己不能充分利用规划时间为答题准备，那么增加的时间只是为他的同学提供更多的竞争优势。相反，较短的计划时间会弱化同学的优势，让自己更有信心。在他看来，较长的计划时间"威胁"了自己，因为他认为同学会比他更有效地利用计划时间。这种担忧反映了同伴竞争对他造成的焦虑。不过，受访学生 4 也表示，如果不考虑这种同学压力，他的看法会不同。这就解释了为什么当被问到如果没有同伴竞争，他是支持 30 秒还是 20 秒计划答题时间时，受访学生 4 毫不犹豫地回答说，他肯定会支持更长的答题规划时间：

> 如果没有同学竞争，我肯定是支持给答题者提供较长的计划时间。因为时间越长，我会说得越流利，也会注意语言，以免说话突然跑题。我觉得和 20 秒的计划时间比，30 秒的计划时间更能让我的回答具有逻辑性，语言也更准确。（受访学生 4，2018 年 6 月 27 日）

受访学生 4 的这种观点听起来似乎以个人为中心，甚至有点自私。但他对计划时间长短态度的变化表明，影响他判断任务难度的其实是心理因素而不是任务本身。与受访学生不一样，受访学生 6 表示自己担心内部和外部因素带来的注意力分散，这种担心让他支持缩短计划时间：

> 对我来说，我认为 20 秒的计划时间比 30 秒的计划时间要好。因为如果给我更长的计划时间，比如 30 秒，我容易分心，无法专注答题。我的思绪在 30 秒内无法集中。我觉得计划时间越长越难把任务做好。（受访学生 6，2018 年 6 月 28 日）

对于受访学生 6 来说，他所担心的是较长的计划时间可能会导致自己注意力分散，所以他不支持 30 秒的规划时间。除了上述两种截然相反的观点，还有两位受访学生对计划时间的长短持中立态度，主张在计划时间时，应考虑任务本身因素。例如，受访学生 3 认为计划时间的有效性取决于任务难度。以第三题为例，她指出，无论计划时间有多长，对答题都没有实质影响：

> 第三题太难了，无论给我多长的计划时间，对我来说都没用。我根本听不懂听力资料中两位说话人在谈论什么。他们的谈话与我的预测完全不同，我感到很失望。（受访学生 3，2018 年 6 月 24 日）

这位受访学生的答题经历和意见表明，当一项任务对任务执行者来说太难时，计划时间并不能发挥预期作用。当答题人对任务一无所知时，无论计划时间长短，由于不知道如何开始任务，因此不可能制定出有效的答题计划。尽管答题开始时，受访学生用自己的背景知识去回答问题，但她并不确定自己是否会顺利完成任务。在这种情况下，她无法有效利用规划时间，甚至认为计划时间对自己来说是"徒劳无功"。虽然受访学生 3 对自己的表现感到失望，但是她仍然表示，30 秒的计划准备时间肯定优于 20 秒。她反复强调，计划时间的长短并不能决定一个人的答题最终表现；但相反，对任务的熟悉度对答题表现至关重要：

> 如果答题人对任务一无所知，或者不熟悉任务，那么时间就没有任何意义，即使给答题人再长的时间可能也是无用的。重要的不是时间的长短，而是答题人对任务的熟悉程度。（受访学生 3，2018 年 6 月 24 日）

受访学生 3 的评论表明，对时间长短的判断应该从两个角度进行解读。一般情况下，计划时间越长越有利，因为他们可以有更多的时间来思考和计划更好的表现。但是，对于一些复杂任务，计划时间所发挥的作用很小。从这个意义上说，熟悉度比时间更重要。

3）背景知识

当被问及是反映校园生活的口语任务还是学术讲座的任务比较容易时，七名受访学生都认为前者更容易。因为他们对校园情况生活比较熟悉，有一定的背景知识。其中一位受访学生解释说：

> 与校园生活相关的口语任务和大学生的日常生活相似，给我一种熟悉的感觉。相反，我完全不了解学术讲座中的学术概念，我没有相关背景知识，讲座中的词汇对我的理解造成障碍。因此，我觉得讲座很抽象，很难将学术讲座和自己之前学到的东西联系起来。（受访学生 2，2018 年 6 月 24 日）

很明显，对于这些受访学生来说，关于校园生活的口语任务与他们的日常生活息息相关，这种熟悉度会帮助他们克服可能产生的一些负面反应。但由于对讲座内容缺乏基本的背景知识，受访学生认为学术讲座太抽象，比涉及校园生活的话题任务更复杂。但是受访学生 4 认为，由于中美文化差异，口语中呈现的美国校园生活对于像他这样的中国大学生来说，缺乏相关背景知识，不是很容易理解，因此他认为关于校园生活的口语任务比较复杂：

> 我觉得关于校园生活的口语任务更复杂，因为外国的大学校园生活离我们太远了。比如，像我这样的中国学生可能不会理解外国校园关于食物或文化的生活话题。所以，我们很难对有关外国校园生活的口语任务产生共鸣。（受访学生 4，2018 年 6 月 27 日）

相比之下，他认为学术讲座的学术概念是普遍存在的学术知识，不会因为国家不同而产生不同定义，因此更容易理解：

> 但学术讲座中并没有那么多文化差异，因为学术概念是普遍的，在所有国家几乎都是一样的。（受访学生 4，2018 年 6 月 27 日）

从受访学生 4 的角度来看，学术讲座是无关地域和文化差异的知识，而校园生活涉及跨国文化。尽管受访学生 4 的观点和其他受访学生之间看起来存在分歧，不过该学生的观点实质上还是说明背景知识对降低任务复杂度的重要作用。实际上，所有受访学生都认为具有一定的背景知识可以降低任务的复杂度。

4）完成任务所需步骤

大多数受访学生认为，相对于包含两步骤（听、说）的口语任务，包含三步骤（读、听、说）的口语任务更容易，因为他们认为阅读可以提供背景知识。受访学生 3 和受访学生 6 甚至认为阅读可以给他们减压，因为如果先听后说，他们会对任务一无所知，从而产生压力。受访学生 3 解释了她是如何看待这种压力的：

> 当我拿到阅读材料时，我发现这与直接听录音不同，阅读让任务更容易理解。在没有背景信息的情况下去听不熟悉的话题，我会感到巨大压力，特别是当我完全不熟悉听力材料时，我可能难以完成任务。（受访学生 3，2018 年 6 月 24 日）

除了认为阅读可以减压外，受访学生 3 对阅读的看法看似趋向中立。她指出，三步任务与两步任务是由任务本身的复杂度决定的。她以第三题和第四题为例来证明自己的观点：

> 我认为阅读对于我回答第三题时没有太大意义，因为这道题太容易了，这道题提供的阅读材料对我来说毫无用处。但是，当我回答第四题时，阅读就很有用，因为它给我提供了很多关于讲座的信息，否则我对此一无所知。（受访学生 3，2018 年 6 月 24 日）

受访学生 3 的观点传达了这样一个信息，即阅读是否会使任务变得复杂取决于它是否能够提供背景知识。和受访学生 3 一样，受访学生 6 也指出了阅读重要性：

> 当我拿到阅读材料时，我可以将所读的内容与所学的内容联系起来，并对口语任务做出有目的的预测。因此，我认为阅读降低了任务的复杂度。（受访学生 6，2018 年 6 月 28 日）

受访学生 2 也表示阅读对口语表现有积极作用。她认为阅读帮助她理解题目，做好心理准备。此外，她也支持受访学生 3 和受访学生 6 的观点，即任务复杂度不是由任务步骤决定的：

> 今天的口语任务包含自然和逻辑顺序的三个步骤，这有助于我逐渐进入答题的状态，而不是像听力—口语那样的任务，我没有足够的时间准备。虽然需要三个步骤完成任务，并且需要处理更多的信息，但与只有两个步骤的任务相比，我觉得三个步骤的任务更容易。（受访学生 2，2018 年 6 月 24 日）

5）任务类型

大部分受访学生认为陈述意见的任务最容易，因为这些任务将思想陈述得很清楚，更容易理解。受访学生 5 的回答代表了这个观点：

> 第一题要求陈述说话人意见，因为这些意见已经陈述得非常清楚，所以答题对我来说更容易。听力对话中两位说话人的两种观点已经表达地很清楚，我完全可以理解。（受访学生 5，2018 年 6 月 28 日）

受访学生表达的思想清晰反映了任务的清晰结构，更容易掌握口语任务的重点。有两名受访学生对解决方案的任务持否定态度，其中受访学生 2 表示，这些任务包含了大量信息，增加了任务复杂度，给答题人带来压力：

> 解决方案的任务比较难，因为像我这样的考生不可能在这么短的时间内提出相应的解决方案。（受访学生 2，2018 年 6 月 24 日）

受访学生 3 对受访学生 2 的观点表示赞同，并补充说：

> 第三题要求我们不仅要理解题目，而且要解决听力录音里说话人遇到的问题，信息量的增加使第三题难度也增加了。（受访学生 3，2018 年 6 月 24 日）

与这种消极态度相反，有两位受访学生对第三题难度的看法持比较积极的态度。他们认为答题人可以参考个人经验来回答问题，这反而会降低任务的复杂度。为了解释这一观点，受访学生 1 对第三题和第二题进行了比较：

> 这种口语任务灵活，我可以利用以前的经验来答题。但是，第二题要求用示例说明学术概念，这就不能按照个人经验来处理，因为学术概念通常代表一种学术权威。我不能使用个人想法，所以失去了答题的灵活性。（受访学生 1，2018 年 6 月 24 日）

上述观点表明受访学生 1 采用了灵活的态度处理口语任务。他认为可以利用经验知识完成任务。受访学生还提到了信息量与背景知识间的关系：背景知识会减少答题人需要处理的任务信息量。另一位学生补充了他对于解决方案任务的难度判断：

> 要求提供解决方案的口语任务实际上并不需要制定解决方案。相反，口语任务只是提供了一些可供参考的方案和理由。因此，在回答口语问题时，我们需要做的只是重复这些解决方案。（受访学生 8，2018 年 7 月 2 日）

显然，受访学生 8 认为解决方案任务之所以简单是因为口语任务里已经提供了解决方案和理由。而对于举例说明学术概念的口语任务，一半的受访学生认为这项任务比其他任务更难，因为他们不熟悉这些学术概念，信息量太大：

> 我觉得即使是专业人士也很难解释一个学术概念，更不用说像我们这样没有任何背景知识的学生了。（受访学生7，2018年7月2日）

受访学生7的回答表明，解释学术概念的口语任务涉及学术知识，增加了任务复杂度。实际上，任务复杂度并不仅仅取决于任务类型，还取决于相关的学术知识。如果任务执行者不具备这样的学术知识，他们就会判断任务比较难。尽管受访学生对于任务类型的影响看法不一，但他们普遍认为背景知识影响对任务复杂度的判断。五名受访学生说，无论任务类型如何，任务熟悉程度在任务复杂度的评价中起至关重要的作用。他们认为，如果一项任务与他们所具备的背景知识相吻合，那么在知识和任务之间建立联系相对容易，任务难度较小。受访学生3的回答证明了这种观点：

> 关于任务类型对任务复杂度的影响，我的看法是，任务复杂度在很大程度上取决于我对任务的预测，以及是否具有背景知识。换句话说，我的背景知识是否与任务匹配，与我对任务复杂度的判断密切相关。（受访学生3，2018年6月24日）

关于背景知识对于完成任务的重要性，受访学生3还指出了她对背景知识与任务类型关系的理解：

> 我认为任务类型不能决定任务复杂度，任务提供的信息非常重要。如果任务执行者熟悉这种信息，那么无论任务类型如何，他们都能完成任务。（受访学生3，2018年6月24日）

此外，受访学生3还认为如果判断任务复杂度时不考虑背景知识，那么讨论任务类型是没有意义的。受访学生4的观点与受访学生3的观点相似，但他的解释似乎更有说服力：

> 无论我们需要处理什么类型的任务：陈述观点、提出解决方案或说明学术概念，决定任务复杂度的关键因素是任务执行者是否具有相关的背景知识。没有背景知识，我们的很多想法将受到限制。（受访学生4，2018年6月27日）

从以上两位受访学生的观点可以看出，这些学生更重视背景知识，而不是任务类型。在他们看来，背景知识可以帮助他们克服各种任务带来的困难和挑战。

4. 任务复杂度判断概述（教师）

研究人员将教师问卷编码后确定了八个主题，其中六个主题与任务复杂度有关，两个主题与元认知策略有关。这八个主题包括：（1）背景知识；（2）推理需求；（3）容易理解；（4）结构清晰；（5）语音速度；（6）信息负荷；（7）制定规划；（8）自我监控。表 6-23 显示了研究人员对教师问卷进行编码得出的相关主题。

7. 任务复杂度

背景知识是影响教师对任务复杂度判断的主要因素。例如，教师认为如果任务 4 没有提供相关的经济背景知识，会比任务 2 更难，因为任务 2 提供了与日常经验相关的背景知识。反映推理需求的任务类型是任务复杂度排名第二的因素，陌生的任务类型使任务执行者需要更多的时间来准备或制定计划。事实上，这种对任务类型的不熟悉也表明了背景知识的缺乏。受访教师 2 和受访教师 4 认为任务 1 最容易，因为任务 1 的内容容易理解。受访教师 3 将任务 3 和任务 4 的任务复杂性归因于信息负荷的增加。受访教师 2 和受访教师 4 分别使用"结构清晰"和"语速快"作为导致任务 4 和任务 3 任务复杂度增加的原因。这里需要指出的是，"机构清晰"与"语速快"均是超出编码表范围的新主题。虽然有两位教师对任务 2 和任务 4 的评分相同，但教师评分的总体平均数（见表 6-12）表明任务 4 比任务 2 更复杂。教师对任务复杂度的评判顺序为：任务 3> 任务 4> 任务 2> 任务 1。这样的排序与受访学生对任务复杂度的顺序不一致，但与参与定量阶段的学生评判的任务难度顺序一致。此外，教师表示自己对任务难度的打分基于教学经验。

表6-23 任务复杂度评判（教师）

受访教师	评判	任务 1	任务 2	任务 3	任务 4
受访教师 1	回答	背景知识和任务类型降低难度	背景知识降低难度	背景知识增加难度	任务类型增加了难度
	主题	有无背景知识；推理需求反映了任务类型	题目提供了背景知识	题目没有提供背景知识	任务类型反映了推理了增加需求
受访教师 2	回答	大学巴士在中国大部分大学并不流行，但通知的内容和说话人的想法易于理解	大多数学生愿意讨论的话题：准备工作并不困难	学生面临问题，教授提出解决方案，但学生需要时间来决定	教授给出了"钱"的两种定义，所用的例子容易理解
	主题	内容易于理解	由于提供背景知识，易于准备	任务类型反映的推理需求（规划）	结构清晰
受访教师 3	回答	词汇对学生来说比较熟悉，他们可以给出完整的答案	发现、理解学术讲座中的术语使口语任务变难。只要学生发现这些术语并在上下文中理解，就可以很好地完成口语任务，否则他们可能会错过一些要点或细节。记笔记起决定性作用，会比任务1表现得好	学生需要处理更多信息，讲座复杂度明显高于前一个任务	要求处理更具体信息，在理解任务和回答问题时给学生更大的难度，提高了语言复杂性，让答题变难
	主题	任务提供了背景知识	没有提供知识，建议做笔记（自我监控）和组织句子（制定规划）	信息增加	信息增加

（续表）

受访教师	评判		任务 1	任务 2	任务 3	任务 4
受访教师 4	回答		大学巴士服务和学生开车在中国并不那么流行，但通知的内容和学生的意见很容易理解。难点是从梳理公交路线和停车位这两个方面支持这位学生的观点	即使"观众效应"这个术语对学生来说并不熟悉，但他们肯定有从材料中读到过的类似经历，这样他们就不难将材料中的两种情况与自己的生活经验联系起来	这种情况在大多数中国大学并不受欢迎，由于主题和速度、中国学生对于这段对话可能难以理解	这种类型的英语讲座对学生来说并不是很难理解、大多数学生很熟悉讲座内容
	主题		任务内容容易理解	提供了背景知识	没有提供背景知识，速度太快	提供了背景知识

8. 元认知策略

尽管研究人员最初邀请教师参与问卷只是为了探究他们对任务复杂度的判断，但在对他们的回答进行编码处理时，编码人员发现了两个关于元认知策略的主题：制定规划和自我监控。这些主题反映了受访教师如何看待任务复杂度与元认知策略之间的密切联系。受访教师认为，背景知识是决定任务复杂度的关键因素，如果口语任务没有提供相关的背景知识，任务复杂度可能会增加。在这种情况下，任务执行者可能会使用元认知策略来应对任务复杂度带来的挑战。其中受访教师 3 建议使用笔记（自我监控策略的一种形式）和组织（制定规划策略的一种形式）来处理任务。综上所述，尽管受访教师对四项任务中任务复杂度的看法与受访学生有所不同，但两组受访对象一致认为，与其他三个任务复杂度因素相比，背景知识在处理语言任务时发挥的作用更大，决定任务的复杂度。此外，受访教师提出，可以通过适当使用元认知策略来应对因缺乏背景知识导致的任务复杂度增加的问题。

定量与定性结果聚敛结合表明：（1）在计算机辅助综合口语测试情境下，中国英语学习者使用解决问题策略最为频繁，学习者的策略能力表现存在差异，但语言水平和策略能力间无显著相关；（2）自我监控元认知策略在测试任务与测试成绩间发挥显著调节作用，弱化前者对后者的负面效应；（3）策略能力各组成要素相互作用，与测试任务呈显著相关；（4）策略能力各组成要素（独立工作模式和相互作用工作模式）对测试成绩无显著影响；（5）测试任务对测试成绩有显著影响；（6）在任务复杂度四因素变量中，相比任务步骤、计划时间及任务类型，背景知识对任务复杂度的决定作用更显著；（7）尽管个体特征（如动机、焦虑）未被设定为研究重点，但该变量在策略能力与测试任务间发挥调解作用。

6.3　小结

本章从定量、定性两个角度详释了如何报告现代语言测试视阈下口语策略能力实证研究结果。定量方面包括：（1）验证口语策略能力量表的探索性因子分析及验证性因子分析结果；（2）回答研究问题的统计测试结果及定性分析结果，如中国英语学习者元认知策略使用频率、口语成绩及测试任务复杂度描述性统计分析、语言水平与策略能力关系的独立 t 检验、任务复杂度测量与验证的单项重复测量方差分析、检查策略能力与测试任务、测试成绩复杂关系的等阶线性模型、探究策略能力与测试任务关系的单项重复测量多元方差分析。定性方面，通过访谈对中国英语学习者策略能力表现及任务复杂度判断进一步分析，采用开放式问卷对中国英语教师对任务复杂度评测的深层原因进行探究。其中，对学生访谈回答和教师问卷回答的结果进行分别呈现，对两组受访对象同等关注，特别关注极端案例和具有独特性的案例，并从各个角度解释定性数据。元认知策略的结果按制定计划、解决问题、自我监控到自我评价的顺序进行报告。同样，任务复杂度因素变量被分为五个部分，按照复杂度、计划时间、背景知识、任务步骤和任务类型的顺序呈现。

第 7 章
测试视阈下口语策略能力研究结果分析

对研究结果进行分析的目的是要呈现新知识以及相关研究的发展方向，对研究结果的分析须建立在研究概念基础之上。

——Choi & Pak，2010

7.1 概述

本章将对中国英语学习者在计算机辅助综合口及其与测试任务和测试表现间关系的实证研究结果进行分析。本章首先讨论中国英语学习者处理复杂度不同的口语任务时的策略能力表现；接着讨论中国英语学习者和英语教师对计算机辅助综合口语任务复杂度的评价；然后，本章将进一步讨论策略能力、任务复杂度及口语表现三个研究变量之间的复杂关系。

7.2 元认知策略使用

如第 4 章所述，参与本书实证研究的学生的英语语言水平较高，达到中等偏上，具备有效使用元认知策略的能力（Zhang et al.，2021b，2022a，2022b）。但是，问卷和半结构化访谈数据分析结果表明，学生在处理四个综合口语测试任务中并没有积极使用元认知策略，而且他们的策略使用受到任务复杂度和个体属性的影响。考虑到本书实证研究中的学生在处理测试任务时元认知策略使用的复杂性（既包括个体元认知策略又涉及对四种元认知策略的综合使用），本章从两个角度讨论四种元认知策略相互作用的工作模式及个体元认知策略独立作用的工作模式。

7.2.1 元认知策略使用概述

基于学生的语言水平及其对元认知策略的描述性分析结果可以得出结论，他们在处理计算机辅助综合口语测试任务时并没有积极使用元认知策略，且不同语言水平的实验对象的策略使用也没有显著差异。显然，这一结果与研究人员预期不符，因为大量有关二语学习策略的研究（如Oxford，2004；Psalto-joycey & Gavriilidou，2018），特别是以大学生为研究重点的实证研究（如 Griffiths，2013；Vrettou 2009，2011）已经证实语言能力与策略使用之间存在正相关关系。

在本书实证研究中，虽然参加实验的大学生语言能力整体较高，但是他们并未积极使用元认知策略。这可能是由于学生缺乏与元认知策略相关的学习和训练。众所周知，策略的使用能力需要通过学习习得，就像在语言学习中必须接触语言才能掌握语言一样（Fazilatar，2010）。日常课堂教学已经被证实是提高英语学习者元认知策略使用意识的有效手段。通过课堂教学，学习者可以根据任务和环境选择并适当使用元认知策略（Oxford，2017；Qin，2018；Zhang & Zhang，2019；Zhang & Zhang，2022；Zhang et al.，2021b）。基于这一理解，如果参与本书实证研究的学生有元认知策略的学习经验，他们就很有可能在完成口语测试时使用元认知策略。然而，根据测试报告，不管是参与研究的学生还是教师，他们不清楚什么是元认知策略，在实际课堂教学中也没有接触过与元认知策略有关的课堂活动。因此，大多数中国英语学习者甚至一些英语教师都不了解元认知策略以及如何恰当地使用这些策略（Dabarera et al.，2014；Oxford，2017）。参与研究的英语学习者并没有储备元认知策略，因此也就不可能在实际任务中使用元认知策略。不过，值得注意的是，Pei（2014）的研究并未发现元认知策略教学对中国英语学习者的阅读有显著影响，这可能和阅读任务本身有关（De Boer et al.，2018；Oxford et al.，2004）。因此，我们无法否定元认知策略教学在帮助二语学习者积极使用元认知策略方面的显著作用。

　　在本研究中，学生没有积极使用元认知策略也和他们对四个托福综合口语测试任务难度的判断有关。描述性分析表明，学生对四项任务的自我评价均为难度很高。这一判断在很大程度上与 Yu et al.（2017）的发现一致：中国英语学习者认为托福综合口语测试任务很难。学生对任务难度的判断说明他们可能已经意识到，即使使用策略也不能完成测试任务。因此，正如一些受访学生所报告的那样，由于他们是自愿参加考试，没有任何具体目标，他们不会绞尽脑汁去思考如何使用适当的策略来完成考试（Oxford，2017）。此外，学生对任务难度的评估也可能会削弱他们对于完成口语测试的信心，产生焦虑和缺乏动力，参与测试的兴趣可能会减弱（Li et al.，2007）。在学习活动中，学习者的任务参与度和他们的情感投入和认知参与密切相关。情感投入是指学习者对学习活动和学习环境所作出的情感反应，包括兴趣程度、无聊感和焦虑感；认知参与是学习者为完成任务所采取的方法，反映了学习者采用认知学习策略来调节学习过程所付出的努力。在实际学习活动中，学习者的情感投入和认知参与并不是孤立的，而是相互作用，共同影响学习者的任务参与（Lynch et al.，2019）。本研究中，当学生由于任务困难而难以投入到四项综合口语测试任务时，他们的认知参与也可能会受到负面影响（Setiyadi et al.，2016）。情感投入与认知参与相互作用会最终影响学生的策略使用，包括元认知策略使用。这在一定程度上解释了为什么一些受访者在完成这四项口语任务时，没有设定任何目标，没有使用元认知计划，因为在他们看来这些测试任务太难了，让他们缺乏信心。

　　事实上，在二语语言学习者的语言能力与交际策略使用之间的相关性实证研究中，已有大量记录与本书实证研究结果一致，即虽然参与实验的学生英语语言水平较高，但在四个综合口语任务中都没有积极使用元认知策略（Chen，1990；Ellis，1984a，1984b；Ghapanchi & Taheryan，2012）。在这些实证研究记录中，Chen（1990）的研究实验对象也是中国英语学习者，与本书实证研究最为相似。通过对两组（高水平组和低水平组）12 名中国英语学习者的定性访谈数据分析，Chen 对交际策略与语言水平之间的关系展开了研究，并确定了两个变量之间的负相关关系。除了策略使用之外，Chen 指出，与语言水平较低的外语学习者相比，语言水平较高的外语学习者更懂得如何获取更多的学习资源、掌握更多的语言知识。Chen 的这些发现为本书实证研究所发现的关于语言水平和策略使用的相关性提供了一些支持。同样，Oxford et al.（2004）也曾指出，对于语言水平较高的二语学习者而言，策略使用通常表现为学习者的无意识行为。对他们而言，策略使用是一种是习惯性和自发行为，因此可能不会在研究中报告自己的策略使用情况。显然，Oxford 等人的观点也为本书实证研究提供了一些支持证据，在一定程度上解释了为什么语言水平不同的两组学生的元认知策略使用没有显著差别。

7.2.2　元认知策略独立工作模式

关于每个特定的元认知策略的使用（提前计划、解决问题、自我监控和自我评价），描述性统计表明，解决问题被实验学生视为最常用的策略，而自我监控则是使用最少的策略。这一结果有些意外，因为在现有文献中，被广泛认可和应用的元认知策略模型通常包括提前规划、自我监测和自我评价三大元认知策略，解决问题并没有作为元认知策略纳入到这些模型中。

1. 解决问题

虽然解决问题被并没有被纳入元认知模型，但是受试学生在处理四个综合口语测试任务时，使用频率最高的是"推理"和"替代"两种策略。这两种策略实际上是本书实证研究中"解决问题"策略的两个组成要素，这可能与学生处理综合口语测试任务的方式有关。根据O'Mally & Chamot（1990）及 Yin（2013）的研究，英语学习者往往倾向于以解决问题的方式使用策略，因此，学生可能会将他们使用的策略视为解决问题策略的应用，并将其报告在问卷上。在元认知研究领域，一些学者语言学习者对解决问题策略的理解在一定程度上反映了他们的元认知知识（Flavell，1979；Papaleontiou-Louca，2008；Qin，2017；Tarricone，2011；Zhang，2017）。他们很可能认为自己在完成四项任务时使用了解决问题策略，并将其报告在问卷中。然而，由于他们对策略的认识可能是错误的，他们的报告也可能是一种错误认识，因此问卷中所反映的学生解决问题策略的高频率使用或许并不真实（Brown，1987；Veenman et al.，2006）。关于元知识的错误引导作用，Zhang（1999）曾经对中国大学英语学习者的元认知知识的误导与阅读策略实际使用开展了大规模研究，发现两者的确存在直接的相关性。

受访学生表示在英语学习中，老师经常要求他们练习"替代"和"推理"。如第 1 章所述，国内英语课堂教学的重点是提高学生的语言水平，在这种教学大环境下，教授学生"基于上下文的猜测"或"推论"是教师在阅读和听力时强调的基本策略之一，而"替代"则是教师教授口语和写作任务时强调的策略，尽管多数情况下教师可能并没有意识到这种技巧实际上是元认知策略。因此，"推理"和"替换"被认为是中国英语学习者在日常英语学习活动中必须掌握的两种策略（Sun，2014；周黎红，2020）。国内的这种教学现状使得学生沉浸在解决问题策略的学习环境中，这也说明了在本书实证研究中，学生在完成测试任务时为何频繁使用解决问题策略。Yang & Sun（2012）以及 Yin（2013）也报道了中国英语学习者偏向于使用"推理"和"替代"来处理语言任务。在这些研究中，研究人员调查了中国英语学习者使用"替代"和"推理"等元认知策略处理写作及口语任务的情况，他们发现这两种解决问题策略在口语任务中比写作任务更有效。对"替代"和"推理"两大策略的使用偏向并不仅限于中国英语学习者。根据 Halliday & Matthiessen（2013）的研究，二语语言学习者在执行口语任务时一般倾向于使用"替代"。本书实证研究中学生对元认知策略使用的偏好与口语之间的关系也证实了 Cohen（2018）的研究结果，他总结二语学习者的策略使用可以根据特定的语言技能（听、说、读、写）进行分类，从而可以更加精准地、有针对性地使用策略。这一总结与 Oxford（2017）的观点不谋而合，后者认为二语学习策略的使用与特定的语言技能有关。

2. 提前规划

在元认知策略的三个组成要素中，与自我管理和组织计划相比，设定目标对学生使用元认知策略的影响最大。受访学生表示，由于缺乏动机以及考试焦虑等因素，他们没有计划，因此没有设定具体的目标。动机是一种复杂且多维的目标驱动活动，是影响二语学习者策略使用的最重要的个体因素之一（Cohen，2018；Oxford，2017）。很多研究人员通过大量实证研究证明动机对策略使用的影响。在 Deci &Ryan（2000）提出的二语学习动机的二分法中，内在动机指的是学习者在不考虑行为后果的情况下能够给他们带来满足感的行为，如为了学习本身而学习语言的愉悦。相比之下，二分法的另一个组成部分——外在动机则在学习者的学习过程中起到刺激作用。通过外在动机，学习者可以获得外部奖励，如获得理想的工作或被大学录取。在本书实证研究中，由于学生都是自愿参与研究，显然他们并没有希望通过参加综合口语测试来选课或找工作。在这种情况下，学生通常是缺乏外在动机的。另一方面，他们的自愿参与似乎又表明他们有内在的动机。不过，八位受访学生中仅有两名学生（受访学生 1 和受访学生 3）表示他们把参与本书实证研究视作练习口语的机会，这在一定程度上说明了他们的内在动机。这两者之间的矛盾指向一个问题：为什么学生没有动机？一些受访学生将此归因于任务难度，抱怨测试任务太难，降低了他们进行测试的兴趣。学生将任务难度与动机联系起来实际上反映了现有文献关于任务动机的诠释。

任务动机最初由 Julkunen（1989）提出，他将任务动机定义为特征动机和状态动机的整合。特质动机是指二语学习者的一般动机，而状态动机是指学习者在任务中的表现（Kormos & Wilby，2019；Ma，2009；Poupore，2013；2015；2016）。Kormos & Wilby（2019）认为，二语学习者的任务动机受自我效能感、期望价值、内在动机和兴趣的影响。自我效能感是学习者对自己有能力完成某项任务或完成某一特定目标的信念，是决定学习者动机的关键因素；期望价值是指学习者对任务的判断以及他们对成功完成任务的期望。内在动机和兴趣是两个可以互换的术语（Ajzen，2002；Horvath et al.，2006），均与学习者完成任务时的内心感受有关。许多研究者认为，任务动机元素与学习者对任务难度的感知直接相关：任务难度增加通常会导致自我效能感、期望价值、内在动机和兴趣的降低（Dörnyei，2019；Dörnyei & Scott，1997；Dörnyei et al.，2014；Ma，2009；Poupore，2016）。根据这一观点，本书实证研究中学生在完成考试任务时，由于他们认为四项综合口语考试任务非常难，导致自我效能感、期望值、内在动机和兴趣不高，因此考试时的任务动机很低甚至没有。由于任务动机是学习者动机的宏观方面（Dornyei，2019；Dörnyei et al.，2014；Horvath et al.，2006；

Poupore，2016），考虑到动机对策略使用和目标设定的影响，学生没有为这些口语测试任务设定任何具体目标显然是合理的。这一研究结果可以借鉴 Poupore（2015，2016）的研究，他调查了学习者在交互任务中的动机，发现任务复杂度和任务熟悉度影响了学习者的动机。同样，在 Masrom et al.（2015）的研究中，88 名英语水平较高的马来西亚学生在计算机辅助交流写作时，其个人动机与任务复杂度之间存在负相关。考虑到实验参与者同样来自亚洲国家，研究场地也同样是高校，相同的研究背景使得 Masrom 等人的研究为本研究提供了实证依据支持。动机对中国英语学习者元认知策略的影响在其他文献中也有记载。例如，Bai & Guo（2019）从 523 名中国香港小学生的学习数据中发现，参与者的动机和策略使用之间存在很高的相关性。对于任务难度、动机和策略使用之间的复杂关系，Chang & Liu（2013）通过问卷调查、阅读和听力测试对 163 名中国台湾地区不同专业的大学生进行了研究，并得出结论：较之难度较高的任务，英语学习者对难度较低的任务表现出更强的动机，使用元认知策略处理任务的频率也越高。这一结果显然为本书实证研究提供了令人信服的支持。此外，前文讨论的任务投入和任务动机之间的密切联系也说明了学生对任务难度的判断可能会对他们的测试动机产生不利影响。

　　学生没有使用提前规划这一元认知策略的另一个可能或与他们的考试焦虑有关，语言水平相对较高的受访学生的访谈结果充分说明了这点。尽管这一结果与一些关于二语学习者的语言能力与其考试焦虑呈负相关的研究相冲突（如 Lien，2016；Liu，2006，2018；Lu & Liu，2011），但却与 Aydin（2013）和 Karatas et al.（2013）的研究结果相似。这些研究人员发现，母语为土耳其语的英语学习者的语言水平并不是他们焦虑程度的决定因素。同样，Huang & Hung（2013）的研究表明，在综合口语测试任务中，考生的语言水平与考试焦虑之间没有显著的相关性，研究人员认为产生这一结果主要是因为实验对象都是自愿参加测试。不过，在本书实证研究中，语言水平较高的学生在访谈中表示他们的考试焦虑可能来自于评估压力和对不良成绩的恐惧（Berger & Karabenick，2011；Horwitz，2001；Huang，2018；Saha，2014）。成绩预期指的是考生因考试成绩不佳的失败预期（Zeinder，2010）。根据 Zeinder（2010）的观点，在执行测试任务时，与语言水平较低的学生相比，语言水平较高的学生往往对自己的表现有更高的期望。然而，当发现综合口语测试任务很难，超出了他们的能力范围时，他们更容易担心自己的表现可能会远远低于预期。为了避免这种期望落空，他们可能不会设定任何目标，从而减少自己可能承受的考试焦虑。这种因焦虑导致的元认知策略使用不积极也在一定程度上解释了本书实证研究的发现：不同语言水平学习者的元认知策略不存在显著差异。

3. 自我监控

本研究中，自我监控是学生使用频率最低的元认知策略。这与二语学习者处理计算机辅助综合口语任务时策略能力的研究结果一致（Barkaoui et al., 2013；Swain et al., 2009；Zhang et al., 2021a, 2021b, 2022a, 2022b）。在这些研究中，参与者要么根本不使用元认知自我监控，要么使用频率最低。不过，其他语言技能的实证研究发现，二语学习者处理语言任务时经常使用自我监控策略，如 Phakiti（2016）、Purpupa（2013）和 Zhang & Zhang（2013）的阅读研究，Goh（2002）、Nett et al.（2012）、Rukthong & Brunfaut（2020）和 Vandergrift & Goh（2012）的听力研究，以及 Wischgoll（2016）的写作研究。这种相对立的结果可能和话语输出的复杂性有关。自我监控是话语产出过程中的四个关键阶段之一，它以显性和隐性两种方式参与话语输出的整个过程（Bygate, 2011；Bygate et al., 2001）。由于学生没有元认知策略的相关知识，当自我监控策略以隐性形式在口语输出过程中发挥作用时，他们可能不知道自己在使用自我监控策略。Barkaoui et al.（2013）认为，由于口语输出的即时性和在线特征，与阅读和写作等其他语言技能相比，口语对说话者有更高的策略要求，特别是综合口语考试，它要求学生处理大量信息，不仅包括口语，还包括阅读和听力。此外，学生还必须应对时间限制和压力。因此，本书实证研究中，由于学生对元认知策略的使用和口语测试任务一无所知，综合口语测试任务给他们带来巨大挑战，他们没有足够时间进行有效的笔记记录，并有意识地应用自己所学的规则，或将任务信息和个人经验联系起来有效完成任务，而这些处理任务的方法都是自我监控策略使用的表现。换句话说，由于不熟悉考试任务和考试任务要求，学生很难有效使用自我监控策略监控自己的口语输出过程。

尽管学生在问卷中报告的自我监控策略使用频率较低，但受访学生的回答表明自我监控与二语考生的语言能力之间存在正相关关系，语言能力较高的学生表示他们使用的元认知策略中，自我监控策略使用频率最高。这种正相关已得到证明。例如，Roebers et al.（2014）通过结构方程模型研究了儿童在测试环境中的元认知过程与语言水平之间的关系后得出结论，高水平的英语外语学习者在使用自我监控方面更准确。Ekhlas & Shangarffam（2013）对伊朗大学的英语外语学习者在参加雅思时使用自我监控策略的情况进行了研究，发现参与者的元认知策略与语言能力之间存在正相关。

4. 自我评价

在本研究中，与解决问题和提前计划相比，学生使用自我评价的频率较低。这一结果与二语学习者在处理其他语言技能任务时所使用的元认知策略情况一致，如 Zhang et al.（2014）和 Saraswati（2017）关于阅读的研究以及 Rukthong & Brunfaut（2020）关于综合听力的研究。一些研究人员认为，二语学习者自我评价策略使用的低频率与测试时间有关，也和学习者语言水平有关（Saraswati，2017）。也有研究人员表示，自我评价的低频使用是因为元认知策略的复杂性，以及学习者缺乏相关的元认知策略训练（Nett et al.，2012）。在本书实证研究中，除了以上原因，学生的自我评价与元认知经验混淆，以及四种元认知策略之间存在相互依存关系也是导致自我评价策略使用频率不高的原因。访谈数据分析表明，学生的自我评价主要建立在主观感受的基础上，如对测试任务的熟悉程度、对任务复杂度的感受、对自己表现的满意度和自信心。根据 Efklides（2002，2006，2008）的研究，这些主观感受本质上是学生的元认知感受，是元认知体验的一个组成部分。由于元认知策略问卷中关于自我评价的问题是根据元认知自我评价的定义而不是元认知经验来开发和验证的，学生很可能无法找到与自己的元认知体验所反映的自我评价策略相匹配的问题，因此最终在问卷上显示出较低的使用频率。

在策略能力量表自我评价的五个问题中，只有两个问题是关于学生的自我评价，其他三个问题则与检查目标设置和任务表现有关。由于学生没有设定任何目标，所以在回忆自我评价策略时，可能无法报告由这两个问题引起的关于目标设定的活动，而且几乎所有受访学生都非常重视主观感受。同样，由于时间限制和口语输出对自我评价策略的高要求，学生不太可能会努力检查错误。相反，在考试状态下考生通常表现得比较匆忙（Pan & In'nami，2015）。因此也不太可能有意识地开展自我检查。此外，根据 Efklides（2006，2008）的提议，个人的元认知感受来自于他们对所经历的任务处理的特征和／或对任务的监测。这也表明个人元认知感受会受自我监控策略的影响，并进一步阐明了自我监控与自我评价之间的密切相关。早在 1999 年，PurPura 就意识到这两种元认知策略之间的相关性并通过统计方法进行了验证。同样，在元认知模型（O'mally & Chamot，1990）中，自我监控也与自我评价也表现为密切相关。在本书实证研究中，由于自我监控策略被学生报告为使用频率最低的策略，因此也就不难理解为什么自我评价也是低频使用的元认知策略。

7.2.3　元认知策略、个体属性与任务复杂度

学生的元认知策略受到个体属性（如动机、焦虑、学习经历）的影响，这一发现已经被大量二语学习策略研究证实。O'mally & Chamot（1990）以及 Fazilatfar（2010）提出，许多因素会影响个人对策略的使用，包括目标、学习经历、任务要求或任务复杂度和个人动机（Dörnyei，2005，2019）。在现代语言测试领域，个体属性对策略使用的直接影响也早已得到证实。个体的动机和焦虑等属性可能与测试任务相互作用，影响策略能力，从而促进或限制了二语学习者在特定情境下使用策略的灵活性（Bachman & Palmer，1996，2010）。在考试中，二语学习者的心理特征（如动机和情绪状态）和个人经历（如教育和考试经历）与考试任务相互作用，影响考试成绩（O'Sullivan，2011）。另有学者从任务复杂度的视角出发，通过实证研究指出个人差异与任务复杂度之间存在相关性（Gilabert，2000，2007；Robinson，2007；Robinson & Gilabert，2020；Skehan，2018；Révész et al.，2016）。

然而，元认知策略与学生个人属性之间的关系与本书实证研究的理论框架——非互动性语言使用框架（Bachman & Palmer，2010）并不完全一致。在该框架中，语言学习者的个人属性被视为外围特征，而策略能力在框架中被赋予了核心角色。鉴于该框架和策略能力模型的效度

需要进一步的实证研究佐证，本书实证研究所发现的学生的个人属性和元认知策略间的关系是合理的，同时也说明个人属性在处理综合口语测试时发挥了重要作用。

7.3　任务复杂度

本章关于任务复杂度的讨论将从两个层面展开：任务复杂度因素的协同效应和单个任务复杂度因素对四个综合口语测试任务总体复杂度的影响。

7.3.1　协同效应

在单向重复测量方差分析中，学生对四项综合口语测试任务复杂度的判断存在显著性差异。这表明，资源分散维度上的三个任务复杂度因素（计划时间、任务步骤和背景知识）的协同效应导致四个任务的复杂度存在明显差异。这一结果为三维元素框架（Robinson，2015）提供了实证。根据该框架，当任务复杂度两个维度上的变量同时变化时，特定任务的整体复杂度会随之发生变化。这表明同时改变任务复杂度因素可以对任务的总体复杂度产生协同效应，这一结果与很多研究结果一致（Gilabert，2004，2007a，2007b；Gilabert，et al.，2009；Levkina，2008；Levkin & Gilabert，2012）。关于任务类型对任务复杂度的影响，学生对不同任务类型总体难度的判断也呈现出显著不同，这一结果与 Foster & Skehan（1996）的研究结果一致。两位研究人员认为，不同的任务类型会对学生施加不同程度的认知负荷。学生对任务类型的难度判断也与 Gan（2012）、Madarsara & Rahimy（2015）和 Rezazadeh et al.（2011）的研究一致。

单向重复测量方差分析的数据说明学生对任务难度的评判为任务3最难，其次是任务4、任务2和任务1，这种一致性证实了 Révész et al.（2016）的研究。在该研究中，英语教师对任务复杂度的判断与英语学习者的评分呈高度正相关，表明了学生及教师对任务难度判断的有效性。学生对四个任务的难度排序也吻合三维元素框架：当一项任务（如任务 3）提供的计划时间较少，且涉及的任务类型较多时，学习者会面临更大的难度；而提供更多背景知识和计划时间，且任务类型比较简单的任务（如任务 1）对学习者而言更容易完成。不过，该排序与受访学生的判断并不一致，他们认为任务 3 最复杂，其次是任务 2、任务 4 和任务 1。值得注意的是，这种不一致性主要体现在学生对任务 4 和任务 2 的复杂度判断上。方差分析和开放式问卷的数据分析也得出任务 4 更复杂、难度更大的结论；而半结构化访谈的数据表明任务 4 的复杂度较低。这两种截然相反的判断可能是因为样本所致。大多数受访学生的专业是金融和国际贸易，具备相关的金融知识，因为任务 4 是与金融相关的学术概念，而任务 2 则关于心理学，是受访学生不熟悉的话题，他们认为任务 4 比任务 2 简单。从本质上而言，学生对任务复杂度的不同判断表明，任务执行者具备与任务有关的背景知识会降低他们对任务难度的判断（Ellis et al.，2019；Robinson，2015，2018；Robinson & Gilabert，2020；Skehan，2018）。

7.3.2　个体因素

任务复杂度难度排序的不同说明了学习者对背景知识的看法：学生和教师一致认为在四个任务复杂度因素中，背景知识与其他三个因素相比更能决定任务复杂度。他们还表示，在执行某项特定语言任务时，如果任务本身可以提供可用的背景知识，会增加任务执行者的熟悉度。在这种情况下，即使任务执行者不能够完全理解任务也可以有效地使用规划时间做出预测和猜测。另一方面，正如一些受访学生所回忆的那样，如果任务执行者不具备与任务相关的背景知识，规划时间对他们来说显得毫无意义，甚至浪费时间，并会产生消极影响，如测试焦虑和分心等。学习者关于背景知识对任务表现影响的观点与 Huang et al.（2019）的研究结果一致。在这些研究中，语言学习者处理话题不熟悉的综合口语测试任务时出现了焦虑。Wang & Yu（2018）的研究也证实了这一观点，他们发现中国大学生在理解任务时会自动使用背景知识，而且任务的主题是否与背景知识相关会影响任务表现。

当根据任务类型来评估任务复杂度时，任务 1 的评分最低（任务 1 要求叙述说话者的观点），其次是任务 4 和任务 2，这两个任务是要求任务执行者用两个例子来证明一个学术概念。相比之下，学生对涉及决策和论证两种任务类型的任务 3 的打分最高。这一结果表明，学生认为叙述性口语任务比要求解释理由和决策性口语任务更容易完成。这种打分结果为 Foster & Skehan（1996）的研究提供了实证依据。Foster & Skehan（1996）通过设定提供或不提供计划时间对三种任务（个人信息交流、叙述和决策）复杂度及其对口语成绩的影响进行了实证研究。研究结果表明，与决策任务相比，叙事任务的认知要求较低，对学习者来说更容易完成。此外，Rezazadeh et al.（2011）的研究也发现就写作这项语言技能而言，叙述性任务比论证任务更加容易。

　　关于任务步骤对四项综合口语测试任务度的影响，方差分析表明，涉及阅读、听力和口语的两个任务分别被学生判断为最难任务（任务3）和最简单任务（任务1）。任务 3 和任务 1 都是关于校园生活的话题，学生具备一定的背景知识，因此对这两项任务判断难度的区别就在于任务类型和计划时间。和任务 3 相比，任务 1 提供的时间更多（30s vs 20s），任务类型也更简单（叙述 vs 解决问题 + 论证）。此外，学生认为任务 3 比任务 2、任务 4 更难也符合框架，但这似乎与框架对于任务复杂度的判断相冲突。本书实证研究采用的四项综合口语测试任务涉及同时变化多个任务复杂度因素，口语测试中的阅读提供了背景知识并减小了任务复杂度，这是产生冲突的根本原因。不管是学生还是教师都将背景知识视作对任务复杂度起最重要决定因素的变量，因此涉及三步骤的综合口语测试任务的难度低于根据三维元素框架预设的难度。

　　总的来说，参与研究的学生和英语教师对计划时间、背景知识和任务步骤的看法部分支持了 Robinson（2011a，2011b，2015，2018）关于任务复杂性的假设：计划时间和背景知识的独立存在导致任务复杂度降低，参与研究的学生和英语教师对于步骤较少的任务和步骤较多的任务的认知负荷判断没有太大区别。学生和教师对任务复杂度的判断也说明，当考虑到四个任务复杂度变量的协同效应时，背景知识在不同程度上决定了如何判断其他三个因素对总体任务复杂度的影响。这一结果在 Oxford et al.（2004）的研究中得到了很好的证实。Oxford 指出，对任务的熟悉程度会在很大程度上影响学习者对任务复杂度的判断。Newton & Nation（2020）也支持这一观点，即背景知识在确定任务复杂度方面的重要性。背景知识对任务复杂度的决定作用也表明，它在其他三个任务复杂度因素／变量与任务复杂度之间的关系中发挥调节作用（见图 7–1）。

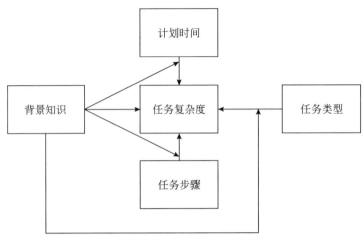

图 7–1　背景知识的调节作用

7.4　元认知策略与任务复杂度

在个体任务复杂度因素与个体元认知策略的关系方面，描述性统计表明，由于具备一定背景知识并有较长的计划时间，学生在处理较容易的任务时，比处理比较难的任务时更频繁地使用了解决问题和提前规划这两大元认知策略。这一发现与 Pan & In'nami（2015）的研究结果一致，该研究显示，考生处理较容易的任务时，他们往往倾向于频繁地使用提前规划这一元认知策略，Barkaoui et al.（2013）的研究也部分证实了这一点。Swain et al.（2009）和 Yi（2012）的研究也表明，当任务可以提供较长的计划时间和更多的背景知识时，学习者经常使用提前规划这一元认知策略，学生在处理不熟悉的话题时频繁使用自我监控策略也进一步说明了背景知识的作用，这同时支持了教师对于开放式问卷的回答：当任务无法提供背景知识时，学习者可以使用自我监控来执行任务。关于跨任务类型的元认知策略使用，学生表示，他们虽然认为任务 3 难度最大，但该任务可以将任务需求与个人经历联系起来。与个人经验相关的信息也是本书实证研究所考察的元认知策略之一，这就解释了为什么学生在处理任务 3 时较为频繁地使用自我监控元认知策略。在自我评价策略使用方面，与涉及三个步骤的任务相比，学生在处理两个步骤较为简单的任务时，会较频繁地使用自我评价策略。这一发现与 Barkaoui et al.（2013）的发现一致，且 Swain et al.（2009）和 Yi（2012）的研究也发现二语学习者在听力—口语任务中，比处理阅读—听力—口语任务时更频繁地使用了自我评价元认知策略，Zhang et al.（2021b，2022a，2022b）也得出了相同的结论。

　　总的来说，学生在不同任务中使用个体元认知策略的轻微统计差异说明，任务复杂度虽然对学生的个体元认知策略使用有影响，但影响并不显著，这一结果与 Barkaoui et al.（2013）的发现一致。Swain et al.（2009）、Yi（2012）和 Oxford et al.（2004）发现，策略类型和使用策略的频率并不会受到任务复杂度的显著影响。不过，这一结果与 Ikeda & Takeuchi（2000，2003）的研究结果相矛盾，该研究发现任务复杂度对阅读策略有显著影响。这种看起来与本书实证研究相矛盾的结果可能是由于学生样本、考察策略和任务差异造成的。Ikeda & Takeuchi（2000，2003）的研究对象是日本英语学习者，策略使用任务是阅读。本书实证研究的对象是中国英语学习者，任务是综合口语测试。此外，本书实证研究考察的是测试情境中的元认知策略，而不是日常语言情境下的元认知阅读策略。简单地说，研究方法的多样性导致了这种看似相互矛盾的研究结果（Corriero，2017；Creswell & Creswell 2018）。

　　关于任务复杂度因素对元认知策略使用的协同效应，单向重复多元方差分析结果以及元认知成分之间的高相关指数表明，任务复杂度变化会对学生元认知策略的使用（交互式的工作模式）产生显著影响。该研究结果说明，元认知策略是以相互作用的方式运行的，并且对任务具有依赖性，该结果也和现有实证研究结果一致，如 Nett et al.（2012）的纵向研究通过对 70 名德国学生的抽样分析表明，元认知策略相互发生作用，共同影响考试成绩。Fernandez（2018）通过对口语语篇进行编码发现，他们在雅思口语测试时使用了多种元认知策略。Rukthong & Brunfaut（2020）的研究结果也表明，学生在听力中同时使用了多种不同的元认知策略。本书实证研究所发现的元认知策略的实际工作模式也支持了 Wang & Yu（2018）的研究，即中国英语学习者的认知活动在测试条件下呈现出迭代效应。

7.5 元认知策略与口语表现

关于元认知策略与测试成绩之间关系的实证研究有很多，但研究结果却并不一致（如 Fernandez，2018；Nourdad & Ajideh，2019；Pan & In'nami，2015；Phakiti，2018；Rukthongand & Brunfaut，2020；Sawaswati，2017），这或许解释了为什么本书实证研究中，学生的元认知策略（无论是交互还是独立的工作模式）与考试成绩之间呈现出弱相关。这一发现反映了许多研究者对策略能力模型的看法：该模型还需要进一步的实证研究加以验证（Phakiti，2018；Song，2005；Zhang & Zhang，2013）。

元认知策略和口语成绩间的弱相关还可能和本书实证研究工具有关。一些研究人员指出，尽管问卷在测量元认知策略方面得到了广泛的应用，但这种测量工具可能无法考察学习者的实际行为和想法（Greene & Azevedo，2010；Jacobse & Harskamp，2012；McNamara 2011；Schellings & Van Hout-Wolters，2011；Veenman，2011；Veenman et al.，2006）。比如，学习者可能会给出测试人员所期待的选项而非自己真实的想法。此外，弱相关性可能是由任务复杂度造成的。当学生发现口语测试非常难的时候，可能会使用任何可用的资源和策略。就像 Barkaoui et al（2013）和 Swain et al.（2009）的研究发现：二语学习者的考试成绩不会因为任务的不同而呈现显著不同。除了元认知策略，诸多因素会影响测试成绩，如个人属性、测试方法及随机测量误差（Bachman & Palmer，2010）。由于二语口语测试是一个受各种因素影响的复杂过程，因此本书实证研究所发现的策略使用和口语测试成绩间的弱相关也是可以理解的。事实上，学生在四个口语测试任务中使用的元认知策略没有因为任务的不同而发生较大变化，这也解释了这种弱相关。

元认知策略与测试成绩之间的弱相关在其他类似的研究中也有被发现。例如，Barkaoui et al.（2013）和 Swain et al.（2009）在考察个体元认知策略与综合口语测试成绩之间的关系时发现，这两个变量之间没有显著的正相关关系。同样，Fernandez（2018）的研究表明，在雅思口语测试中，策略与测试表现之间没有正相关关系。在其他语言技能方面，Phakiti（2003，2018）和 Purpua（1997，1998）的研究表明，外语学习者的元认知策略与阅读测试成绩之间的关系很弱，或没有关系。Pan & In'nami（2015）的研究也反映了这两个变量之间的微弱关系：元认知策略只解释了学生听力测试成绩 7% 的差异。Song（2005）关于阅读、写作和听力技能的研究也得出了类似的结论。

本书实证研究还发现，尽管元认知策略和口语成绩间呈弱关联性，但是解决问题策略显著影响学生在任务 3 的测试成绩，这一结果是由于任务复杂度而非策略使用得出的。当遇到较难任务时，学生更倾向于使用更多的策略，且最常使用解决问题策略。然而，这种积极正相关与 Yang & Sun（2012）的研究结果相冲突，在他们的研究中，解决问题（如"替换"）策略的使用与中国英语学习者的写作成绩没有显著正相关。导致这种相反结果的可能原因是 Yang & Sun（2012）的研究与本书实证研究使用了不同的测试工具（前者为写作测试，后者为口语测试）（Corriero，2017；Creswell & Guetterman，2019）。这种由于语言模式测试工具差异导致学生策略的差异看法和一些学者的观点不谋而合（Cohen，2018；Cohen et al.，2002；Oxford，2017；Oxford et al.，2004）。

7.6　任务复杂度与口语表现

在本书实证研究中，定量统计部分的任务复杂度数据是通过学生使用任务难度自我打分表的数据获取的，因此任务复杂度对口语表现 / 测试成绩的影响主要表现为四个任务复杂度因素对口语表现 / 测试成绩的协同效应。

四项口语任务的复杂度与中国英语学习者口语成绩间的负相关与非互动性语言使用框架（Bachman & Palmer，2010）一致。根据该框架，测试任务的特点会对测试成绩产生影响。这一负相关性研究结果也符合三元素框架提出的任务复杂度影响任务成绩的提议。此外，这种任务和成绩间的负相关也为双语话语产出模型（Kormos，2011）提供了实证依据。在该模型中，作为输入的任务在很大程度上决定话语输出。实际上，任务与成绩间的负相关这一研究结果已经被大量关于二语测试的研究所证实。在研究听力测试对学生表现的影响时，Pan & In'nami（2015）发现，四种复杂程度不同的测试任务会产生不同的分数：当任务变难时，学生的考试成绩相应下降。同样，Zhang et al.（2014）发现中国英语学习者在完成四项难度不同的阅读任务时，其测试成绩存在差异。此外，与本书实证研究最相关的三项研究也表明，与任务 4 和任务 1 相比，任务 2 和任务 3 的测试分数较低（Barkaoui et al.，2013；Swain et al.，2009；Yi，2012）。这些发现支持了本书实证研究结果，即学生在难度较大的任务（任务 3 和任务 4）中获得的口语分数低于难度较小的任务（任务 1 和任务 2）。在任务研究领域，任务复杂度对任务成绩的影响已经得到了广泛研究，其结果几乎是相同的，即任务复杂度与任务成绩间存在负相关。

7.7　元认知策略、任务复杂度与口语表现

等阶线性模型数据分析发现，个体自我监控策略在任务难度和口语分数之间关系中发挥调节作用。这一结果与二语测试领域广泛认可的元认知策略的中介作用缺乏一致性，也和本书实证研究理论框架、非对话性语言使用框架中策略能力模型对策略能力的中介作用定义不一致（Bachman，1990；Bachman & Palmer，2010；Barkaoui et al.，2013；Khan，2010）。现有研究（如 Phakiti，2003，2008，2016；Seong，2014；Zhang et al.，2021a，2021b，2022a，2022b）关于策略能力在测试状态下的工作模式研究结果并不相同，这对进一步提升模型的效度提出了挑战，模型需要进一步通过实证研究加以验证。既然策略能力模型仍在验证过程中，就不难理解为何本书实证研究关于元认知策略调节作用的研究结果与策略能力模型不一致。此外，双语话语产出模型也为策略能力在综合口语测试中的调节作用提供了的理论支持。在该模型中，二语学习者的策略能力和元认知策略调节了口语任务和口语表现之间的关系。Liu & Li（2011，2012）的研究也进一步证实了这一发现，他们指出复杂度与成绩的关系受到许多因素的调节，包括任务执行者的认知能力。另外，很多学者通过实证研究也发现了策略能力的这种调节作用（Barkaoui et al.，2013；Huang et al.，2018；Hung，2013；Swain et al.，2009；Zhang et al，2022a，2022b）。

虽然自我监控在任务复杂度和口语成绩间发挥重要度调节作用，但是，该策略在学生的四个元认知策略中使用频率最低。这种看似矛盾的

研究结果可能是因为：（1）自我监控作为元认知策略的一个组成部分，在语言学习中发挥关键作用；（2）在处理语言任务时，策略使用的适当性比使用频率更重要；（3）自我监控在二语话语输出过程中不可或缺（Cohen，2018；Kormos，2011）。在元认知研究领域，人们普遍认为个人的元认知是在其元层面（meta-level）上发挥作用的，它通过自我监控与控制和客观世界保持联系（Efklides，2001，2008）。这种观点也解释了为什么 Flavell（1979）将元认知模型称为认知自我监控模型。在所有元认知策略中，自我监控被认为是对学习成绩进行有效预测的策略因素（Shih & Huang，2018，2020）。在二语学习领域，自我监控帮助学习者在学习过程中实现自我成长，理解学习的复杂性，是学习过程中的一个关键因素（Oxford，2017；Zhang & Zhang，2019；Zhang et al.，2021b）。正是因为自我监控策略的重要性使得该策略对任务复杂度和测试成绩之间的关系起到了调节作用，削弱了对测试成绩的负面影响。

关于自我监测策略的研究结果也反映了一些研究人员对二语学习策略的观点，判断策略使用是否成功的标准应该是策略使用是否恰当而不是策略使用的频率高低（Cohen，2014；Huang & Hung，2013；Oxford，2017；Oxford et al.，2004；Plonsky，2019；Shih & Huang，2018）。还有一些学者直接指出了策略适当使用的重要性："以使用频率计数衡量策略只提供了策略使用的一部分情况，我们还需要认真考虑在特定背景下策略使用的适当性。"（Takeuchi，2020：75）这一看法得到二语测试研究领域一些学者的呼应。Huang & Hung（2013）和 Rukthong & Brunfaut（2020）就指出，在二语测试的条件下，考生是否有效使用策略、是否成功使用策略并不取决于策略的使用频率，而是他们能否根据使用场合恰当使用策略。显然，这一观点也在一定程度上支持了本书实证研究所发现的自我监测策略的使用情况。

此外，关于自我监控策略的研究结果也得到自我监控策略在二语口语输出过程中全程发挥作用这一观点的支持。自我监控策略在话语输出的整个过程中均以或显性或隐性的方式发挥作用，这可能会导致没有受过相关策略学习、不具备元认知策略知识或经验的学生不知道它的存在（Bygate，2011；Kormos，2006，2011；Luoma，2004）。因此，通过策略能力量表所反映的自我监控使用频率可能并不是该策略实际使用的频率，这也解释了为什么尽管自我监控策略在任务——成绩关系中发挥显著调节作用。

在对元认知策略相互作用的工作模式（互动式元认知策略）进行考察时，本书实证研究发现元认知策略对任务复杂度与口语成绩的交互作用也有显著的调节作用。但是，这种调节作用影响很可能是由独立发挥作用的自我监测策略产生的。在识别互动式元认知策略对任务复杂度与成绩之间交互作用的实质性影响时，在等阶线性模型的互动式元认知策略中，自我监控策略发挥着积极和实质性的作用。因此，互动式元认知策略对成绩的显著影响实质上可能与独立发挥作用的自我监控策略的调节作用有关（Barkaoui，2010a，2010b，2013；Garson，2013；RaudenBush & Bryk，2002）。需要强调的是，在本书实证研究的统计分析过程中，研究人员通过多元线性回归发现，作为个人属性组成要素的元认知策略对口语成绩并无显著影响，但等阶线性模型分析结果表明，模型第一层的考试成绩一半以上的差异归因于模型二层代表个人属性的变量差异。这一结果支持了前文定性数据分析得出的结果：个人属性（并非策略能力）在二语测试中发挥重要作用。

7.8　小结

本章以现代语言测试的视阈，结合策略能力、任务复杂度、二语口语对实证研究进行了全面讨论。通过讨论可知，缺乏相关策略知识、测试压力、研究动机、个人对自我表现的期待等因素使得中国英语学习者在处理口语测试任务时，没有积极使用元认知策略。尽管如此，由于自我监控策略在二语学习活动中对学习表现的预测能力以及其在二语口语输出过程中不可或缺的作用，元认知策略在测试任务和口语表现间发挥调节作用，即自我监控策略使用频率越高，任务难度对成绩的负面影响越小。同样，课堂教学惯例、处理问题的偏好使得解决问题策略的使用频率最高。此外，虽然任务复杂度会影响学生情绪、动机等，但由于任务难度导致学生使用了更多的策略来解决问题，因此对策略使用的影响较小。在本书实证研究考察的四项任务复杂度因素（计划时间、背景知识、任务步骤、任务类型）中，背景知识可以增加学生对任务的熟悉度，可以让他们有效地了解任务，因此被视作是对任务复杂度起关键作用的因素。

下篇
延展应用及路向

　　本篇探讨了现代语言测试视阈下，中国英语学习者口语策略能力研究对现代语言测试理论的延展作用、对我国英语课堂教学及相关策略能力实证研究的应用价值，以及策略能力未来研究路向。具体而言，本篇从中国英语学习者策略能力表现、策略能力与测试任务和测试表现间的关系出发，提出以下观点：（1）延展语言框架（Bachman & Palmer，2010）的理论（将解决问题策略纳入策略能力模型，以情境化视角研究语言测试中的策略能力，个人属性与策略能力同等重要）；（2）简化判断测试任务难度的方法（使用三维元素框架中任务复杂度模型探究测试任务）；（3）验证元认知策略的个体差异变量身份；（4）二语话语生成模型应进行情境化考量。在教学应用方面，基于实证研究结果提出对于课堂教学，特别是口语策略能力教学，设计具有应用价值的、基于任务难度的策略能力应用模型、英语口语策略能力课堂教学模型、任务型英语教学课程／教学大纲设计模型等。同时，本篇还探讨了现代语言测试视阈下中国英语学习者口语策略能力研究在国家语言规划与政策、"双减"教育改革、线上教学等方面所发挥的作用。此外，本篇还探讨了口语策略能力量表及本书实证研究在策略能力研究方面的应用价值。最后，基于本书实证研究的局限性（如策略能力测量工具缺乏多元性、样本同质性等），展望了策略能力的未来研究路径。

第 8 章
理论延展与应用

　　研究是推动人类前进的动力……没有研究，人类就会停滞不前，我们理所当然的生活也将完全不同。

——Allen，2017

8.1　实证研究概述

　　本书实证研究采用聚敛混合设计基于策略学习元认知模型（Chamot et al.，1999）和《中国英语能力等级量表》，研发出计算机辅助综合口语测试策略能力量表，并将该量表与三维元素框架（Robinson，2015）结合，研发出任务复杂度与策略能力访谈纲要。首先，本研究使用量表和任务复杂度自我打分量表（Révész et al.，2016）对 616 名中国英语学习者在计算机辅助综合口语测试中的策略能力表现及他们对任务难度的判断进行了考察，并调查了四名中国英语教师对测试任务难度的评判情况及影响评判的任务复杂度因素。通过对其中八名英语学习者进行半结构访谈，进一步探究了中国英语学习者策略能力表现及任务难度评判原因。采用单项重复测量、综合定量等阶线性模型及定性演绎内容分析对中国英语学习者策略能力及其与任务复杂度、测试成绩间的复杂关系进行了深度、全面研究。

　　研究结果分析表明，在处理四个任务复杂度不同的计算机辅助综合口语测试时，中国英语学习者的解决问题策略使用最为频繁。策略能力存在个体差异，但与语言水平无显著相关。策略能力对口语表现无显著作用，但自我监控策略在任务复杂度和口语表现的关系中起到显著调节作用。任务复杂度对口语表现有显著影响，与相互作用的策略能力各要素（制定规划、解决问题、自我监控及自我评价）存在显著相关。另外，四大任务复杂度变量中，相比其他三个变量（问题步骤、规划时间及任务类型），背景知识对任务复杂度有更强的决定作用。此外，研究结果还表明，虽然中国英语学习者个体特征不是本研究的重点，但该变量在元认知策略与任务复杂度之间起到了中介作用。图 8-1 展示了策略能力、测试任务及测试成绩在计算机辅助综合口语测试情境下的复杂关系（图中的虚线表示不存在显著相关）。

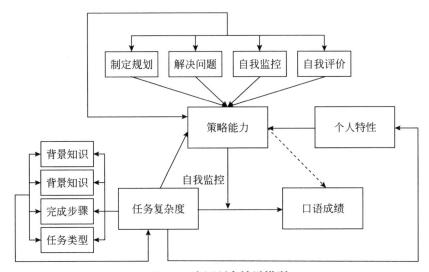

图 8-1　实证研究结果模型

8.2　理论延展

基于以上研究结果模型并结合第 2—4 章关于现代语言测试及口语策略能力跨学科理论研究，本研究将在理论及课堂教学方面发挥积极作用。理论方面，本研究结果将为进一步解决现代语言测试领域的根本问题（明确策略能力与测试任务、测试表现的关系）提供新的实证依据，推动该领域对这一根本问题的认知，同时为研究所采用的非互动性语言使用框架（Bachman & Palmer，2010）、策略学习元认知模型（Chamot et al.，1999）、《中国英语能力等级量表》、三维元素框架（Robinson，

2015）以及体现口语成绩的外语口语产出模型（Kormos，2011）提供新的实证依据，实现理论延展。

8.2.1　非互动性语言使用框架

本研究理论框架为的非互动性语言使用框架（Bachman & Palmer，2010），本研究结果表明若要完善该框架，并通过实证研究提高框架的信度和效度有必要考虑几个方面：

1. 解决问题策略需纳入策略能力模型

在非互动性语言使用框架中，策略能力模型由制定目标、评价及规划组成，这与实证研究包含计划、自我监控和自我评价的元认知策略模型相对应。但本书实证研究发现，虽然解决问题元认知策略没有被包含在策略能力模型中，但该策略在中国英语学习者完成口语测试任务中发挥显著作用。这一发现不仅验证了 Chamot et al.（1999）的提议（将解决问题策略纳入元认知模型），并验证了包含策略学习元认知模型在内的各种元认知模型，也证明了语言测试领域关于验证及完善策略能力模型的提议的必要性。由于策略能力模型缺乏足够的实证依据，因此我们有必要将经实证研究验证的元认知策略应纳入到模型中，以提高模型的总体信度和效度（Seong，2015；Zhang，2017；Zhang et al.，2021a）。作为对这一提议的呼应，基于本书实证研究中解决问题策略在处理口语测试任务中的显著作用，本研究认为应该重新考虑策略能力模型并将解决问题元认知策略纳入该模型。实际上，关于解决问题策略，Bachman & Palmer（2010）表示他们的策略能力模型来源于 Sternberg（1985，1988）对智力（intelligence）元构成要素（meta-components）的诠释：智力元构成要素是指个人为了解决问题而进行的计划、监控和评价。Bachman & Palmer（2010）关于其策略能力模型起源的解释说明了策略能力模型与解决问题策略的密切相关性，也指出了将制定计划、监控和评价与解决问题密切相连的必要性。此外，Seong（2014）指出，包括策略能力模型在内的策略能力的定义在很大程度上受到交际能力模型（Canale & Swain，1980）的影响：交际能力被定义为解决问题机制。

由此可见，虽然解决问题未包含在策略能力模型中，但解决问题策略在该模型的形成及构成要素定义方面发挥不可或缺的作用。

2. 以情境化视角研究语言测试中的策略能力

从理论上讲，非互动性语言使用框架是作为一个适用于二语测试的宏观框架而建立的。但在实际研究中，由于语言技能的不同，这一宏观框架可能不适用于以特定语言技能为特征的微观层面测试。策略能力在语言测试中的作用表明，在实际测试中，学习者的策略能力会根据需要测试的某项具体语言技能进行调整。例如在框架中，策略能力被定义为测试任务和测试表现间的中介项，但在本书实证研究中，自我监控对任务复杂度和口语表现之间的交互作用发挥调节效应，而非中介效应。策略能力在宏观测试框架中作为中介项和在微观口语测试情境下作为调节项的不同角色表明，适用于口语测试的策略能力未必适合所有语言技能的测试，如阅读（Barkaoui, et al., 2013; Fernandez, 2018）。此外，尽管本研究中的解决问题策略在口语测试中发挥关键作用，但其并没有被包含在宏观非互动性语言使用框架内。实际上，本研究中所发现的解决问题和自我监控元认知策略在口语评测试任务中的显著作用不仅说明了这些策略在外语口语中的重要性（Bygate, 2011; Kormos, 2011），还表明在实际使用策略能力模型时有必要对模型进行情境化处理，即根据微观层面的某项语言技能使用非互动性语言框架。在研究口语测试中的策略能力时，宏观框架要考虑到口语所需的策略能力。根据口语产出模型，在口语实证研究中需要考虑解决问题策略。从本质上讲，测试框架的情境化应用有助于对该框架进行全面验证，将实证研究发现的、在测试中发挥关键作用的因素，如测试任务因素、策略能力因素或个体特征因素等纳入框架，并不断完善，同时从框架中去除经无效因素，从而优化、完善框架，提高框架的信度和效度（Phakiti, 2016; Seong, 2014）。

3. 个体特征与策略能力同等重要

作为语言能力的核心组成部分，策略能力在本书实证研究中在不同程度上受到测试者个体特征的影响，而后者又受到任务复杂度的影响。换句话说，个体特征是测试任务特征与策略能力之间的中介项（Hayes,

2018），与语言测试中的两个关键变量都具有密切相关性。在非互动性语言使用框架中，语言能力被定义为个人属性的核心部分，而不是其他个体特征（如动机、焦虑和元认知体验等）。但是很多实证研究表明，个体特征无论是在语言学习中还是语言测试中均发挥着不可小视的作用。例如，动机是语言学习者实现自我管理学习的核心要素（Teng，2022），在完成任务时，动机也是学习者是否愿意参与任务决定的要素。同样，元认知体验是学习者培养自我效能实现学习自主和可持续学习的关键因素（Zhang et al.，2021b）。根据个体特征的作用及本书实证研究所发现的个体特征在口语测试中的中介效应，本研究将个体特征和语言能力置于同等重要的地位。

需要指出的是，非互动性语言使用框架是语言使用框架中的一种，另一种为涉及面对面互动交流的互动性语言使用框架。由于两种框架对于以策略能力作为核心构成要素的语言能力及被测试者与测试任务、测试表现间关系的定义完全相同，因此本研究的理论观点同样适用于互动性语言使用框架。但是，考虑到人与人互动的特点，如听话人反应对说话人的影响等（Kormos，2011；Levelt，1989），该观点有待进一步研究。

8.2.2　元认知策略与个体差异

个体差异这一概念源于语言习得研究领域，至今已经成为一个独立、正式的学术领域。尽管如此，关于个体差异的构成要素还没有达成一致意见（Griffiths & Soruç，2021）。Griffiths & Soruç（2021）基于对个体差异的实证研究，提出了构成个体差异的 11 个学习者因素，包括动机、能力、策略、性别、文化、国籍、民族 / 种族、信仰、个性、风格、年龄。在 11 个个体差异变量中，与其他变量相比，策略，尤其是元认知策略和动机对个体差异的影响更大。另有学者也证明了元认知策略对于个体差异的作用，元认知策略在个体差异研究领域也被称为个体差异构建（IDs construct）（Oxford & Amerstorfer，2018；Psaltou-Joycey & Gavriilidou，2018）。尽管学术界对于将元认知策略定义为个体差异变量的观点已初步达成共识，但元认知策略作为个体差异变量在实际语言使用情况下如何发挥发挥作用，仍然缺乏实证依据（Zhang et al.，2022a）。显然，本书实证研究所发现的解决问题及自我监控元认知策略在测试情境下，对二语口语生成的显著效应在一定程度上揭示了元认知策略在口语测试真实情境下的工作模式，也为个体差异研究领域关于元认知策略的工作模式增加了新的理论观点，即元认知策略在口语测试情境下以解决问题策略形式发挥显著作用，并以自我监控形式在测试任务和测试成绩间发挥显著调节作用。

8.2.3 二语话语产出模型

本研究中，中国英语学习者在处理口语测试任务时使用频率最高的元认知策略是解决问题策略，且学习者通过使用自我监控来减少任务难度对答题的影响。这一结果验证了口语产出模型所定义的解决问题及自我监控策略的重要作用。不过，在二语口语产出模型中，制定计划、自我评价也发挥同等重要的作用，但本研究未发现这两大策略对口语表现的显著作用，导致这种不一致的主要原因是现有二语口语产出模型是针对非测试条件下的话语产出，未必完全适用于测试条件下的口语输出。因此，在使用二语口语产出模型研究口语表现时，需要将模型情境化处理，充分考虑话语产出的情境是非测试情境还是测试情境。

8.2.4 三维元素框架

在语言测试领域，判断测试任务难度极具挑战性（Iwashita et al.，2001；Fulcher & Reiter，2003）。本研究结果说明，虽然三维元素框架主要针对非测试条件下的任务复杂度评判，但是该框架同样适用于测试条件。鉴于该框架和测试领域的语言使用任务特性模型的一致性、后者在实际应用中的不足，以及实证研究结果，语言测试领域可以使用三维元素框架来分析和判断任务难度。

8.2.5　测试情境下中国英语学习者口语策略能力模型

综合以上理论延展要点，本书进一步对非互动性语言使用框架进行延展，提出测试情境下的中国英语学习者策略能力模型（如图 8-2 所示）。从模型可以看出，中国英语学习者策略能力由制定规划、解决问题、自我监控和自我评价四大元认知策略组成，各策略或独立或相互作用，并受测试任务及诸如动机等个体特征影响，对口语成绩发挥作用，虚线部分表示测试中有待加强的策略。基于图 8-2 模型，本书进一步提出针对我国英语课堂教学策略能力教学，特别是针对英语口语教学的模型，以及本研究结果在我国英语教学中的应用。

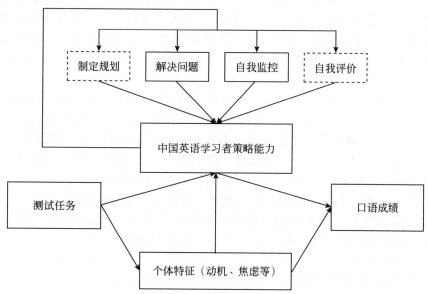

图 8-2　测试情境下中国英语学习者口语策略能力模型

8.3　教学应用

本书提出的测试情况下中国英语策略能力模型将为英语教师，特别是中国英语教师的元认知教学、教学大纲设计和口语课堂教学任务开发提供教学参考模型，并进一步为我国有效开展在线英语教学、国家语言规划和政策及"双减"英语教育改革提供服务，推进我国最新教育改革在实际课堂教学中的稳步、有效开展。

8.3.1　元认知教学

作为元认知的关键要素之一，元认知策略在二语学习中发挥重要作用，掌握这些策略对二语学习者的可持续发展和终身学习至关重要（Oxford，2017；Salataci，2002；Teng & Zhang，2016，2020；Teng et al.，2018）。但是，如果没有外部支持（如教师帮助），对于学习者来说，掌握元认知技能是个充满挑战且艰难的过程，因为学习过程通常是持久的、非线性的。鉴于外部支持的重要性，支架式教学已经成为元认知技能最常用的教学方法（Finkbeiner et al.，2012；Jumaat & Tasir，2016）。

学习行为通常发生在个人的最近发展区（zone of proximal development）（Vygosky，1978）。最近发展区是指个人实际发展水平与潜在能力水平之间的距离。如果学习者计划在自己的最近发展区内完成超出当前个人能力的任务，或进步到更高水平，就需要外部支持或支架（Dabarera et al.，2014）。元认知支架（metacognitive scaffolding）是指给学习者提供元认知技能教学指导，促进元认知思维发展，在学习过程中制定计划，解决问题，自我监控和自我评价，提高自主学习的能力，减少对外部的依赖（An & Cao，2014；Finkbeiner et al.，2012）。由于我国英语课堂教学忽视策略能力培养，元认知支架，特别是针对二语口语课堂教学的元认知支架尤为重要（Finkbeiner et al.，2012；Jumaat & Tasir，2016；Zhang et al.，2021b；Zimmerman & Schunk，2011）。

虽然课堂教学被认为是开展元认知支架的最直接、最受欢迎的一种方式，但是如何有效开展课堂元认知教学依然是二语教学领域的讨论热点（Wischgoll，2016；Zhang et al.，2021b；Zhao，2017）。Sato & Loewen（2018）指出，目前关于元认知教学主要是从教育者和研究人员的角度来看如何实施教学实践以及它是否可以有效地提高二语学习者的表现。因此，该实践的另外两个核心因素，学习者和课堂教学任务未得到应有重视。要真正有效开展课堂元认知教学，就必须从学生和任务角度来研究这一课堂教学实践。从这一点来看，策略能力以及任务和策略能力的关系均可为元认知教学提供实证依据。另外，元认知教学研究认为，"由于学习者、教学场合和条件不同，在语言学习策略教学中，没有固定的、一成不变的教学指南可以遵循"。（Oxford，2017：312）从这个意义上说，本研究从策略能力及其与任务的关系两个视角出发，为二语教学课堂，特别是针对中国英语学习者的元认知口语课堂教学提供方法指导。

在本书实证研究中，解决问题和自我监控策略被认为是中国英语学习者在执行口语任务时使用的元认知策略。在应对不同难度的任务时，制定规划、解决问题、自我监控和自我评价四种元认知策略共同发挥作用。基于此研究结果，本书从学习者元认知策略使用的角度出发，提出元认知策略课堂教学模型（见图 8-3），用于培养中国英语学习者的口语技能，实现二语口语的可持续学习目标（Zhang et al.，2021b）。

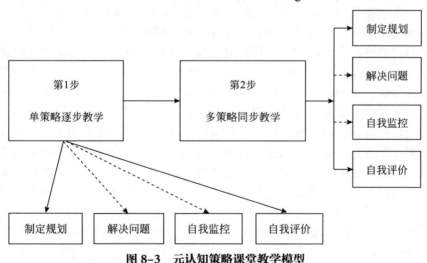

图 8-3　元认知策略课堂教学模型

注：虚线表示课堂教学时应特别注意的两种元认知策略。

从图 8-3 可以看到，该模型以解决问题和自我监控为课堂策略能力教学重点，强调在掌握单一元认知策略处理语言学习任务的基础上，可以同时使用多种元认知策略。这种策略学习模式可称作"多元元认知策略教学"。根据这一模式，教师可以在教学中用两个步骤来培养学生的英语口语能力。第一步是以解决问题、自我监控为中心的单一元认知策略教学，即教师教授学生一个单一的元认知策略，并特别注意培养学生有效使用解决问题和自我监控策略，并以此设计教学大纲、课程计划和相关课堂活动。通过这种教学模式，教师向学生传授如何使用特定的元认知策略。对于学习者来说，这种教学模式可以提升他们在任务中使用解决问题、自我监控策略的意识。这种元认知教学模式与 Oxford（2017）的提议一致，该提议强调教师基于学生对策略使用的反馈关注他们的认知需求，帮助他们提高学习效率和效果。此外，Plonsky（2019）对策略教学的元分析也支持这种元认知教学。分析表明，当教师在课堂教学中明确元认知策略时，学生往往会采取最有效的方式学习策略。解决问题一直是英语课堂的教学重点，也是学生使用频繁的策略。这也是根据他们对策略使用的偏好来传授元认知策略，有助于提高他们的策略能力（Wang et al.，2015；Zhang et al.，2021b）。

学生在掌握四种元认知策略，尤其是解决问题策略后，教师可以进行第二步的元认知策略教学：多元元认知策略教学。这种元认知教学使学习者最终习得如何同时使用四种元认知策略，满足英语口语的实际需求（Pressley & Allington，2014）。正如本书实证研究证明，在实际任务执行中，学习者不仅要使用某一种元认知策略，更多时候需要同时使用多种元认知策略。元认知策略被普遍认为可以更有效地帮助学习者发展元认知意识，而这种意识又是培养学习者自我管理能力的关键元认知因素（Zhang et al.，2021b）。因此，不少学者支持在课堂教学中采用多重元认知策略教学法（Pressley & Allington，2014）。不过，也有学者建议，对于二语教师来说，在习得某一种元认知策略后，再用多策略进行课堂指导会更适合策略学习模式，且在理论上也更加可行（Chamot，2009；Chamot & Harris，2019；Oxford，2017）。这也解释了为什么本书将以解决问题和自我监控为中心的策略教学作为元认知课堂教学模型的第一步。

从元认知策略和任务关系的角度出发，基于本书实证研究结果，在设计二语口语元认知策略教学大纲时，教师需要根据学生对口语任务的评价，特别是对任务难度的评判来选择、设计口语任务，这样才可以确保元认知策略教学在语言水平方面适合学生。如果学生认为任务太容易或太难，他们完成这些任务的动力和参与度可能会减弱。因此，他们可能不会如教师所期望的那样使用元认知策略，元认知教学可能无法实现（Zhang et al.，20121b）。为了解学生如何看待任务难度，教师可以使用自己的教学经验或自评量表（Ellis et al.，2019；Sasayama，2016）。此外，本研究发现的元认知策略与综合口语任务需求之间的相关性也表明，综合口语任务可以有效地激发二语学习者的元认知策略，因此教师在以口语为目的的元认知策略教学中可以使用综合口语任务。实际上，很多学者主张将综合技能任务纳入课堂教学，以培养语言学习者的策略能力，实现学习的可持续性和自主性（Forest et al.，2020；Newton & Nation，2020；Zhang et al.，2021a，2021b）。

8.3.2　教学大纲 / 课程计划

除了元认知策略教学，在实际课堂教学中，特别是现在普遍推广的以任务为基础的语言教学（task-based language teaching）中，任务是课堂教学的主要焦点问题，教师面临的主要挑战之一就是在教学大纲 / 课程计划中设计和选择合适的任务，以满足不同语言水平的学习者的需求（Ariatina & Ellis，2021）。为解决这个问题，一些学者建议通过研究学习者和 / 或教师对任务复杂度的评判，从两者的视角同时深入了解影响任务难度的因素（Awwad，2019；Révész & Gurzynski–Weiss，2016；Tavakoli，2009）。在课堂教学中，学习者对课堂活动的评判，包括任务复杂度，并不总是与教师一致的（Tavakoli，2009）。因此教学上有可能存在被教师判断为适合的任务却被学习者认为太难或太容易，从而影响完成任务的动机和参与度，并使教师无法实现预期教学目标（Dörnyei，2019；Zhang et al.，2021b）。学习者和教师对任务复杂度判断的不一致反映了课堂教学中存在的普遍问题（Tavakoli，2009），也说明了课堂教学的重要性，如何通过改变任务复杂度的变量来设计预期难度的任务也是教师普遍面临的问题（Zhang et al.，2021b）。根据本书实证研究，通过任务复杂度自评量表，学习者和教师对任务复杂度的评判一致。这说明在实际课堂教学中，教师可以使用这种自测量表确定学生如何看待教学大纲 / 课程计划中的任务难度，这种做法已经被一些学者广泛认可（Sasayama，2016）。这种一致性还反映了学者倡导的另一种教学实践，即教师可以根据教学经验来预测学生对任务难度的评价

（Ellis et al.，2019）。事实上，作为从事英语教学多年的教师，笔者经常在课堂教学中采用以上两种做法来判断学生对课堂任务难度的评价，且学生的反馈也证明了两者的有效性。因此，英语教师，特别是经验不足的教师及职前教师可以通过量表的方式来判断学生对课堂教学任务的接受度。

本书实证研究结果还表明，与计划时间、任务步骤和任务类型相比，学习者和教师都认为背景知识更能决定任务复杂度。基于这一结果，教师在实际教学中设计预期难度的任务时，需要特别关注背景知识。如果设计/选择任务时没有提供适量的背景知识，学生可能也会认为任务很难，并对任务动机和参与度产生不利影响，从而导致课堂教学的失败，达不到预期教学目标（Dörnyei，2019；Zhang et al.，2021b）。

虽然对于在课堂教学中如何判断任务复杂度、如何通过改变任务复杂度变量因素选择符合预期难度的任务仍未有统一解决方案，但综合语言任务，特别是模拟现实语言任务可以锻炼语言学习者的交流能力，是适用课堂教学的理想任务（Zhang & Zhang，2022；Zhang et al.，2021b，2022a，2022b）。鉴于综合口语任务的这种特点，并综合以上基于本实证研究结果的探讨，本书提出二语教学，特别是英语口语课堂教学大纲或课程设计流程模型（如图8-4所示）。二语教师可以参考此模型来制定满足学习需求的教学大纲/课程，有效开展课堂教学。该模型包含两个任务设计流程：虚线部分是有学生参与的第一个过程，其余部分是没有学生参与的第二个过程。在前者中，教师利用教学经验，根据任务复杂度模型设计和选择综合技能任务，在变化任务复杂度因素时需要特别关注背景知识。然后，学生根据任务难度自评量表对教师设计和选择的任务进行评判。如果学生认为这些任务与他们的语言能力匹配，教师可以将这些任务纳入教学大纲/课程计划中；否则，教师必须通过他们的教学经验重新设计/选择任务，直到学生认为任务难度适合自己的语言水平。在第二个过程中，教师可以仅根据教学经验设计/选择任务，无需学生参与。显然，这两个程序之间的转换在很大程度上取决于教师的教学经验，即正确判断学生对任务难度的看法，而教师也可以通过第一个流程并结合其他相关教学活动积累教学经验。

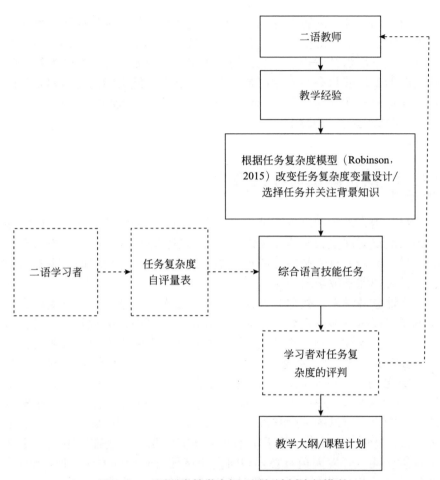

图 8-4　二语课堂教学大纲／课程计划流程模型

　　另外，本研究还表明，在实际课堂教学中，教师可以根据教学目的直接使用信度、效度较好的测试任务。毕竟对很多一线教师来说，任务设计和开发挑战性很大（Robinson，2015）。在课堂教学中直接使用测试任务既可以提高效率，也可以模拟测试情境，并可以在测试情境中处理语言任务。例如，由于托福口语测试任务可以激发学生使用元认知策略，教师在课堂教学中可以直接使用该测试。这样既可以培养学生策略能力，又可以锻炼他们在测试条件下使用元认知策略的能力，有助学生应付正式的高风险考试。相比非测试条件下的语言学习，测试带给学生各种压力，如时间压力等，因此学会在测试条件下灵活使用各种语言技能更重要。毕竟对很多学生而言，通过各种考试是他们获得某种学习机会（如学历提升）或工作机会的先决条件。否则，课堂教学的最终结果有可能是培养只有在非测试条件下才具有策略能力的语言学习者，而不是可以胜任现实生活中各种语言使用任务的学习者（束定芳，2021；Zhang & Wilson，2023）。

8.3.3 语言测试与在线教学

尽管语言教学和语言测试一般被视作两个不同的研究领域，但是鉴于语言测试对课堂教学的反拨作用，且本书实证研究的研究动力来自于课堂教学，研究目的是指导课堂教学，因此在实际应用层面，本书将语言测试视作课堂教学的一部分。

在课堂教学中，教师要充分考虑任务复杂度，选择适合学生语言水平的语言任务开展课堂教学。同样，在语言测试中，测试开发人员也需要考虑任务难度，确保测试任务可以按照预期激发学生的语言能力，达到测试目的。相反，如果学生判断某项考试任务太简单或太难，可能会失去参与考试的动机，因而极有可能"被动"参加考试，不会使用适当的元认知策略来完成考试任务。考试分数可能无法真实反映学生的语言能力，测试的信度和效度及测试的有用性受到质疑（Bachman & Palmer，1996，2010）。基于本书实证研究结果，背景知识更能决定任务难度，测试开发人员有必要在研发测试任务时特别关注如何以恰当、适量的方式提供背景知识，确保测试难度在可接受的范围内，有效激发学生充分发挥语言能力，实现测试的根本目标（Zhang et al. 2021b；2022a，2022b）。

2019 年，百年一遇的疫情带给人类很多挑战，强迫人们改变传统生活模式。疫情对教育的冲击力也很大，线下面对面的交流学习模式被打破，在线教学成为确保教学顺利开展的必要手段。虽然在线教学，包括在线语言教学已经不是新鲜事物，但是很多一线语言教师和语言从业者对现代科技辅助教学的模式并不熟谙（Zhang，2021）。与在线教学相比，更让教师感到具有挑战性的是如何开展评价在线教学质量的在线测试（何莲珍、张娟，2019）。本研究所采用的计算机辅助综合口语测试可以为在线英语口语教学，特别是针对中国英语学习者策略能力的口语教学提供有效的在线测评。

8.3.4　国家语言规划与政策和"双减"教育改革

2021 年，我国开启新的百年规划。"我们正处于新时代'百年未有之大变局'中，上一次的百年变局是中国人的觉醒年代，这一次的百年变局是中国人的腾飞时代。一百年前，觉醒年代，语言曾经扮演过重要的角色；一百年后的今天，人类的发展同样离不开语言。如何与时俱进，直面人类社会史无前例的语言超级多样性引发的种种问题是摆在语言学家面前的迫切任务。"（刘海涛，2021：17）在国际、国内的双重挑战下，如何抓住机遇在国际舞台上提升中国的影响力，让中国声音被世界听见关系到我国语言规划和政策的制定、实施，是每个语言学者需要迫切解决的问题。英语作为世界通用语言，无疑是我国传播中华民族文化、传递中国声音不可或缺的媒介。提高中国英语学习者的口语能力，使其胜任这一历史使命是每一位英语教育者的重任。策略能力和口语表达密不可分的关系强调了口语策略能力培养是我国英语课堂教学的重点目标，作为探究中国英语学习者口语策略能力的实证研究，本研究结果从教学层面为国家语言规划及政策做好培养人才储备工作，让我国的百年规划可以顺利实施，服务国人，受益世界。

与我国语言规划和政策提高国人语言能力的主旋律相同，当前在全国范围内开展的"双减"教育改革的最终目的，也是培养可以胜任世界各种语言使用任务的语言使用者，即培养语言学习者的策略能力。这和本书研究的目的也是一致的，这种一致性说明本书实证研究可以为"双减"提供策略能力培养的有效思路和方法。另外，"双减"在英语改革上最直接的体现就是减少了考试数量，减轻了学生负担，如包括上海在内的很多城市的中小学取消了周考、月考、期中考试，甚至取消了小学升初中的英语考试。考试数量减少，但考试质量要提高，这对教师及语言测试人员提出了更高的要求。本书实证研究提出的测试任务选择和设计，以及有关测试的信度、效度、有用性的提议可以对"双减"政策下开发高效的语言测试提供一定的解决方案。

8.3.5　国家最新深化教育评价改革

　　本书实证研究从课堂出发，最终服务、指导课堂教学；本研究立足于语言测试根本目标是为我国最新深化教育评价改革服务。我国最新教育评价改革不管是总体要求还是重点任务都强调培养终身学习的公民，采用全面完善的评价体系开展各个层面评价工作，并强调充分利用现代信息技术开展评价，同时要求评价要扎根中国、融通中外，立足时代，面向未来。本研究以策略能力为核心，有助培养学习者自我管理能力、自我学习效能和可持续学习能力。此外，本研究立足国际语言测试理论，服务中国外语学习者策略能力，语言测试未来发展方向，满足我国教育评价改革提出的结合技术、立足时代、面向未来的要求。因此，本书无论是研究主题、研究背景，还是研究目标，均从不同纬度体现了研究来自测试、服务测试的实际应用意义。

8.4　实证研究应用

　　量表/问卷是一种被广泛用于测量、检查个体策略能力的评估工具。但是，现有可供使用的策略能力量表/问卷，特别是口语策略能力量表/问卷较少。这些问卷要么过于针对某种特定语言技能（如 Phakiti，2016），要么过于笼统（如 Oxford，1990）。其结果就是研究人员在使用这些工具时，往往忽略对情境的考虑。一些学者将这一现象称作量表使用的去情境化（decontextualisation），并批评去情境化会导致研究结果缺乏信度和效度（Oxford，2017；Taguchi，2020）。显然，这种批评突出了本研究开发的测试情境下口语策略能力量表在应用方面的作用。随着科技发展，计算机辅助学习模式在学习中已经普及，许多语言测试都是通过计算机辅助进行，在这样的大背景下，开发能够调查语言学习者口语策略能力的有效、可靠的策略能力问卷是必然需求，因为问卷可以帮助语言教育者及语言测试者更好地了解学习者对学习任务或测试任务的反应。针对口语测试研究严重不足的研究现状（Frost et al.，2020），该量表的开发更具意义。需要指出的是，尽管该口语策略能力量表针对的是计算机辅助综合口语测试情境，但并不排除它可以被广泛应用于其他形式的测试和非测试情境下的口语活动的可能性，因为本书的口语策略能力量表是基于跨学科策略能力理论研究，并参考多种情境研发而成。

　　除了量表，本书通过详释计算机辅助综合口语测试情境下中国英语学习者策略能力表现及其与测试任务和测试表现间的复杂关系的实证研究，从研究方法层面详细呈现、解释了如何开展语言测试视阈下的口语策略能力研究，包括如何开发策略能力量表、策略能力及任务复杂度访谈纲要，如何收集数据、采用何种方法进行数据分析，以及如何处理研究涉及的伦理道德问题等。这些对实际策略能力实证研究均有借鉴作用。

8.5　小结

　　本章基于实证研究结果分析进一步提出了策略能力相关理论延展，并以此提出口语策略能力教学模型以及该模型在相关实证研究中的应用价值。关于理论延展本章提出：（1）将解决问题策略纳入策略能力模型；（2）以情境化视角研究语言测试中的策略能力；（3）用三维元素框架中的任务复杂度模型探究测试任务；（4）个体特征与策略能力同等重要；（5）元认知策略使用是个体差异变量；（6）二语话语生成模型的使用需要考虑情境化。在教学应用方面，本章基于实证研究结果提出测试情境下中国英语学习者策略能力模型，并在此模型基础上进一步提出对于课堂教学，特别是口语策略能力教学以及教学大纲设计有参考价值的策略能力应用模型、英语口语策略能力课堂教学模型、任务型英语教学课程 / 教学大纲设计模型等。同时，本章还探讨了本研究在国家语言规划与政策、"双减"教育改革和线上教学等方面的应用。最后，本章还探讨了口语策略能力量表在策略能力实证研究方面的应用价值。

第9章
语言测试视阈下口语策略能力研究路径

就在我以为已经到达旅途终点的时候，我才发现这只不过是另一段新的旅程的起点，因为上一段旅途中还有很多思想和想法并没有实现。

——Woods，2009

9.1　局限及路向

9.1.1　深入探究个体特征

本书实证研究在考察学习者与测试任务及测试成绩间的关系时发现，学习者的个体特征在任务复杂度和策略能力间发挥中介作用，这也是造成很大一部分学习者测试表现差异的原因。尽管如此，由于该变量不属于本研究的研究重点，研究人员没有对这一变量进行深入调查。虽然有研究人员指出任务复杂度会影响动机、焦虑等个体特征（Xu，2016），但从定性上讲，个体特征究竟是什么、从定量上又如何受到任务复杂度的影响都是未知的。此外，关于个体特征对测试成绩影响的现有研究也不足（O'Sullivan，2000，2011）。综上所述，在未来语言测试研究中，个体特征对口语测试成绩的影响值得从定量和定性的双重视角进行进一步探究。

9.1.2　任务复杂度变量多维研究

本书实证研究中，对于任务复杂度的探究以及任务复杂度与策略能力和测试成绩间的关系研究是基于实验对象对任务复杂度的总体评分展开的，因此无法确认每个独立任务复杂度变量与策略能力及测试成绩间的关系。另外，学生的样本量很大，教师的数量相对较少，未来相关研究应增加教师样本量，因为样本量小可能会削弱研究的普遍性（Creswell & Creswell，2018）。本书实证研究中，虽然学生的访谈表明在四个任务复杂度变量中，与其他三个变量相比，背景知识对任务复杂度更具决定意义，但是无法仅通过定性分析解答这四个变量之间的相互关系。因此未来相关研究中，应该通过大样本统计分析每个单独变量对策略能力及测试任务复杂度的作用，以及任务复杂度变量间的相互关系。此外，一些学生对任务复杂度的评判受到任务顺序、测试模式等因素的影响，但由于这些不是本研究的目标，因此未对其进行探究。但是这些变量不仅与测试任务特征（如测试设置、任务顺序）相关，而且与语言测试的两大基本因素（如压力、疲劳）相关，未来相关研究需对这些变量进行进一步探究。

9.1.3　策略能力测量多元化

本研究采用自我报告工具（量表和访谈）测试学习者的策略能力。虽然自我报告被广泛用于个人内部元认知策略行为的探究（Qin，2018；Zhang & Qin 2018），但一些研究人员认为，通过自我报告量表/问卷收集的数据并不能代表个人元认知策略的实际使用情况。他们指出，报告人可能会无法完全理解或误解量表/问卷题目，或者可能给出期望的回答，而不是提供准确和诚实的反馈（Cohen，2018；Cohen et al.，2002；Veenman，2011）。因此，为了提高数据的有效性，需要采用多种收集形式进行交叉验证（Creswell & Creswell，2018）。本研究虽然交叉验证了口语策略量表数据，但两种策略工具本质上都是自我报告工具，这会降低研究结果的效度。因此，未来相关研究可以使用多种策略测量工具，特别是一些客观测量工具来考察策略能力，如眼动仪、脑电图或功能性磁共振技术来规避这种风险（Deneen et al.，2018）。另外，本研究开发的量表重点是测量测试情境下的策略能力，对于测试条件对研究结果造成的影响没有深入研究，这说明量表有待进一步完善、优化，使其更加适用于检测语言测试情境下的策略能力。

9.1.4　样本异质性

样本异质性被认为是有助于提高研究结果效度和信度的基本因素。研究人员普遍认为，样本多样性越强，研究结果越准确、越具普遍性（Creswell & Creswell 2018；Creswell & Guetterman，2019；Gurven，2018）。但是，由于本研究采用方便抽样的方法，实验研究对象为中国北方两所大学的大二学生。这些学生背景相似，尤其是在英语学习经验和语言水平方面存在相似性，因此样本同质性引起的不足可能会限制研究结果的普遍性（Gurven，2018）。鉴于此，未来相关研究应采用异质性的样本，增强代表性，确保研究结果的效度、信度。

9.2　小结

本章从本研究的局限性出发提出未来语言测试视阈下口语策略能力研究路径：（1）深入探究个体特征；（2）全面探究任务复杂度变量独立及相互作用；（3）测量工具多元化；（4）确保样本异质。本书实证研究提出了测试情境下中国英语学习者口语策略能力模型，并在该模型基础上提出若干关于语言测试的创新理论观点，及针对课堂教学的策略能力模型。任何新观点都需要进一步的实证依据支持（Creswell & Creswell，2018），因此理论延展观点及服务课堂教学应用的若干模型均需要进一步的深入验证，而这也在本质上指出了在测试情境下，特别是计算机辅助综合测试情境下策略能力的研究路向，并为后续探索和研究提供目标和指引。

现代语言测试发展从诞生到现在不足百年，很多问题有待进一步研究，包括体现本书研究核心的策略能力。随着社会的不断发展和全球交流的日益频繁，语言测试也将面临更多新的挑战和机遇。现代技术的迅速崛起为语言测试带来了更多可能性，虚拟现实、人工智能等技术正逐渐融入到语言测试领域。未来，我们预测现代语言测试将越来越注重真实场景下的语言运用能力，即学习者的策略能力。这将促使教育者更加注重培养学习者的交际能力、跨文化沟通技巧以及解决实际沟通难题的能力。同时，我们也期待教育领域与科技领域更深层次的合作，共同开发更智能的语言测试工具，提供更精准的、基于语言测试的反馈和指导，提高学习者的语言运用能力。教育者也需要不断跟进现代语言测试的发展，将最新的评估理念和技术引入到教学实践中，培养适应未来社会需求的语言人才。

总之，现代语言测试的未来发展必将在中国英语口语教学中产生深远的影响。通过紧密关联语言测试和实际语言运用，我们能够更好地培养学习者的语言交际能力，使他们能够自信地应对多样化的语境，为跨越文化界限的交流搭建更加坚实的桥梁。

参考文献

曹德明，封宗信，何莲珍，胡开宝，胡壮麟，梁茂成. 2021. 新文科背景下的外语教育与外语研究. 中国外语，*18*（1）：4–20.

窦淑芳. 2013. 浅谈中职学校学生英语会话能力的提高. 科技信息，（17）：1.

冯莉，严明. 2020. 中国英语能力等级量表：笔译能力量表研究. 北京：高等教育出版社.

何莲珍，罗蓝. 2020. 语言考试与语言能力量表对接研究：路径与方法. 外语教学，*41*（1）：29–33.

何莲珍，闵尚超，张洁. 2020. 中国英语能力等级量表：听力能力量表研究. 北京：高等教育出版社.

何莲珍，熊笠地. 2021. 二语听力理解认知加工模式发展新探：结合认知诊断与标准设定的方法. 外语界，（4）：35–43.

何莲珍，张娟. 2020. 中国语言测试之源与流. 中国社会科学文摘，（6）：68–69.

教育部大学外语教学指导委员会，2020. 大学英语教学指南. 北京：高等教育出版社.

教育部考试中心. 2019，12月12日. 托福考试成绩对接中国英语能力等级量表研究成果发布. *国家外语能力测评体系*.

金艳. 2021. 外国语言文学专业本科教学评价理念与实践. 中国外语，（3）：7.

金艳，揭薇. 2020. 中国英语能力等级量表：口语能力量表研究. 北京：高等教育出版社.

金艳，揭薇，王伟. 2022. 大学英语四、六级考试与语言能力标准的对接研究. 外语界，（2）：24–32.

李宇明，朱海平. 2020. 论中国语言测试学的发展. 语言文字应用，（10）：59–68.

刘海涛. 2021. 国家安全视域下的语言问题. 中国外语，（6）：1–1，10–16.

刘建达. 2020. 课程思政背景下的大学外语课程改革. 外语电化教学，（6）：38–42.

刘建达. 2021.《中国英语能力等级量表》效度验证. 现代外语，（15）：86–100.

刘建达，李雪莲. 2020. 英语课程的教学评价改革. 中国考试，（9）：27–31.

刘建达，吴莎. 2020. 中国英语能力等级量表研究. 北京：高等教育出版社.

穆雷，王巍巍，许艺. 2020. 中国英语能力等级量表：口译能力量表研究. 北京：高等教育出版社.

潘鸣威. 2020. 语言测评素养再探——《中国英语能力等级量表》的视角. 北京第二外国语学院学报，（5）：46–56.

潘鸣威，邹申. 2020. 中国英语能力等级量表：写作能力量表研究. 北京：高等教育出版社.

荣泰生. 2009. AMOS 与研究方法. 重庆：重庆大学出版社.

沈骑. 2020. 全球治理视域下的中国语言安全规划. 语言文字应用，（2）：18–26.

束定芳. 2021. 研究真问题，构建新生态—中国外语教育教学的瓶颈与出路. 中国外语，（1）：17–19.

束定芳. 2022. 语言，外语学习与外语教育生态系统. 当代外语研究，（1）：5–6，11.

田娟. 2012. 浅议雅思托福对大学英语教育的影响. 社科纵横，（6）：173–174.

王华. 2022. 学术英语口语能力等级量表及测评标准. 上海：上海交通大学出版社.

温福星. 2009. 阶层线性模型的原理与应用. 北京：中国轻工业出版社.

温福星，邱皓政. 2015. 多层次模式方法论阶层线性模式的关键问题与试解. 北京：经济管理出版社.

武尊民，罗少茜. 2020. 中国英语能力等级量表：组构能力量表研究. 北京：高等教育出版社.

曾用强，曹琳琳. 2020. 中国英语能力等级量表：阅读能力量表研究. 北京：高等教育出版社.

张健. 2006. 听说并重，口语领先——略论中国英语口语教学中的三个对立统一关系. 外语电化教学，（5）：56–60.

张优良，黄立伟. 2019. 改革开放 40 年中国高校国际化的成就与挑战. 北京工业大学学报：社会科学版，（1）：27–36.

周黎红. 2020. 浅谈高中国际部英语口语教学的突破. 课程教育研究，（8）：112–113.

周庆生. 2019. 中国语言政策研究七十年. 新疆师范大学学报：哲学社会科学版，（6）：60–71.

朱正才. 2020. 中国英语能力等级量表公平效度研究. 北京：高等教育出版社.

邹申，张文星，孔菊芳. 2015.《欧洲语言共同参考框架》在中国：研究现状与应用展望. 中国外语，（3）：24–31.

Abdi Tabari, M. 2020. Differential effects of strategic planning and task structure on L2 writing outcomes. *Reading & Writing Quarterly, 36* (4): 320–338.

Abdolrezapour, P. 2019. Applying computer-mediated active learning intervention to improve L2 listening comprehension. *Applied Research on English Language, 8* (4): 511–530.

Adams, R. & Alwi, N. A. N. M. 2014. Prior knowledge and second language task production in text chat. In M. González-Lloret & L. Ortega (Eds.), *Technology-mediated TBLT: Researching Technology and Tasks*. Philadelphia: John Benjamins Publishing Company, *6*: 51–78.

Ajzen, I. 2002. Perceived behavioural control, self-efficacy, locus of control, and the theory of planned behaviour. *Journal of Applied Social Psychology,*

32 (4): 665–683.

Akkakoson, S. 2013. The relationship between strategic reading instruction, student learning of L2-based reading strategies and L2 reading achievement. *Journal of Research in Reading, 36* (4): 422–450.

Alderson, J. C. 2009. Test review: Test of English as a foreign language: Internet-based test (TOEFL IBT). *Language Testing, 26* (4):621–626.

Allen, M. 2017. *The SAGE Encyclopedia of Communication Research Methods*. Los Angeles: Sage.

Almasi, J. F. & Fullerton, S. K. 2012. *Teaching strategic processes in reading* (2nd ed.). New York: Guilford Press.

Amani, S. 2014. *Metacognitive Strategy Instruction and Pre-Task Planning: Impact on L2 Argumentative Writing Ability*. Doctoral dissertation, The University of Auckland.

An, Y. & Cao, L. 2014. Examining the effects of metacognitive scaffolding on students' design problem solving and metacognitive skills in an online environment. *Journal of Online Learning and Teaching, 10* (4): 552–568.

Anderson, N. J. 2002. The role of metacognition in second language teaching and learning. ERIC.

Anderson, N. J. 2008. Metacognition and the good language learner. In C. Griffiths (Eds.), *Lessons from Good Language Learners*. Cambridge: Cambridge University Press, 99–109.

Anderson, N. J. 2012. Metacognition: Awareness in language learning. In S. Mercer, S. Ryan & M. Williams (Eds.), *Psychology for Language Learning: Insights from Research, Theory and Pedagogy*. Lordon: Palgrave Macmillan, 169–187.

Awwad, A. 2019. L2 learners' and professionals' perceptions of cognitive task complexity: Towards developing an index of task difficulty. *Journal of Asia TEFL, 16* (2): 468–484.

Aydin, S. 2013. Factors affecting the level of test anxiety among EFL learners at elementary schools. *E-international Journal of Educational Research, 4* (1): 63–81.

Azevedo, R. 2009. Theoretical, conceptual, methodological, and instructional issues in research on metacognition and self-regulated learning: A discussion. *Metacognition and Learning, 4* (1): 87–95.

Bachman, L. F. 1990. *Fundamental Considerations in Language Testing*. Oxford: Oxford University Press.

Bachman, L. F. 2002. Some reflections on task-based language performance assessment. *Language Testing, 19* (4): 453–476.

Bachman, L. F. 2004. *Statistical Analyses for Language Assessment.* Cambridge: Cambridge University Press.

Bachman, L. F. 2005. Building and supporting a case for test use. *Language Assessment Quarterly: An International Journal, 2* (1): 1–34.

Bachman, L. F. 2007. What is the construct? The dialectic of abilities and contexts in defining constructs in language assessment. In J. Fox, M. Wesche, D. Bayliss, L. Cheng, C. E. Turner & C. Doe (Eds.), *Language Testing Reconsidered.* Ottawa: University of Ottawa Press, 41–71.

Bachman, L. F., Cushing, S. T. & Purpura, J. E. 1993. *Development of a questionnaire item bank to explore test-taker characteristics* (Interim Report submitted to University of Cambridge Local Examination Syndicate). Cambridge: UCLES.

Bachman, L. F. & Palmer, A. S. 1982. The construct validation of some components of communicative proficiency. *TESOL quarterly, 16* (4): 449–465.

Bachman, L. F. & Palmer, A. S. 1996. *Language Testing in Practice: Designing and Developing Useful Language Tests.* Oxford: Oxford University Press.

Bachman, L. F. & Palmer A. S. 2010. *Language Assessment in Practice: Developing Language Assessments and Justifying Their Use in the Real World.* Oxford: Oxford University Press.

Bagarić, V. & Mihaljević Djigunović, J. 2007. Defining communicative competence. *Metodika, 8* : 94–103.

Bahari, A. 2020. Computer-assisted language proficiency assessment tools and strategies. *Open Learn,* (36): 61–87.

Bai, B. & Guo, W. 2019. Motivation and self-regulated strategy use: Relationships to primary school students' English writing in Hong Kong. *Language Teaching Research,* 1–22.

Baralt, M. 2010. *Task complexity, the Cognition Hypothesis, and interaction in CMC and FTF environments.* Doctoral dissertation, Georgetown University.

Baralt, M. 2014. Task complexity and task sequencing in traditional versus online language classes. In M. Baralt, R. Gilabert & P. Robinson (Eds.), *Task Sequencing and Instructed Second Language Learning.* London: Bloomsbury, 95–122.

Barkaoui, K. 2010a. Explaining ESL essay holistic scores: A multilevel modelling approach. *Language Testing, 27* (4): 515–535.

Barkaoui, K. 2010b. Variability in ESL essay rating processes: The role of the rating scale and rater experience. *Language Assessment Quarterly: An International Journal, 7* (1): 54–74.

Barkaoui, K. 2013. Using multilevel modelling in language assessment research: A conceptual introduction. *Language Assessment Quarterly: An International Journal, 10* (3): 241–273.

Barkaoui, K. 2015. *Test-takers' writing activities during the TOEFL IBT writing tasks: A stimulated recall study* (Research Report No. RR-15–01), Princeton: Educational Testing Service.

Barkaoui, K., Brooks, L., Swain, M. & Lapkin, S. 2013. Test-takers' strategic behaviours in independent and integrated speaking tasks. *Applied Linguistics, 34* (3): 304–324.

Bazeley, P. & Jackson K. 2013. *Qualitative Data Analysis with* NVivo (2nd ed.). London: Sage.

Beatty, P. C., Collins, D., Kaye, L., Padilla, J., Gordon, B. & Wilmot, A. 2020. *Advances in Questionnaire Design, Development, Evaluation and Testing.* New York: Wiley.

Beavers, A. S., Lounsbury, J. W., Richards, J. K., Huck, S. W., Skolits, G. J. & Esquivel, S. L. 2013. Practical considerations for using exploratory factor analysis in educational research. *Practical Assessment, Research & Evaluation, 18* (6): 1–13.

Bell, D. J. & Ruthven, L. 2004. Searcher's assessments of task complexity for web searching. In S. McDonald & J. Tait (Eds.), *Advances in Information Retrieval: ECIR Lecture Notes in Computer Science.* Heidelberg: Springer, 57–71.

Berger, J. & Karabenick, S. A. 2011. Motivation and students' use of learning strategies: Evidence of unidirectional effects in mathematics classrooms. *Learning and Instruction, 21* (3): 416–428.

Birjandi, P. & Sarem, S. N. 2012. Dynamic Assessment (DA): An evolution of the current trends in language testing and assessment. *Theory & Practice in Language Studies, 2* (4): 747–753.

Booth, D. 2019, December 4. Computer-Based Language Assessment: The Future is Here. *Pearson English.*

Borkowski, J. G., Chan, L. K. S. & Muthukrishna, N. 2000. A process-oriented model of metacognition: Links between motivation and executive functioning. In G. Schraw & J. C. Impara (Eds.), *Issues in the measurement of metacognition.* Lincoln: University of Nebraska-Lincoln, 1–41.

Bretter, M. 2002. *The Book of Judges*. London & New York: Routledge.

Bridgeman, B., Powers, D., Stone, E. & Mollaun, P. 2012. TOEFL IBT speaking test scores as indicators of oral communicative language proficiency. *Language Testing, 29* (1): 91–108.

Brinkmann, S. & Kvale, S. 2015. *Interviews: Learning the Craft of Qualitative Research Interviewing*. Los Angeles: Sage.

Brooks, L. & Swain, M. 2014. Contextualizing performances: Comparing performances during TOEFL IBT and real-life academic speaking activities. *Language Assessment Quarterly: An International Journal, 11* (4): 353–373.

Brown, A. 1987. Metacognition, executive control, self-regulation, and other more mysterious mechanisms. In F. E. Weinert, & R. H. Kluwe (Eds.), *Metacognition, Motivation, and Understanding*. Hillsdale: Erlbaum, 65–116.

Brown, A. L., Bransford, J. D., Ferrara, R. A. & Campione, J. C. 1983 Learning, remembering, and understanding. In J.H. Flavell & EM. Markman (Eds.), *Cognitive development*. New York: Wiley, 77–166.

Brown, A. & Ducasse, A. M. 2019. An equal challenge? comparing TOEFL IBT speaking tasks with academic speaking tasks. *Language Assessment Quarterly: An International Journal, 16* (2): 253–270.

Brown, A., Iwashita, N. & McNamara, T. 2005. *An examination of rater orientations and test-taker performance on English-for-academic-purposes speaking tasks* (Research Report No. RR-05–01). Princeton: Educational Testing Service.

Brown, H. D. 2004. *Language Assessment: Principles and Classroom Practices*. New York: Pearson Education.

Brown, T. A. 2015. *Confirmatory Factor Analysis for Applied Research* (2nd ed.). New York: Guilford.

Bygate, M. 1987. *Speaking*. Oxford: Oxford University Press.

Bygate, M. 2011. Teaching and testing speaking. In M. H. Long & C. J. Doughty (Eds.), *The Handbook of Language Teaching*. West Sussex: Wiley, 412- 440.

Bygate, M., Peter, S. & Swain, M. (Eds.) 2001. *Researching Pedagogic Tasks: Second Language Learning, Teaching and Testing*. London & New York: Routledge.

Byrne, B. M. 2016. *Structural Equation Modelling with AMOS Basic Concepts, Applications, and Program* (3rd ed.). London & New York: Routledge.

Cai J. 2012. *Future Direction for Chinese EFL Education at Tertiary Level*. Shanghai: Shanghai Jiaotong University Press.

Canale, M. 1983. From communicative competence to communicative language pedagogy. *Language and Communication, 1* (1): 1–47.

Canale, M. & Swain, M. 1980. Theoretical bases of communicative approaches to second language teaching and testing. *Applied Linguistics,1* (1): 1–47.

Carroll, J. B. 1961. Fundamental considerations in testing for English language proficiency of foreign students. In: *Testing the English proficiency of foreign students*. Washington, DC: Centre for Applied Linguistics. Reprinted in H. B. Allen, & R. N. Campbell (Eds.). (1972), *Teaching English as a second language: A book of readings*. New York: McGraw Hill, 313– 320.

Carroll, J. B. 1968. The psychology of language testing. In A. Davies (Eds.), *Language Testing Symposium: A Psycholinguistic Approach*. Oxford: Oxford University Press, 46–69.

Carroll, J. B. 1972. Fundamental considerations in testing for English language proficiency of foreign students. In H. B. Allen & R. N. Campbell (Eds.), *Teaching English as a Second Language: A Book of Readings* (2nd ed.). New York: McGraw-Hill, 313–320.

Chalhoub-Deville, M. 2003. Second language interaction: Current perspectives and future trends. *Language Testing, 20* (4): 369–383.

Chamot, A., Barnhardt, S., Beard El-Dinary, P. & Robbins, J. 1999. *The Learning Strategy Handbook*. New York: Longman.

Chamot, A. U. 2005. Language learning strategy instruction: Current issues and research. *Annual Review of Applied Linguistics, 25:* 112–130.

Chamot, A. U. 2009. *The CALLA Handbook: Implementing the Cognitive Academic Language Learning Approach* (2nd ed.). White Plains: Pearson Education.

Chamot, A. U. & Harris, V. (Eds.). 2019. *Learning Strategy Instruction in the Language Classroom: Issues and Implementation*. Bristol:Multilingual Matters.

Chang, C. H. & Liu, H. J. 2013. Language learning strategy use and language learning motivation of Taiwanese EFL university students. *Electronic Journal of Foreign Language Teaching, 10* (2): 196–209.

Chang, L. 2012. *Investigating the relationships between Chinese university EFL learners' metacognitive listening strategies and their comprehension and incidental vocabulary acquisition from listening tasks*. Doctoral dissertation, The University of Auckland.

Chapelle, C. A. 1998. Construct definition and validity inquiry in SLA research. In F. Bachman & A. D. Cohen (Eds.), *Interfaces Between Second Language Acquisition and Language Testing*. New York: Cambridge University Press, 32–70.

Chappelle, C. & Brindley, G. 2002. Assessment. In N. Schmitt (Eds.), *Introduction to Applied Linguistics*. London: Hodder Arnold, 267–288.

Chapelle, C. A., Enright, M. K. & Jamieson, J. M. 2011. *Building a Validity Argument for the Test of English as a Foreign Language*. London & New York: Routledge.

Chapelle, C. A. & Voss, E. 2016. 20 years of technology and language assessment in Language Learning & Technology. *Language Learning Technology, 20* (2): 116–128.

Chen, C. W. Y. 2019. Guided listening with listening journals and curated materials: A metacognitive approach. *Innovation in Language Learning and Teaching, 13* (2): 133–146.

Chen, H. C. 1990. Lexical processing in a non-native language: Effects of language proficiency and learning strategy. *Memory & Cognition,18* (3): 279–288.

Chen, J. 2007. *Case study of the TOEFL IBT preparation course*. Doctoral dissertation, The University of Western Ontario.

Choi, B. & Pak, A. 2010. Discussion section. In N. J. Salkind (Eds.), *Encyclopedia of Research Design* (Vol. 1). London: Sage, 375–376.

Chou, M. 2013. Strategy use for reading English for general and specific academic purposes in testing and non-testing contexts. *Reading Research Quarterly, 48* (2): 175–197.

Cohen, A. D. 2014. *Strategies in Learning and Using a Second Language*. London & New York: Routledge.

Cohen, A. D. 2018. Moving from theory to practice: A close look at language learner strategies. In R. L. Oxford & C. M. Amerstorfer (Eds.), *Language Learning Strategies and Individual Learner Characteristics: Situating Strategy Use in Diverse Contexts*. London: Bloomsbury, 31–54.

Cohen, A. D. & Macaro, E. (Eds.). 2007. *Language Learner Strategies: Thirty Years of Research and Practice*. Oxford: Oxford University Press.

Cohen, A. D., Oxford, R. L. & Chi, J. C. 2002. *Learning style survey: Assessing your own learning styles. University of Minnesota*.

Corriero, E, F. 2017. Counterbalancing. In M. Allen (Eds.), *The Sage Encyclopaedia of Communication Research Methods*. Los Angeles: Sage, 278–281.

Cox, T. L. 2013. *Investigating prompt difficulty in an automatically scored speaking performance assessment*. Doctoral dissertation, Brigham Yong University.

Craig, K., Hale, D., Grainger, C. & Stewart, M. E. 2020. Evaluating metacognitive self-reports: Systematic reviews of the value of self-report in metacognitive research. *Metacognition and Learning, 15* (2): 155–213.

Cramer, D. & Howitt, D. L. 2004. *The Sage Dictionary of Statistics: a Practical Resource for Students in the Social Sciences*. Los Angeles: Sage.

Creswell, J. W. & Creswell, J. D. 2018. *Research Design: Qualitative, Quantitative, and Mixed Methods Approaches* (5th ed.). Los Angeles: Sage.

Creswell, J. W. & Guetterman, T. C. 2019. *Educational Research: Planning, Conducting, and Evaluating Quantitative and Qualitative Research* (6th ed.). New York: Pearson Education.

Creswell. J. W. & Poth, C. N. 2018. *Qualitative Inquiry & Research Design: Choosing among Five Approaches* (4th ed.). Los Angeles: Sage.

Crossley, S. A. & Kim, Y. 2019. Text integration and speaking proficiency: Linguistic, individual differences, and strategy use considerations. *Language Assessment Quarterly: An International Journal, 16* (2): 217–235.

Crystal, D. 2011. *A Dictionary of Linguistics and Phonetics* (6th ed.). London: Blackwell.

Cummings, A. 2014. Assessing integrated skills. In A. J. Kunnan (Eds.), *The Companion to Language Assessment*. New York: Wiley, 1–13.

Dabarera, C., Renandya, W. A. & Zhang, L. J. 2014. The impact of metacognitive scaffolding and monitoring on reading comprehension. *System, 42 (1)*: 462–473.

Daniel, J. N. 2011. *Sampling Essentials: Practical Guidelines for Making Sampling Choices*. Los Angeles: Sage.

Davies, A. 2013. Fifty years of language assessment. In A. J. Kunnan (Eds.), *The Companion to Language Assessment*. Hoboken: Wiley-Blackwell, 1–19.

Davies, A., Brown, A., Elder, C., Hill, K., Lumley, T. & McNamara, T. 1999. *Dictionary of Language Testing* (Vol. 7). Cambridge: Cambridge University Press.

Davis, L. 2018. Analytic, holistic, and primary trait marking scales. In J. I. Liontas & A. Shehadeh (Eds.), *The TESOL Encyclopaedia of English Language teaching* (Vol.7). Hoboken: Wiley-Blackwell, 1–6.

Dawadi, S. 2017. The relationship between reading strategy use and EFL test performance. *Journal of NELTA, 22* (1–2): 38–52.

De Boer, H., Donker, A. S., Kostons, D. D. & van der Werf, G. P. 2018. Long-term effects of metacognitive strategy instruction on student academic performance: A meta-analysis. *Educational Research Review, 24:* 98–115.

De Bot, K. 1992. A bilingual production model: Levelt's "speaking model" adapted. *Applied Linguistics, 13* (1): 1–24.

Deci, E. L. & Ryan, R. M. 2000. The "what" and "why" of goal pursuits: Human needs and the self-determination of behaviour. *Psychological Inquiry, 11* (4): 227–268.

Declerck, M. & Kormos, J. 2012. The effect of dual task demands and proficiency on second language speech production. *Bilingualism: Language and Cognition, 15* (4): 782–796.

Deneen, C. C., Brown, G. T. L. & Carless, D. 2018. Students' conceptions of eportfolios as assessment and technology. *Innovations in Education and Teaching International, 55* (4): 487–496.

DeVellis, R. F. 2012. *Scale Development: Theory and Applications* (3rd ed.). Los Angeles: Sage.

Dickens, C. 2020. *A Tale of Two Cities.* (8th ed.). Scotts Vally: Create Space Independent Publishing Platform.

Dörnyei, Z. 2005. *The Psychology of the Language Learner: Individual Differences in Second Language Acquisition.* Mahwah: Erlbaum.

Dörnyei, Z. 2019. From integrative motivation to directed motivational currents: The evolution of the understanding of L2 motivation over three decades. In M. Lamb, K. Csizér., A. Henry. & S. Ryan (Eds.), *The Palgrave Handbook of Motivation for Language Learning.* Cham: Palgrave Macmillan, 39–69.

Dörnyei, Z. & Kormos, J. 1998. Problem-solving mechanisms in L2 communication: A psycholinguistic perspective. *Studies in Second Language Acquisition, 20* (3): 349–385.

Dörnyei, Z., Muir, C. & Ibrahim, Z. 2014. Directed motivational currents. In D. Lasagabaster,, A. Doiz & J. M. Sierra (Eds.), *Motivation and Foreign Language Learning: From Theory to Practice.* Amsterdam: Benjamins, 9–30.

Dörnyei, Z. & Scott, M. L. 1997. Communication strategies in a second language: Definitions and taxonomies. *Language Learning, 47* (1): 173–210.

Dörnyei, Z. & Taguchi, T. 2009. *Questionnaires in Second Language Research: Construction, Administration, and Processing.* London & New York: Routledge.

Douglas, D. 2000. *Assessing Language for Specific Purposes: Theory and Practice.* Cambridge：Cambridge University Press.

Drisko, J. W. & Maschi, T. 2015. *Content Analysis: Pocket Guides to Social Work.* Oxford: Oxford University Press.

Educational Testing Service. 2019. *TOEFL IBT Test and Score Data Summary 2019.* Princeton: Educational Testing Service.

Educational Testing Service. 2021. *TOEFL IBT Practice Tests: TOEFL IBT Practice Sets.* Princeton: Educational Testing Service.

Efklides, A. 2002. The systemic nature of metacognitive experiences. In P. E. Chambres., M. E. Izaute & P. J. E. Marescaux (Eds.), *Metacognition: Process, Function and Use.* Boston: Springer, 19–34.

Efklides, A. 2006. Metacognition and affect: What can metacognitive experiences tell us about the learning process? *Educational Research Review, 1* (1): 3–14.

Efklides, A. 2008. Metacognition: Defining its facets and levels of functioning in relation to self-regulation and co-regulation. *European Psychologist, 13* (4): 277–287.

Ekhlas, N. N. & Shangarffam, N. 2013. The relationship between determinant factors of self-regulation strategies and main language skills and overall proficiency. *Procedia-Social and Behavioural Sciences, 70:* 137–147.

Elder, C., Iwashita, N. & Mcnamara, T. 2002. Estimating the difficulty of oral proficiency tasks: What does the test-taker have to offer? *Language Testing, 19* (4): 347–368.

Elfi, E. 2016. A study of students' planning of metacognitive strategies in listening comprehension. *Ta'Dib,17* (1): 66–74.

Ellis, R. 1984a. *Classroom Second Language Development.* Oxford: Oxford University Press.

Ellis, R. 1984b. Communicative strategies and the evaluation of communicative performance. *English Language Teaching Journal, 38* (1): 39–44.

Ellis, R. 2003. *Task-based Language Learning and Teaching.* Oxford: Oxford University Press.

Ellis, R. 2017. Position paper: Moving task-based language teaching forward. *Language Teaching, 50* (4): 507–526.

Ellis, R., Skehan, P., Li, S., Shintani, N. & Lambert, C. 2019. *Task-based Language Teaching: Theory and Practice.* Cambridge: Cambridge University Press.

Ergai, A., Cohen, T., Sharp, J., Wiegmann, D., Gramopadhye, A. & Shappell, S. 2016. Assessment of the human factors analysis and classification system (HFACS): Intra-rater and inter-rater reliability. *Safety Science, 82:* 393–398.

Fang, F. 2018. Ideology and identity debate of English in China: Past, present and future. *Asian English, 20* (1):15–26.

Farhady, H. 1983. On the plausibility of the unitary language proficiency factor. In J. W. Oller Jr. (Eds.), *Issues in Language Testing Research.* New York: Newbury House, 11–28.

Farhady, H. 2005. Language assessment: A linguametric perspective. *Language Assessment Quarterly, 2* (2): 147–64.

Farhady, H. 2018. History of language testing and assessment. In J. I. Liontas & M. DelliCarpini (Eds.), *The TESOL Encyclopaedia of English Language Teaching.* Hoboken: Wiley-Blackwell, 1–7.

Farnsworth, T. L. 2013. An investigation into the validity of the TOEFL IBT speaking test for international teaching assistant certification. *Language Assessment Quarterly: An international Journal, 10* (3): 274–291.

Farr, F., Murray, L. & Taylor & Francis. 2016. *The Routledge Handbook of Language Learning and Technology.* London & New York: Routledge.

Fazilatfar, A. M. 2010. A study of reading strategies using task-based strategy assessment. *Journal of English Language Teaching and* Learning, *53* (217): 20–44.

Fernandez, C. 2018. Behind a spoken performance: Test-takers' strategic reactions in a simulated part 3 of the IELTS speaking test. *Language Testing in Asia, 8* (1): 1–20.

Field, A. P. 2018. *Discovering Statistics Using IBM SPSS Statistics* (5th ed.). Los Angeles: Sage.

Finkbeiner, C., Knierim, M., Smasal, M. & Ludwig, P. H. 2012. Self-regulated cooperative EFL reading tasks: Students' strategy use and teachers' support. *Language Awareness, 21* (1–2): 57–83.

Flavell, J. 2000, June 1–3. *Developing intuitions about the mental experiences of self and others.* Meeting of the Jean Piaget Society, Montreal, Canada.

Flavell, J. H. 1979. Metacognition and cognitive monitoring: A new area of cognitive–developmental inquiry. *American Psychologist, 34* (10): 906–911.

Flavell, J. H. 1981. Cognitive monitoring. In P. Dickson (Eds.), *Children's Oral Communication Skills.* New York: Academic, 35–60.

Foster, P. & Skehan, P. 1996. The influence of planning and task type on second language performance. *Studies in Second Language Acquisition, 18* (3): 299–323.

Fox, J., Wesche, M., Bayliss, D., Cheng, L., Turner, C.E. & Doe, C. 2007. *Language Testing Reconsidered.* Ottawa: University of Ottawa Press.

Frey, B. B. 2018. *The Sage Encyclopaedia of Educational Research, Measurement, and Evaluation*. Los Angeles: Sage.

Frost, K., Clothier, J., Huisman, A. & Wigglesworth, G. 2020. Responding to a TOEFL IBT integrated speaking task: Mapping task demands and test takers' use of stimulus content. *Language Testing, 37* (1):133–155.

Fulcher, G. 2003. *Testing Second Language Speaking*. London: Longman/Pearson Education.

Fulcher, G. 2012a. Scoring performance tests. In G. Fulcher & F. Davidson (Eds.), *The Routledge Handbook of Language Testing*. London & New York: Routledge, 378–392.

Fulcher, G. 2012b. Interlocutor and rater training. In G. Fulcher & F. Davidson (Eds.), *The Routledge Handbook of Language Testing*. London & New York: Routledge, 400–415.

Fulcher, G. 2014. *Testing Second Language Speaking*. London & New York: Routledge.

Fulcher, G. 2015a. Assessing second language speaking. *Language Teaching, 48* (2): 198–216.

Fulcher, G. 2015b. *Re-examining Language Testing: A Philosophical and Social Enquiry*. London & New York: Routledge.

Fulcher, G. 2018. Assessing spoken production. In J. I. Liontas & A. Shehadeh (Eds.), *The TESOL Encyclopaedia of English Language Teaching*. Hoboken: Wiley-Blackwell, 2: 682–792.

Fulcher, G. & Davidson, F. 2007. *Language Testing and Assessment*. London & New York: Routledge.

Fulcher, G. & Reiter, R. M. 2003. Task difficulty in speaking tests. *Language Testing, 20* (3): 321–344.

Gan, Z. 2012. Complexity measures, task type, and analytic evaluations of speaking proficiency in a school-based assessment context. *Language Assessment Quarterly: An International Journal, 9* (2): 133–151.

Garson, G. D. 2013. *Hierarchical Linear Modelling: Guide and Applications*. Los Angeles: Sage.

Ghapanchi, Z. & Taheryan, A. 2012. Roles of linguistic knowledge, metacognitive knowledge and metacognitive strategy use in speaking and listening proficiency of Iranian EFL learners. *World Journal of Education, 2* (4): 64–75.

Gilabert, R. 2005. *Task complexity and L2 narrative oral production*. Doctoral dissertation, The University of Barcelona.

Gilabert, R. 2007a. The simultaneous manipulation of task complexity along planning time and [+/-Here-and-Now]: Effects on L2 oral production. In M. P. Garcia Mayo (Eds.), *Investigating Tasks in Formal Language Learning*. Bristol: Multilingual Matters, 44–68.

Gilabert, R. 2007b. Effects of manipulating task complexity on self-repairs during L2 oral production. *International Review of Applied Linguistics in Language Teaching, 45* (3): 215–240.

Gilabert, R., Barón, J. & Llanes, À. 2009. Manipulating cognitive complexity across task types and its impact on learners' interaction during oral performance. *International Review of Applied Linguistics in Language Teaching, 47* (3–4): 367–395.

Goh, C. 2008. Metacognitive instruction for second language listening development: Theory, practice and research implications. *RELC Journal, 39* (2): 188–213.

Gorsuch, G. 2011, May 9. *Exporting English pronunciation from China: The communication needs of young Chinese scientists as teachers in higher education abroad*. Forum on Public Policy, Oxford, England.

Greene, J. A. & Azevedo, R. 2010. The measurement of learners' self-regulated cognitive and metacognitive processes while using computer-based learning environments. *Educational Psychologist, 45* (4): 203–209.

Griffiths, C. 2013. *The Strategy Factor in Successful Language Learning*. Bristol: Multilingual Matters.

Griffiths, C. 202. Language Learning Strategies: Is the Baby Still in the Bathwater? *Applied Linguistics, 41*: 607–611.

Griffiths, C., & Soruç, A. 2021. Individual differences in language learning and teaching: A complex/dynamic/socio-ecological/holisticView. *English Teaching & Learning, 45*: 339–353.

Gu, L. 2014. At the interface between language testing and second language acquisition: Language ability and context of learning. *Language Testing, 31* (1):111–133.

Gu, P. Y. 2003. Vocabulary learning in a second language: Person, task, context and strategies. *TESL-EJ, 7* (2): 1–25.

Gu, P. Y. 2019. Approaches to learning strategy instruction. In A.U. Chamot & V. Harris (Eds.), *Learning Strategy Instruction in the Language Classroom: Issues and Implementation*. Bristol: Multilingual Matters, 22–37.

Gurven, M. 2018. Broadening horizons: Sample diversity and socioecological theory are essential to the future of psychological science. *Proceedings of the National Academy of Sciences of the United States of America, 115* (45):11420–11427.

Gwet, K. L. 2014. *Handbook of Inter-rater Reliability: The Definitive Guide to Measuring the Extent of Agreement Among Raters.* Gaithersburg: Advanced Analytics, LLC.

Haidar, S. & Fang, F. 2019. English language in education and globalization: A comparative analysis of the role of English in Pakistan and China. *Asia Pacific Journal of Education, 39* (2): 165–176.

Hair, J. F., Black, W. C., Babin, B. J. & Anderson, R. E. 2014. *Multivariate Data Analysis: Pearson New International Edition.* Essex: Pearson Education.

Hair, J. F. 2019. *Multivariate Data Analysis* (8th ed.). Andover: Cengage.

Halliday, M. A. K. & Matthiessen, C. M. 2013. *Halliday's Introduction to Functional Grammar* (4th ed.). London & New York: Routledge.

Hallgren, K. A. 2012. Computing inter-rater reliability for observational data: An overview and tutorial. *Tutorials in Quantitative Methods for Psychology, 8* (1): 23–34.

Harputlu, L. & Ceylan, E. 2014. The effects of motivation and metacognitive strategy use on EFL listening proficiency. *Procedia Social and Behavioural Sciences, 158:* 124–131.

Harris, L. R. & Brown, G. T. 2010. Mixing interview and questionnaire methods: Practical problems in aligning data. *Practical Assessment, Research, and Evaluation, 15* (1): 1–14.

Hayes, A. F. 2018. *Introduction to Mediation, Moderation, and Conditional Process Analysis: A Regression-based Approach* (7th ed.). New York: Guilford.

Hidri, S. 2018. Introduction: State of the art of assessing second language abilities. In S. Hidri (Eds.), *Revisiting the Assessment of Second Language Abilities: From Theory to Practice.* Cham: Springer, 1–19.

Horwitz, E. 2001. Language anxiety and achievement. *Annual Review of Applied Linguistics, 21* (1): 112–126.

Horvath, M., Herleman, H. & Lee McKie, R. 2006. Goal orientation, task difficulty, and task interest: A multilevel analysis. *Motiv Emot, 30:* 169–176.

Huang, H. D. 2018. Modelling the relationships between anxieties and performance in second/foreign language speaking assessment. *Learning and Individual Differences, 63:* 44–56.

Huang, H. D. & Hung, S. A. 2013. Comparing the effects of test anxiety on independent and integrated speaking test performance. *TESOL Quarterly, 47* (2): 244–269.

Huang, H. D., Hung, S. A. & Plakans, L. 2018. Topical knowledge in L2 speaking assessment: Comparing independent and integrated speaking test tasks. *Language Testing, 35* (1): 27–49.

Huang, H. T. D. 2016. Exploring strategy use in L2 speaking assessment. *System, 63*:13–27.

Huang, L. 2013. Cognitive processes involved in performing the IELTS speaking test: Respondents' strategic behaviours in simulated testing and non-testing contexts. *IELTS Research Reports Online Series No.6.* British Council and IDP Australia, 1–51.

Hughes, A. 2003. *Testing for Language Teachers.* Cambridge: Cambridge University Press.

Hughes, R. 2017. *Teaching and Researching Speaking.* Harlow: Longman.

Hughes, R. & Reed. B. S. 2017. *Teaching and Researching Speaking* (3rd ed.). London & New York: Routledge.

Huta, V. 2014. When to use hierarchical linear modelling. *Tutorials in Quantitative Methods for Psychology, 10* (1): 13–28.

Hymes, D. H. 1972. On Communicative Competence. In J. B. Pride & J. Holmes (Eds.), *Sociolinguistics.* Baltimore: Penguin, 269–293.

Ikeda, M. & Takeuchi, O. 2000. Tasks and strategy use: Empirical implications for questionnaire studies. *JACET Bulletin, 31:* 21–32.

Ikeda, M. & Takeuchi, O. 2003. Can strategy instruction help EFL learners to improve their reading ability? An empirical study. *JACET Bulletin, 37:* 49–60.

In'nami, Y. & Barkaoui, K. 2019. Multilevel modeling to examine sources of variability in second language test scores. In R. Aryadoust & M. Raquel (Eds.), *Quantitative Data Analysis for Language Assessment: Volume II. Advanced Methods.* London & New York: Routledge.

Isbell, D. & Winke, P. 2019. Test review: ACTFL Oral Proficiency Interview-Computer ® (OPIc). *Language Testing, 36* (3): 467–477.

Iwashita, N., Mcnamara, T. & Elder, C. 2001. Can we predict task difficulty in an oral proficiency test? Exploring the potential of an Information-Processing approach to task design. *Language Learning, 51* (3): 401–436.

Jacobse, A. & Harskamp, E. 2012. Towards efficient measurement of metacognition in mathematical problem solving. *Metacognition and Learning, 7* (2): 133–149.

Jamieson, J. & Poonpon, K. 2013. *Developing analytic rating guides for TOEFL IBT's integrated speaking tasks* (Research Report No. RR-13–01). Princeton:

Educational Testing Service.

Jamieson-Noel, D. & Winne, P. H. 2003. Comparing self-reports to traces of studying behaviour as representations of students' studying and achievement. *German Journal of Educational Psychology, 17* (3/4): 159–171.

Julkunen, K. 1989. *Situation- and task-specific motivation in foreign language learning and teaching.* Doctoral dissertation, University of Joensuu.

Jumaat, N. F. & Tasir, Z. 2016. A framework of metacognitive scaffolding in learning authoring system through Facebook. *Journal of Educational Computing Research, 54* (5): 619–659.

Kahan, D. 2010. Fixing the communications failure. *Nature, 463* (7279): 296–297.

Kaivanpanah, S., Yamouty, P. & Karami, H. 2012. Examining the effects of proficiency, gender, and task type on the use of communication strategies. *Porta Linguarum, 17*: 79–94.

Karatas, H., Alci, B. & Aydin, H. 2013. Correlation among high school senior students' test anxiety, academic performance and points of university entrance exam. *Educational Research and Reviews, 8* (13): 919–926.

Karazsia, B. T. & Berlin, K. S. 2018. Can a mediator moderate? Considering the role of time and change in the mediator-moderator distinction. *Behaviour Therapy, 49* (1): 12–20.

Keats, D. M. 2000. *Interviewing: A Practical Guide for Students and Professionals.* Sydney: UNSW Press.

Khan, S. 2010. *Strategies and spoken production on three oral communication tasks a study of high and low proficiency EFL learners.* Doctoral dissertation, The Autonomous University of Barcelona.

Kim, A. Y. A. & Kim, H. J. 2017. The Effectiveness of instructor feedback for learning-oriented language assessment: Using an integrated reading-to-write task for English for academic purposes. *Assessing writing, 32*: 57–71.

Kimberlin, L. C. & Winterstein, G. A. 2008. Validity and reliability of measurement instruments used in research. *American Journal of Health-System Pharmacy, 65* (23): 2276–2284.

Kim, H. 2009. *Investigating the effects of context and task type on second language speaking ability.* Doctoral dissertation, Columbia University.

Kim, H. & Millsap, R. 2014. Using the bollen-stine bootstrapping method for evaluating approximate fit indices. *Multivariate Behavioural Research, 49* (6): 581–596.

Kim, Y., Payant, C. & Pearson, P. 2015. The intersection of task-based interaction, task complexity, and working memory: L2 question development through recasts in a laboratory setting. *Studies in Second Language Acquisition, 37* (3): 549–581.

Kline, R. B. 2016. *Principles and Practice of Structural Equation Modelling* (4th ed.). New York: Guilford.

Kluwe, R. H. 1987. Executive decisions and regulation of problem-solving behaviour. In F. Weinert & R. Kluwe (Eds.), *Metacognition, motivation, and understanding*. Hillsdale: Erlbaum, 31–64.

Kolencik, P. L. & Hillwig, S. A. 2011. *Encouraging Metacognition: Supporting Learners through Metacognitive Teaching Strategies. Educational Psychology: Critical Pedagogical Perspectives*. New York: P. Lang.

Kormos, J. 2006. *Speech Production and Second Language Acquisition*. Mahwah: Erlbaum.

Kormos, J. 2011. Speech production and the Cognition Hypothesis. In P. Robinson (Eds.), *Second Language Task Complexity: Researching the Cognition Hypothesis of Language Learning and Performance*. Amsterdam: Benjamins, 39–60.

Kormos, J. & Wilby, J. 2019. Task motivation. In M. Lamb, K. Csizér, A. Henry & S. Ryan (Eds.) *The Palgrave Handbook of Motivation for Language Learning*. Cham: Palgrave Macmillan, 267–286.

Kuiken, F. & Vedder, I. 2007. Task complexity and measures of linguistic performance in L2 writing. *International Review of Applied Linguistics in Language Teaching, 45* (3): 261–284.

Kyle, K., Crossley, S. A. & Mcnamara, D. S. 2016. Construct validity in TOEFL IBT speaking tasks: Insights from natural language processing. *Language Testing, 33* (3): 319–340.

Lado, R. 1961. *Language Testing: The Construction and Use of Foreign Languages Tests: A Teacher's Book*. London: Longman.

Lambert, C., Kormos, J. & Minn, D. 2017. Task repetition and second language speech processing. *Studies in Second Language Acquisition, 39* (1):167–196.

Lee, J. 2018. *The interactive effects of task complexity, task condition, and cognitive individual differences on L2 writing*. Doctoral dissertation, University of Maryland.

Lee, J. 2019. Task complexity, cognitive load, and L1 speech. *Applied linguistics, 40* (3): 506–539.

Lee, J. F. 2000. *Tasks and Communicating in Language Classrooms*. New York: McGraw-Hill.

Levelt, W. J. 1989. *Speaking: From Intention to Articulation*. Cambridge: MIT Press.

Levelt, W. J. M. 1983. Monitoring and self-repair in speech. *Cognition*, (14): 41–104.

Levkina, M. 2008. *The effects of increasing cognitive task complexity along [+/- planning Time] and [+/ – few Elements] on L2 oral production*. Master's thesis, University of Barcelona.

Levkina, M. & Gilabert, R. 2012. The effects of cognitive task complexity on L2 oral production. In A. Housen, F. Kuiken & I. Vedder (Eds.), *Dimensions of L2 Performance and Proficiency Investigating Complexity, Accuracy, and Fluency in SLA*. Philadelphia: Benjamins, 171–198.

Lien, H. 2016. Effects of EFL individual learner variables on foreign language reading anxiety and metacognitive reading strategy use. *Psychological Reports, 119* (1): 124–135.

Liu, M. 2006. Anxiety in Chinese EFL students at different proficiency levels. *System, 34* (3): 301–316.

Liu, M. 2018. Interactive effects of English-speaking anxiety and strategy use on oral English test performance of high-and low-proficient Chinese university EFL learners. *Cogent Education, 5* (1): 1–14.

Liu, P. & Li, Z. 2011, January 1. *Toward understanding the relationship between task complexity and task performance*. International Conference on Internationalization, Design and Global Development, Florida, United States.

Liu, P. & Li, Z. 2012. Task complexity: A review and conceptualization framework. *International Journal of Industrial Ergonomics, 42* (6): 553–568.

Livingston, J. A. 2003. January 27. Metacognition: An Overview. ERIC.

Li, W., Lee, A. & Solmon, M. 2007. The role of perceptions of task difficulty in relation to self-perceptions of ability, intrinsic value, attainment value, and performance. *European Physical Education Review,13* (3): 301–318.

Loizidou, A. & Koutselini, M. 2007. Metacognitive monitoring: An obstacle and a key to effective teaching and learning. *Teachers and Teaching: Theory and Practice, 13* (5): 499–519.

Long, M. H. 1985. Input and second language acquisition theory. *Input in Second Language Acquisition*: 377–393.

Lu, Z. & Liu, M. 2011. Foreign language anxiety and strategy use: A study with Chinese undergraduate EFL learners. *Journal of Language Teaching and Research, 2* (6): 1298–1305.

Luoma, S. 2004. *Assessing Speaking*. Cambridge: Cambridge University Press.

Lynch, R., Hurley, A., Cumiskey, O., Nolan, B. & McGlynn, B. 2019. Exploring the relationship between homework task difficulty, student engagement and performance. *Irish Educational Studies, 38* (1): 89–103.

Ma, J. H. 2009. *Autonomy, competence, and relatedness in L2 learners' task motivation: A self-determination theory perspective*. Doctoral dissertation, University of Hawaii.

Macaro, E. 2006. Strategies for language learning and for language use: Revising the theoretical framework. *Modern Language Journal, 90* (3): 320–337.

Mackinnon, D. P. 2011. Integrating mediators and moderators in research design. *Research on Social Work Practice, 21* (6): 675–681.

Madarsara, M. A. & Rahimy, R. 2015. Examining the effect of task complexity and sequence on speaking ability of Iranian EFL learners. *International Journal of Applied Linguistics and English Literature, 4* (1): 247–254.

Mahdavi, M. 2014. An overview: Metacognition in education. *International Journal of Multidisciplinary and Current Research, 2* (6): 529–535.

Martínez, J. J. R., Pérez, M. L. V. & Navarrete, J. H. 2016. Language learning strategy use by Spanish EFL students: The effect of proficiency level, gender, and motivation. *Revista de Investigación Educativa, 34:* 133–149.

Masrom, U. K., Alwi, N. A. N. M. & Daud, N. S. M. 2015. The effects of task complexity on the complexity of the second language written production. *Journal of Second Language Teaching & Research, 4* (1): 38–66.

May, S. 2017. *Encyclopaedia of Language and Education* (3rd ed.). Cham: Springer.

McCormick, C. B. 2003. Metacognition and learning. In W. Reynolds, M. Weiner & G.E. Miller (Eds.), *Handbook of Psychology*. Hoboken: Wiley-Blackwell, 79–102.

McNamara, D. 2011. Measuring deep, reflective comprehension and learning strategies: Challenges and successes. *Metacognition and Learning, 6* (2):195–203.

McNamara, T. F. 1996. *Measuring Second Language Performance*. London: Longman.

McNamara, T. F. 2000. *Language Testing*. Oxford : Oxford University Press.

Meissel, K. L. D. 2014. *Quantitative analysis selection in education: Potential impacts on researchers' conclusions*. Doctoral dissertation, The University of Auckland.

Messick, S. 1995. Validity. In R. L. Linn (Eds.), *Educational Measurement* (3rd ed.). New York: Palgrave Macmillan, 13–103.

Meijer, J., Sleegers, P., Elshout-Mohr, M., Daalen-Kapteijns, M. V., Meeus, W. & Tempelaar, D. 2013. The development of a questionnaire on metacognition for students in higher education. *Educational Research, 55* (1): 31–52.

Meloy, J. M. 2002. *Writing the Qualitative Dissertation: Understanding by Doing* (2nd ed.). Mahwah: Erlbaum.

Milanovic, M. & Saville, N. 1996: Introduction. *Performance testing, cognition and assessment. Studies in Language Testing*, Volume 3. Cambridge: University of Cambridge Local Examinations Syndicate , 1–17.

Mousavi, A. 2009. *An Encyclopedic Dictionary of Language Testing* (4th ed.). London: Rahnama Press.

Muijs, D. 2011. *Doing Quantitative Research in Education with SPSS* (2nd ed.). London: Sage.

Namaziandost, E. & Ahmadi, S. 2019. The assessment of oral proficiency through holistic and analytic techniques of scoring: A comparative study. *Applied Linguistics Research Journal, 3* (2): 70–82.

National Capital Language Resource Centre (NCLRC). 2003. *Elementary Immersion Learning Strategies Resource Guide*. Washington: National Capital Language Resource Centre.

Nazarieh, M. 2016. A brief history of metacognition and principles of metacognitive instruction in learning. *Journal of Humanities, Arts, Medicine and Sciences (BEST: JHAMS), 2* (2), 61–64.

Neary-Sundquist, C. A. 2008. *The role of task type and proficiency level in second language speech production*. Doctoral dissertation, Purdue University.

Nelson, T. O. 1996. Consciousness and metacognition. *American Psychologist, 51* (2): 102–116.

Nett, U. E., Goetz, T., Hall, N. C. & Frenzel, A. C. 2012. Metacognitive strategies and test performance: An experience sampling analysis of students' learning behaviour. *Education Research International*, 1–16.

Newton, J. M. & Nation, I. S. P. 2020. *Teaching ESL/EFL Listening and Speaking* (2nd ed.). London & New York: Routledge.

Nezlek, J. B. 2008. An introduction to multilevel modelling for social and personality psychology. *Social and Personality Psychology Compass, 2* (2): 842–860.

Nezlek, J. B. 2011. *Multilevel Modelling for Social and Personality Psychology* (1st ed.). London: Sage.

Nishishiba, M., Jones, M. & Kraner, M. 2014. Sample selection. In M. Nishishiba, M. Jones & M, Kraner (Eds.), *Research Methods and Statistics for Public and Non-profit Administrators: A Practical Guide*. London: Sage, 74–85.

Nourdad, A. & Ajideh, P. 2019. On the relationship between test-taking strategies and EFL reading performance. *Journal of English Language Teaching and Learning, 11* (23): 189–219.

O'Grady, S. 2018. Investigating the use of an empirically derived, binary-choice and boundary-definition (EBB) scale for the assessment of English language spoken proficiency. In S. Hidri (Eds.), *Revisiting the Assessment of Second Language Abilities: From Theory to Practice*. Cham: Springer, 49–64.

Oller Jr, J. W. 1983. *Issues in Language Testing Research*. Rowley: Newbury.

O'Malley, J. M. & Chamot, A. U. 1990. *Learning Strategies in Second Language Acquisition*. Cambridge: Cambridge University Press.

Ong, J. 2014. How do planning time and task conditions affect metacognitive processes of L2 writers? *Journal of Second Language Writing, 23* (1): 7–30.

O'Sullivan, B. 2000. *Towards a model of performance in oral language testing*. Doctoral dissertation, University of Reading.

O'Sullivan, B. (Eds.). 2011. *Language Testing: Theories and Practices*. Oxford: Palgrave Macmillan.

O'Sullivan, B. & Weir, C. J. 2011. *Language Testing and Validation. Language testing: Theory and practice*. Oxford: Palgrave Macmillan.

Oxford, R. L. 1990. *Language Learning Strategies: What Every Teacher Should Know*. Boston: Heinle.

Oxford, R. L. 2006. Task-based language teaching and learning: An overview. *Asian EFL Journal, 8* (3): 94–121.

Oxford, R. L. 2011. Strategies for learning a second or foreign language. *Language Teaching, 44* (2): 167–180.

Oxford, R. L. 2017. *Teaching and Researching Language Learning Strategies*. London & New York: Routledge.

Oxford, R., Cho, Y., Leung, S. & Hae-Jin, K. 2004. Effect of the presence and difficulty of task on strategy use: An exploratory study. *International Review of Applied Linguistics in Language Teaching, 42* (1): 1–47.

Oxford, R. L. & Amerstorfer, C.M. 2018. The state of the art in language learning strategies and individual learner characteristics. In R. L. Oxford & C. M. Amerstorfer (Eds.), *Language Learning Strategies and Individual Learner Characteristics: Situating Strategy Use in Diverse Contexts.* London: Bloomsbury, 23–33.

Pallant, J. 2016. *SPSS Survival Manual: A Step by Step Guide to Data Analysis Using IBM SPSS* (6th ed.). Sydney: Allen & Unwin.

Pallotti, G. 2019. An approach to assessing the linguistic difficulty of tasks. *Journal of the European Second Language Association, 3* (1): 58–70.

Paltridge, B. & Phakiti, A. 2010. *Continuum Companion to Research Methods in Applied Linguistics.* London: Continuum.

Pan, Y. & Li, S. 2009. A study on the Chinese EFL learners' weak oral skill. *School Journal, 1* (1): 28–32.

Pan, Y. C. & In'nami, Y. 2015. Relationships between strategy use, listening proficiency level, task type, and scores in an L2 listening test. *Canadian Journal of Applied Linguistics, 18* (2): 45–77.

Papaleontiou-Louca, E. 2003. The concept and instruction of metacognition. *Teacher Development, 7* (1): 9–30.

Papaleontiou-Louca, E. 2008. *Metacognition and Theory of Mind.* Newcastle: Cambridge Scholars.

Pathan, M. M. 2012. Computer assisted language testing: Advantages, implications and limitations. *Research Vistas,* (1):30–45

Pei, L. 2014. Does metacognitive strategy instruction indeed improve Chinese EFL learners' reading comprehension performance and metacognitive awareness? *Journal of Language Teaching and Research, 5* (5):1147–1152.

Phakiti, A. 2003. A closer look at the relationship of cognitive and metacognitive strategy use to EFL reading achievement test performance. *Language Testing, 20* (1): 26–56.

Phakiti, A. 2008. Construct validation of Bachman and Palmer's (1996) strategic competence model over time in EFL reading tests. *Language Testing, 25* (2): 237–272.

Phakiti, A. 2016. Test-takers' performance appraisals, appraisal calibration, and cognitive and metacognitive strategy use. *Language Assessment Quarterly: An International Journal, 13* (2): 75–108.

Plonsky, L. 2011. The effectiveness of second language strategy instruction: A meta-analysis. *Language learning, 61* (4): 993–1038.

Plosky, L. 2019. Language learning strategy instructing: Recent research and future directions. In A. U. Chamot & V. Harris (Eds.), *Learning Strategy Instruction in the Language Classroom: Issues and Implementation.* Bristol: Multilingual Matters, 3–21.

Poulisse, N. & Bongaerts, T. 1994. First language use in second language production. *Applied Linguistics,15* (1): 36–57.

Poupore, G. 2013. Task motivation in process: A complex systems perspective. *Canadian Modern Language Review, 69* (1): 91–116.

Poupore, G. 2015. The influence of content on adult L2 Learners' task motivation: An interest theory perspective. *Canadian Journal of Applied Linguistics, 17* (2): 69–90.

Poupore, G. 2016. Measuring group work dynamics and its relation with L2 learners' task motivation and language production. *Language Teaching Research, 20* (6): 719–740.

Powney, J. & Watts, M. 2018. *Interviewing in Educational Research.* London & New York: Routledge.

Pressley, M. & Allington, R. L. 2014. *Reading Instruction that Works: The Case for Balanced Teaching.* New York: Guilford.

Psaltou-Joycey, A. & Gavriilidou, Z. 2018. Language Learning Strategies in Greek Primary and Secondary School Learners. In R. L. Oxford & C. M. Amerstorfer (Eds.), *Language Learning Strategies and Individual Learner Characteristics: Situating Strategy Use in Diverse Contexts.* London: Bloomsbury, 248–269.

Purpura, J. E. 1997. An analysis of the relationships between test-takers' cognitive and metacognitive strategy use and second language test performance. *Language Learning, 47* (2): 289–325.

Purpura, J. E. 1998. Investigating the effects of strategy use and second language test performance with high- and low-ability test-takers: A structural equation modelling approach. *Language Testing,15* (3): 333–379.

Purpura, J. E. 1999. *Learner Strategy Use and Performance on Language Tests: A Structural Equation Modeling Approach.* Cambridge: Cambridge University Press.

Purpura, J. E. 2004. *Assessing Grammar.* Cambridge: Cambridge University Press.

Purpura, J. E. 2008. Assessing communicative language ability: Models and their components. In E. Shohamy & N. H. Hornberger (Eds.), *Encyclopaedia of Language and Education, Language Testing and Assessment* (2nd ed.). Dordrecht: Kluwer, 7: 53–68.

Purpura, J. E. 2013. Language learner strategies and styles. In M. Celce-Murcia, D. M. Brinton & M. A. Snow (Eds.), *Teaching English As a Second or Foreign Language* (4th ed.). Boston: Heinle, 532–549.

Purpura, J. E. 2016. Second and foreign language assessment. *Modern Language Journal*, 100: 190–208.

Putlack, M. A. & Link, W. 2009. *How to Master Skills for the TOEFL IBT Speaking Intermediate*. Beijing: Qunyan Press.

Qin, L. 2007. EFL teacher factors and students' affect. *US-China Education Review*, 4 (3): 60–67.

Qin, T. L. 2018. *Metacognitive perspectives on learning to write in English as a foreign language (EFL) in multimedia environments at the tertiary level in China*. Doctoral dissertation, The University of Auckland.

Qin, T. L. & Zhang, L. J. 2019. English as a foreign language writers' metacognitive strategy knowledge of writing and their writing performance in multimedia environments. *Journal of Writing Research, 11* (2): 393–413.

Rahimi, M. 2016. *Task complexity, affective factors, and pre-task planning: Effects on L2 writing production*. Doctoral dissertation, The University of Auckland.

Rahimi, M. & Katal, M. 2012. Metacognitive strategies awareness and success in learning English as a foreign language: An overview. *Procedia-Social and Behavioural Sciences, 31*: 73–81.

Rahimi, M. & Zhang, L. J. 2018. Effects of task complexity and planning conditions on L2 argumentative writing production. *Discourse Processes, 55* (8): 726–742.

Rahimi, M. & Zhang, L. J. 2019. Writing task complexity, students' motivational beliefs, anxiety and their writing production in English as a second language. *Reading and Writing: An Interdisciplinary Journal, 32* (3): 761–786.

Rahimirad, M. & Shams, M. R. 2014. The effect of activating metacognitive strategies on the listening performance and metacognitive awareness of EFL students. *International Journal of Listening, 28* (3): 162–176.

Rahimy, R. 2015. Examining the effect of task complexity and sequence on speaking ability of iranian EFL learners. *International Journal of Applied Linguistics & English Literature, 4* (1): 247–254.

Rashvand Semiyari, S. & Ahangari, S. 2019. The impact of task types and rating methods on Iranian EFL learners' speaking scores. *Research in English Language Pedagogy, 7* (2): 187–208.

Raudenbush, S. W. & Bryk A. S. 2002. *Hierarchical Linear Models: Applications and Data Analysis Methods* (2nd ed.). London: Sage.

Read, J. 2016. *Post-admission Language Assessment of University students.* Cham: Springer.

Read, J. & Chapelle, C. A. 2001. A framework for second language vocabulary assessment. *Language Testing, 18* (1): 1–32.

Reinard, J.C. 2006. *Communication Research Statistics.* London: Sage.

Révész, A. 2011. Task complexity focus on L2 constructions, and individual differences: A classroom-based study. *Modern Language Journal, 95* (4): 162–181.

Révész, A. 2014. Towards a fuller assessment of cognitive models of task-based learning: Investigating task-generated cognitive demands and processes. *Applied Linguistics, 35* (1): 87–92.

Révész, A. & Gurzynski-Weiss, L. 2016. Teachers' perspectives on second language task difficulty: Insights from think-aloud and eye tracking. *Annual Review of Applied Linguistics, 36:* 182–204.

Révész, A., Michel, M. & Gilabert, R. 2016. Measuring cognitive task demands using dual-task methodology, subjective self-ratings, and expert judgments: A validation study. *Studies in Second Language Acquisition, 38* (4):703–737.

Rezazadeh, M., Tavakoli, M. & Rasekh, A. E. 2011. The role of task type in foreign language written production: Focusing on fluency, complexity, and accuracy. *International Education Studies, 4* (2):169–176.

Richards, J. C. & Schmidt, R. W. 2013. *Longman Dictionary of Language Teaching and Applied Linguistics* (4th ed.). London & New York: Routledge.

Richards, L. 2015. *Handling Qualitative Data: A Practical Guide* (3rd ed.). Los Angeles: Sage.

Robinson, P. 2001. Task complexity, task difficulty, and task production: Exploring interactions in a componential framework. *Applied Linguistics, 22* (1): 27–57.

Robinson, P. 2005. Cognitive complexity and task sequencing: Studies in a componential framework for second language task design. *International Review of Applied Linguistics in Language Teaching, 43* (1):1–32.

Robinson, P. 2007. Task complexity, theory of mind, and intentional reasoning: Effects on L2 speech production, interaction, uptake and perceptions of task difficulty. *International Review of Applied Linguistics in Language Teaching, 45* (3):193–213.

Robinson, P. 2015. The Cognition Hypothesis, second language task demands, and the SSARC model of pedagogic task sequencing. In M. Bygate (Eds.), *Domains and Directions in the Development of TBLT: A Decade of Plenaries from the International Conference.* Amsterdam: John Benjamins, 123–155.

Robinson, P. & Gilabert, R. 2007. Task complexity, the Cognition Hypothesis and second language learning and performance. *International Review of Applied Linguistics in Language Teaching, 45* (3): 161–176.

Roderer, T., Krebs, S., Schmid, C. & Roebers, C. M. 2012. The role of executive control of attention and selective encoding for pre-schoolers' learning. *Infant and Child Development, 21* (2): 146–159.

Roebers, C. M., Krebs, S. S. & Roderer, T. 2014. Metacognitive monitoring and control in elementary school children: Their interrelations and their role for test performance. *Learning and Individual Differences, 29:* 141–149.

Roever, C. & Mcnamara, T. 2006. Language testing: The social dimension. *International Journal of Applied Linguistics, 16* (2): 242–258.

Ross, S. J. 2008. Language testing in Asia: Evolution, innovation, and policy challenges. *Language Testing, 25* (1): 5–13.

Rubin, J. 1975. What the 'good language learner' can teach us. *TESOL Quarterly, 9:* 41–51.

Rubin, J. 2001. Language learner self-management. *Journal of Asian Pacific Communication, 11* (1): 25–37.

Rubin, J., Chamot, A. U., Harris, V. & Anderson, N. J. 2007. Intervening in the use of strategies. *Language Learner Strategies, 30:* 29–45.

Rukthong, A. & Brunfaut, T. 2020. Is anybody listening? The nature of second language listening in integrated listening-to-summarize tasks. *Language Testing, 37* (1): 31–53.

Saha, M. 2014. EFL Test anxiety: Sources and supervisions. *Journal of Teaching and Teacher Education, 2* (2):187–208.

Salataci, R. 2002. Possible effects of strategy instruction on L1 and L2 reading. *Reading in a Foreign Language, 14* (1): 1–17.

Saldaña, J. 2016. *The Coding Manual for Qualitative Researchers* (3rd ed.). Los Angeles: Sage.

Salkind, N. J. 2010. *Encyclopaedia of Research Design.* Los Angeles: Sage.

Samejon, K. 2015. Extrinsic motivation factors in learning English as second language. *Kaalam, 1* (1): 35–53.

Samuda, V. & Bygate, M. 2008. *Tasks in Second Language Learning.* Basingstoke: Palgrave Macmillan.

Saraswati, D. 2017. The relationship between reading strategy use and EFL test performance. *Journal of NELTA, 22* (1–2): 38–52.

Sasayama, S. 2015. *Validating the assumed relationship between task design, cognitive complexity, and second language task performance.* Doctoral dissertation, Georgetown University.

Sasayama, S. 2016. Is a 'complex 'task really complex? Validating the assumption of cognitive task complexity. *The Modern Language Journal, 100* (1): 231–254.

Sasere, O. B. & Makhasane, S. D. 2020. Global perceptions of faculties on virtual programme delivery and assessment in higher education institutions during the 2020 covid-19 pandemic. *Internal Journal of Higher Education,* (9): 81–192.

Sato, M. & Loewen, S. 2018. Metacognitive instruction enhances the effectiveness of corrective feedback: Variable effects of feedback types and linguistic targets. *Language Learning, 68* (2): 507–545.

Sato, T. & McNamara, T. 2019. What counts in second language oral communication ability? The perspective of linguistic laypersons. *Applied Linguistics, 40* (6): 894–916.

Schellings, G. & Hout-Wolters, B. 2011. Measuring strategy use with self-report instruments: Theoretical and empirical considerations. *Metacognition and Learning, 6* (2): 83–90.

Schmitz, B. & Wiese, B. S. 2006. New perspectives for the evaluation of training sessions in self-regulated learning: Time-series analyses of diary data. *Contemporary Educational Psychology, 31* (1): 64–96.

Scott, J. 2014. *Factor Analysis* (4th ed.). Oxford: Oxford University Press.

Selinker, L. 1972. Interlanguage. *International Review of Applied Linguistics in Language Teaching, 10* (1–4): 209–232.

Seong, Y. 2014. Strategic competence and L2 speaking assessment. *Teachers College, Columbia University Working Papers in TESOL & Applied Linguistics, 14* (1): 13–24.

Setiyadi, A., Mahpul, Sukirlan, M. & Rahman, B. 2016. Language motivation, metacognitive strategies and language performance: A cause and effect correlation. *International Journal of Applied Linguistics and English Literature, 5* (7): 40–47.

Shen, Y. & Zhang L. J. 2006. Investigating the relationship between metacognition and EFL listening of postgraduate non-English majors: A multiple regression analysis. *Foreign Language Research, 3* (157): 45–52.

Shih, H. & Huang, S. H. C. 2018. EFL learners' metacognitive strategy use in reading tests. *English Teaching & Learning, 42* (2): 117–130.

Shih, H. & Huang, S. H. C. 2020. College students' metacognitive strategy use in an EFL flipped classroom. *Computer Assisted Language Learning, 33* (7): 755–784.

Shiliaw, J. 2017. Language Testing @ 55: A review of 55 years of foreign language assessment. *Academia: Literature and Language, (101)*: 1–14.

Shohamy, E. 1994. The validity of direct versus semi-direct oral tests. *Language Testing, 11* (2): 99–123.

Shohamy, E. 1997. Second language assessment. In *Encyclopedia of language and education*. Cham: Springer, 141–149.

Shohamy, E. G. 2001. *The Power of Tests: A Critical Perspective on the Uses of Language Tests*. New York: Pearson Education.

Shohamy. E. G. 2007. Language tests as language policy tools, Assessment in Education: Principles. *Policy & Practice, 14* (1): 117–130.

Shohamy, E., Or, I. G. & May, S. 2017. *Language Testing and Assessment* (3rd ed.). Cham: Springer.

Skehan, P. 1996. A framework for the implementation of task-based instruction. *Applied linguistics, 17* (1): 38–62.

Skehan, P. 1998. *A Cognitive Approach to Language Learning*. Oxford: Oxford University Press.

Skehan. P. 2011. *Researching Tasks: Performance, Assessment and Pedagogy*. Shanghai: Shanghai Foreign Language Education Press.

Skehan, P. 2016. Foreign language aptitude, acquisitional sequences, and psycholinguistic processes. In G. Granena, D. Jackson & Y. Yilmaz (Eds.), *Cognitive Individual Differences in Second Language Processing and Acquisition*. Amsterdam: John Benjamins, 7–40.

Skehan, P. 2018. *Second Language Task-based Performance: Theory, Research, Assessment*. London & New York: Routledge.

Ślęzak-Świat, A. 2008. *Components of strategic competence in advanced foreign language users*. Doctoral dissertation, University of Silesia.

Snijders, T. A. B. & Bosker, R. J. 2021. *Multilevel Analysis: An Introduction to Basic and Advanced Multilevel Modelling* (2nd ed.). Los Angeles: Sage.

Song, X. 2005. Language learner strategy use and English proficiency on the Michigan English Language Assessment Battery. *Spain Fellow Working Papers in Second or Foreign Language Assessment, 3:* 1–26.

Song, X. & Cheng, L. 2006. Language learner strategy use and test performance of Chinese learners of English. *Language Assessment Quarterly: An International Journal, 3* (3): 243–266.

Sperling, R. A., Richmond, A. S., Ramsay, C. M. & Klapp, M. 2012. The measurement and predictive ability of metacognition in middle school learners. *The Journal of Educational Research, 105* (1): 1–7.

Spolsky, B. 1978: Introduction: linguists and language testers. In B. Spolsky (Eds.). *Advances in Language Testing Series.* Washington: Center for Applied Linguistics, v–x.

Spolsky, B. 1995. Measured Words. Oxford: Oxford University Press.

Spolsky, B. 2017. History of Language Testing. In E. Shohamy Or, I., May, S. (Eds.), *Language Testing and Assessment. Encyclopedia of Language and Education.* Cham: Springer, 375–384.

Sternberg, R. J. 1985. *Beyond IQ: A Triarchic Theory of Human Intelligence.* Cambridge: Cambridge University Press.

Sternberg, R. J. 1988. *The Triarchic Mind: A New Theory of Human Intelligence.* New York: Viking.

Stoynoff, S., Chapelle, C. A. & Viii, P. 2005. ESOL tests and testing. *TESL-EJ, 9* (3):Viii, 206.

Sun, D. 2014. From Communicative Competence to Interactional Competence: A New Outlook to the Teaching of Spoken English. *Journal of Language Teaching & Research, 5* (5): 1062–1070.

Sun, P. P. 2020. *Chinese as a Second Language Multilinguals' Speech Competence and Speech Performance: Cognitive, Affective, and Sociocultural Perspectives.* Berlin: Springer Nature.

Sun, P., Zhang, L. & Gray, S. 2016. Development and validation of the speaking strategy inventory for learners of Chinese (SSILC) as a second/foreign language. *The Asia-Pacific Education Researcher, 25* (4)：593–604.

Swain, M., Huang, L., Barkaoui, K., Brooks, L. & Lapkin, S. 2009. *The speaking section of the TOEFL IBT: Test-takers' reported strategic behaviours* (Research Report No. RR-09–02). Princeton: Educational Testing Service.

Tajeddin, Z. & Bahador, H. 2012. Pair grouping and resource-dispersing variables of cognitive task complexity: Effects on L2 output. *Iranian Journal of Applied Linguistics, 15* (1)：123–149.

Takeuchi, O. 2020. Language learning strategies: Insights from the past and directions for the future. In X. Gao (Eds.), *Second Handbook of English Language Teaching*. Cham: Springer, 684–699.

Tarone, E. 2005. Speaking in a second language. In E. Hinkel (Eds.), *Handbook of Research in Second Language Teaching and Learning*. Mahwah: Erlbaum, 485–502.

Tarricone, P. 2011. *The Taxonomy of Metacognition*. Hove: Psychology.

Tavakoli, P. 2009. Investigating task difficulty: learners' and teachers' perceptions. *International Journal of Applied Linguistics, 19* (1): 1–25.

Taylor, L. B. 2011. *Examining Speaking: Research and Practice in Assessing Second Language Speaking*. Cambridge: Cambridge University Press.

Teng, L. S. 2022. *Self-regulated Learning and Second Language Writing: Fostering Strategic Language Learners*. Berlin: Springer Nature.

Teng, L. S., Sun, P. P. & Xu, L. 2018. Conceptualizing writing self-Efficacy in English as a foreign language context: Scale validation through structural equation modelling. *TESOL Quarterly, 52* (4): 911–942.

Teng, L. S. & Zhang, L. J. 2016. A Questionnaire-based validation of multidimensional models of self-regulated learning strategies. *Modern Language Journal, 100* (3): 674–701.

Teng, L. S. & Zhang, L. J. 2020. Empowering learners in the second/foreign language classroom: Can self-regulated learning strategies-based writing instruction make a difference? *Journal of Second Language Writing, 48:* 1–12.

Teng, F., Qin, C. & Wang, C. 2021a. Validation of metacognitive academic writing strategies and the predictive effects on academic writing performance in a foreign language context. *Metacognition and Learning. 17.1* (2022): 167–190.

Teng, F., Wang, C. & Zhang, L. J. 2021b. Assessing self-regulatory writing strategies and their predictive effects on young EFL learners' writing performance. *Assessing Writing, 51* (2022): 100573

Towell, R., Hawkins, R. & Bazergui, N. 1996. The development of fluency in advanced learners of French. *Applied Linguistics, 17* (1):84–119.

Tran, T. H. 2012. *Second language assessment for classroom teachers*. Paper presented at Midtesol, Ames, Iowa.

Tubbs, J. M. 2016. *Guidebook for ESL teachers of Chinese students. Master's Projects and Capstones*. Master's thesis, University of San Francisco.

Turner, C. E. & Purpura, J. 2016. Learning-oriented assessment in the classroom. In D. Tsagari & J. Banerjee (Eds.), *Handbook of Second Language*

Assessment. Berlin: Mouton De Gruyter, 255–274.

Upton, G. & Cook, I. 2014. *Inter-rater Reliability* (3rd ed.). Oxford: Oxford University Press.

Vandergrift, L., Goh, C. C., Mareschal, C. J. & Tafaghodtari, M. H. 2006. The metacognitive awareness listening questionnaire: Development and validation. *Language Learning, 56* (3): 431–462.

Veenman, M. 2011. Alternative assessment of strategy use with self-report instruments: A discussion. *Metacognition and Learning, 6* (2): 205–211.

Veenman, M., Hout-Wolters, B. & Afflerbach, P. 2006. Metacognition and learning: Conceptual and methodological considerations. *Metacognition and Learning,1* (1): 3–14.

Veenman, M. V. & van Cleef, D. 2019. Measuring metacognitive skills for mathematics: students' self-reports versus on-line assessment methods. *ZDM International Journal on Mathematics Education, 51* (4): 691–701.

Verma, J. P. 2015. *Repeated Measures Design for Empirical Researchers*. Hoboken: Wiley-Blackwell.

Vrettou, A. 2009. Language learning strategy employment of EFL Greek-speaking learners in junior high school. *Journal of Applied Linguistics, 25:* 85–106.

Vrettou, A. 2011. *Patterns of language learning strategy use by Greek-speaking young learners of English*. Doctoral dissertation, Aristotle University of Thessaloniki.

Vygotsky, L. S. 1978. *Mind in society: The Development of higher psychological processes*. In M. Cole, V. John-Steiner, S. Scribner & E. Souberman (Eds.), Cambridge: Harvard University Press.

Walford, G. 2001. *Doing Qualitative Educational Research: A Personal Guide to the Research Process*. London: Continuum.

Wang, D., Lai, H., & Leslie, M. 2015. Chinese English learners' strategic competence. *Journal of Psycholinguistics Research, 44* (6): 701–714.

Wang, H. & Yu, G. 2018. Test-Takers' Cognitive Processes during a Listen-To-Summarize Cloze Task. *International Journal of Listening, 35* (1):1–28.

Wang, L. & Zhang, L. J. 2019. Peter Skehan's influence in research on task difficulty. In Z. E. Wen, & M. J. Ahmadian (Eds.), *Researching L2 Task Performance and Pedagogy: In Honour of Peter Skehan*. Philadelphia: Benjamins, 183–198.

Wang, R. & Liu, Y. 2018. Literature review of syntactic priming experiment methods and bilingual speech production models. *Advances in Social Science, Education and Humanities Research, 283:* 394–398.

Weir, C. J. 1999. The testing of reading in a second language. In C. Clapham & D. Corson (Eds.), *Encyclopedia of Language Education* (Vol.7). *Language Testing and Assessment*. Dordrecht: Kluwer, 39–49.

Weir, C. J. 2005. *Language Testing and Validation: An Evidence-based Approach*. Hampshire: Palgrave Macmillian.

Weir, C. J., O'Sullivan, B. & Horai, T. 2006. Exploring difficulty in speaking tasks: An intra-task perspective. *IELTS Research Report (No.6)*. British Council and IDP Australia, 119–160.

Wei, R. & Su, J. 2015. Surveying the English language across China. *World Englishes, 34* (2): 175–189.

Wenden, A. 1987. Metacognition: An expanded view on the cognitive abilities of L2 learners. *Language Learning, 37* (4): 573–597.

Wilson, A. 2013. *To be specific: Using professional development with subject-specific and generic literacy components to raise secondary students' achievement in English, mathematics and science*. Doctoral dissertation, The University of Auckland.

Winkle, P. M. & Isbell, D. B. 2017. Computer-assisted language assessment. In S. L. Thorne & S. May (Eds.), *Language, Education and Technology*. New York: Springer, 313–323.

Wischgoll, A. 2016. Combined training of one cognitive and one metacognitive strategy improves academic writing skills. *Frontiers in Psychology, 7* (187): 1–13.

Woods. M. 2009. *A Spiritual Journey through Poetry with Marion Woods*. Bloominton: Authourhouse.

Xie, K. & Bradshaw, A. C. 2008. Using question prompts to support ill-structured problem solving in online peer collaborations. *International Journal of Technology in Teaching and Learning, 4* (2): 148–165.

Xu, J. 2016. The relationship between the use of speaking strategies and performance on IELTS speaking test: A study on Chinese college students. *International Journal for 21st Century Education, 3* (2): 69–96.

Xu, X. 2011. The relationship between language learning motivation and the choice of language learning strategies among Chinese graduates. *International Journal of English Linguistics, 1* (2): 203–212.

Yang, H. C. 2014. Toward a model of strategies and summary writing performance. *Language Assessment Quarterly: An International Journal, 11* (4): 403–431.

Yang, H. & Plakans, L. 2012. Second language writers' strategy use and performance on an integrated reading-listening-writing task. *TESOL Quarterly, 46* (1): 80–103.

Yang, W. & Sun, Y. 2012. The use of cohesive devices in argumentative writing by Chinese EFL learners at different proficiency levels. *Linguistics and Education, 23* (1): 31–48.

Yahya, M. Y. 2019. *Improving speaking performance and L2 motivation through task-based language teaching on Malaysian undergraduate students.* Doctoral dissertation, The University of Reading.

Yi, J. I. 2012. *Comparing strategic processes in the IBT speaking test and in the academic classroom.* Doctoral dissertation, The University of Leicester.

Yin, Z. 2013. Infer the meaning of unknown words by sheer guess or by clues? An exploration on the clue use in Chinese EFL learner's lexical inferencing. *English Language Teaching, 6* (11): 29–38.

Young, R. F. 2000. *Interactional Competence: Challenges for Validity.* ERIC ED444361.

Young, R. & He, A. W. (Eds.).1998.*Talking and Testing: Discourse Approaches to the Assessment of Oral Proficiency.* Philadelphia: Benjamins.

Youn, S. J. & Bi, N. Z. 2019. Investigating test-takers' strategy use in task-based L2 pragmatic speaking assessment. *Intercultural Pragmatics, 16* (2):185–218.

Young, D. S. 2017. *Handbook of Regression Methods.* Boca Raton: CRC.

Yu, G., He, L., Rea-Dickins, P., Kiely, R., Lu, Y., Zhang, J. & Fang, L. 2017. *Preparing for the speaking tasks of the TOEFL IBT test: An investigation of the journeys of Chinese test-takers* (Research Report No. RR-17–01). Princeton: Educational Testing Service.

Yu, G. & Zhang, J. 2017. Computer-based English language testing in China: Present and future. *Language Assessment Quarterly: An International Journal, 14* (2): 177–188.

Yuan, F. & Ellis, R. 2003. The effects of pre-task planning and on-line planning on fluency, complexity and accuracy in L2 monologist oral production. *Applied Linguistics, 24* (1): 1–27.

Zare, P. 2012. Language learning strategies among EFL/ESL learners: A review of literature. *International Journal of Humanities and Social Science, 2* (5):162–169.

Zhang, D. & Goh, C. C. M. 2006. Strategy knowledge and perceived strategy use: Singaporean students' awareness of listening and speaking strategies.

Language Awareness, 15 (3): 199–119.

Zhang, D. & Zhang, L. J. 2019. Metacognition and self-regulated learning (SRL) in second/foreign language teaching. In X. Gao (Eds.), *Second Handbook of English Language Teaching*. Cham: Springer, 883–897.

Zhang, L. 2014. A structural equation modelling approach to investigating test-takers' strategy use and reading test performance. *Asian EFL Journal, 16* (1):152–188.

Zhang, L. 2016. Chinese college test-takers' individual differences and reading test performance: A structural equation modelling approach. *Perceptual and Motor Skills, 122* (3): 725–741.

Zhang, L. 2017. *Metacognitive and Cognitive Strategy Use in Reading Comprehension: A Structural Equation Modelling Approach*. Cham: Springer.

Zhang, L., Aryadoust, V. & Zhang, L. J. 2014. Development and validation of the test-takers' metacognitive awareness reading questionnaire (TMARQ). *The Asia-Pacific Education Researcher, 23* (1): 37–51.

Zhang, L., Goh, C. C. & Kunnan, A. J. 2014. Analysis of test-takers' metacognitive and cognitive strategy use and EFL reading test performance: A multi-sample SEM approach. *Language Assessment Quarterly: An International Journal, 11* (1): 76–102.

Zhang, L. & Zhang, L. J. 2013. Relationships between Chinese college test-takers' strategy use and EFL reading test performance: A structural equation modelling approach. *RELC Journal, 44* (1): 35–57.

Zhang, L. J. 1999. *Metacognition, cognition and L2 reading: A study of Chinese university EFL readers' metacognitive knowledge and strategy deployment*. Doctoral dissertation, Nanyang Technological University.

Zhang, L. J. 2001. Awareness in Reading: EFL Students' Metacognitive Knowledge of Reading Strategies in an Acquisition-poor Environment. *Language Awareness, 10* (4): 268–288.

Zhang, L. J. 2008. Making a case for skills/strategies-based instruction for L2 listening development. *Reflections on English Language Teaching, 7* (2):119–128.

Zhang, L. J. 2010. A dynamic metacognitive systems account of Chinese university students' knowledge about EFL reading. *TESOL Quarterly, 44* (2):320–353.

Zhang, L. J., Aryadoust, V. & Zhang, D. 2016. Taking stock of the effects of strategies-based instruction on writing in Chinese and English in Singapore primary schools. In R. E. Silver & W. Bokhorst-Heng (Eds.),

Quadrilingual Education in Singapore: Pedagogical Innovation in Language Education. Cham: Springer, 103–126.

Zhang, L. J. & Qin, T. L. 2018. Validating a questionnaire on EFL writers' metacognitive awareness of writing strategies in multimedia environments. In A. Haukås, C. Bjørke, & M. Dypedahl (Eds.), *Metacognition in Language Learning and Teaching.* London & New York: Routledge, 157–179.

Zhang, L. J., Thomas, N. & Qin, T. L. 2019. Language learning strategy research in System: Looking back and looking forward. *System, 84:* 87–93.

Zhang, L. J. & Xiao, Y. 2006. Language learning strategies, motivation and EFL proficiency: A study of Chinese tertiary-level non-English majors. *Asian Englishes: An International Journal of the Sociolinguistics in Asia/Pacifc, 9* (2):20–47.

Zhang, L. J. & Zhang, D. 2018. Metacognition in TESOL: Theory and practice. In J. I. Liontas & A. Shehadeh (Eds.), *The TESOL Encyclopaedia of English Language Teaching.* Hoboken: Wiley-Blackwell, 2: 682–792.

Zhang, W. & Wilson, A. 2023. From self-regulated learning to computer-delivered integrated speaking testing: Does monitoring always monitor? *Frontiers in Psychology,* 14: 54–87.

Zhang, W., Zhang, D. & Zhang, L. J. 2021. Metacognitive Instruction for Sustainable Learning: Learners' Perceptions of Task Difficulty and Use of Metacognitive Strategies in Completing Integrated Speaking Tasks. *Sustainability,* 13 (11): 62–75.

Zhang, W. & Zhang, L. J. 2022. Understanding assessment tasks: Learners' and teachers' perceptions of cognitive load of integrated speaking tasks for TBLT implementation. *System,* 111:102–951.

Zhang, W., Zhang, L. J. & Wilson, A. J. 2021. Supporting Learner Success: Revisiting Strategic Competence through Developing an Inventory for Computer-assisted Speaking Assessment. *Frontiers in Psychology,* 12: 11–18.

Zhang, W., Zhang, L. J. & Wilson, A. J. 2022. Strategic competence, task complexity, and foreign language learners' speaking performance: a hierarchical linear modelling approach. *Applied Linguistics Review,* 2022: 74

Zhang, W., Zhao, M. & Zhu, Y. 2022. Understanding Individual Differences in Metacognitive Strategy Use, Task Demand, and Performance in Integrated L2 Speaking Assessment Tasks. *Frontiers in Psychology,* 13.

Zhao, W. L. 2017. Issues on China's ELT assessment. *Education for Chinese Adults,* 18: 147–151.

Zhao, Z. 2013. An overview of models of speaking performance and its implications for the development of procedural framework for diagnostic speaking tests. *International Education Studies, 6* (3): 66–75.

Zhu, X., Liao, X. & Cheong, C. M. 2019. Strategy use in oral communication with competent synthesis and complex interaction. *Journal of Psycholinguistics Research, 48* (5): 1163–1183.

Zimmerman, B. J. & Schunk, D. H. 2011. *Handbook of Self-regulation of Learning and Performance*. London & New York: Routledge.

附　　录

附录 1　口语策略能力量表

第一部分

请在方框内打勾（√），并在空白处写下您的信息，以便我们更好地理解您的回答。

1. 代码：
2. 年龄：
3. 性别：男□　女□
4. 您开始学习英语的年龄：
   7~9 岁□　10~12 岁□　13~15 岁□　其他＿＿＿＿＿
5. 英语水平：
   CET4 □　CET6 □　BEC □　雅思□　托福□

第二部分

请给您刚刚完成的任务打分，评分范围应从 1（题目一点不难）到 9（题目非常难）。

任务 3
这道题一点都不难 1 2 3 4 5 6 7 8 9　这道题非常难
任务 4
这道题一点都不难 1 2 3 4 5 6 7 8 9　这道题非常难
任务 5
这道题一点都不难 1 2 3 4 5 6 7 8 9　这道题非常难
任务 6
这道题一点都不难 1 2 3 4 5 6 7 8 9　这道题非常难

第三部分

请阅读以下每一项陈述，并在对应处打勾（√）表明您的想法：0（从不或几乎从不）、1（很少）、2（有时）、3（经常）、4（通常）和5（总是或几乎总是）。

您的想法	0	1	2	3	4	5
1. 我知道任务是什么和需要我做什么。						
2. 我意识到需要计划一个行动方案。						
3. 我想过要怎么做才能完成任务。						
4. 我确保我明确了任务目标。						
5. 我了解完成任务所需的基本步骤。						
6. 我在说话之前组织了语言结构。						
7. 我利用知识（如上下文、单词的信息、主题）猜测了未知单词或含义。						
8. 我用上下文来猜测话题。						
9. 我利用背景知识完成了任务。						
10. 如果我不知道合适的词，我会编造新词或猜测。						
11. 当我想不出词时，我使用一个别的词或短语来表达相同的意思。						
12. 我知道什么时候应该更快地完成任务。						
13. 我知道什么时候应该更仔细地完成任务。						
14. 我知道时间过去了。						
15. 当我说话时，我知道我说话的方式听起来像母语人士。						
16. 我将传入的信息与我所知道的知识相关联。						
17. 当我执行任务时，我记下了重要的单词和概念。						
18. 如果我的计划在任务期间没有有效地实施，我知道该怎么办。						
19. 完成任务后，我在心里给自己打分。						
20. 完成任务后，我会检查是否完成了目标。						
21. 我检查了我在任务中犯的错误。						
22. 我在完成任务时评估了自己的表现满意度。						
23. 我评估了自己的预期计划是否有效。						

您已完成问卷！非常感谢您的帮助！

我们邀请您加入我们的采访，如果您想加入我们，请在下面打勾（√）告诉我们。

我想参加面试 ＿＿＿＿＿＿＿＿＿＿。

附录2　半结构化访谈纲要

1. 您能告诉我您在答题前的准备时间里都做些什么吗?

2. 您能告诉我在开始今天的答题前，心里给自己定了什么目标吗?

3. 您能告诉我您完全明白了今天考试中的阅读和听力内容吗?

4. 您能告诉我遇到问题时是怎么解决的吗（如果有的话）?

5. 您能告诉我考完试后，您给自己的表现打分了吗?

6. 您已经完成了全部四个口语任务，您认为哪一个任务最难，哪一个最简单? 为什么?

7. 您认为30秒的准备时间比20秒准备时间更易于完成考试任务吗?

8. 您认为先听后说比先读、听再说更能帮助您完成考试任务吗?

9. 您认为校园生活的口语话题比学术讲座的口语话题更能帮助您完成考试任务吗?

10. 您认为解释学术概念的口语话题比提供解决方案的口语话题更能帮助您完成考试任务吗?

附录3　开放式任务复杂度量表

Dear colleagues,

The purpose of this survey is to collect information on your evaluation of task complexity. We would like to ask you to help us answer the following questions regarding the cognitive load which four integrated speaking tasks may impose on Chinese EFL students. This is not a test so there are no "right" or "wrong" answers and we are interested in your personal opinion. Please give your answers sincerely as only this guarantee the success of the investigation. The content of the form is absolutely confidential. Information identifying the respondent will not be disclosed under any circumstances.

Thank you very much for your participation and cooperation!

Part One

In this part, please provide your information by ticking（ $\checkmark$ ）in the box or write your responses in the space so we can better understand your answers.

1. Code:
2. Age:
3. Gender: Male ☐ Female ☐
4. The years you have been teaching English to present：
   7~9 years ☐ 10~12 years ☐ 13~15 year ☐ Others_____.
5. English proficiency reflected by education background
   Bachelor ☐ Master ☐ Doctor ☐

Part Two

In this part，please read each of the following statements and indicate how you thought on the task complexity of the four integrated speaking tasks you just performed and explain why.

Task 1

This task was not difficult at all. 1 2 3 4 5 6 7 8 9 This task was extreme difficult.

Your explanation _____

Task 2

This task was not difficult at all. 1 2 3 4 5 6 7 8 9 This task was extreme difficult.

Your explanation _____

Task 3

This task was not difficult at all. 1 2 3 4 5 6 7 8 9 This task was extreme difficult.

Your explanation _____

Task 4

This task was not difficult at all. 1 2 3 4 5 6 7 8 9 This task was extreme difficult.

Your explanation _____

You have completed the questionnaire! Your help is highly appreciated!

附录4 学生参与研究同意书

项目名称：现代语言测试视域下的中国英语学习者口语策略能力研究

研究人员：张伟伟、Lawrence Jun Zhang（张军）

我已阅读参与者信息表，了解研究的性质以及邀请我参与的原因。我有机会提出问题并得到满意的回答。

• 我同意参加本研究的第一阶段研究，并且完全是自愿参与。

• 我知道这项研究将在我平时的上课时间之外进行。

• 我明白我的参与、不参与或退出不会以任何方式影响我与学校的关系或我的学业成绩和未来的就业。

• 我了解研究数据将存储六年，然后销毁。

• 我了解从研究中收集的数据将用于研究人员的论文，并可能用于学术出版物和会议报告。

• 我了解研究人员将在整个研究过程中保护我的信息，并且在任何情况下都不会向第三方披露身份信息和数据。

• 我希望收到研究结果的摘要，可以通过以下电子邮件地址发送给我：_____。（如果没有，请留空）

此表格将保留六年。

姓名_____ 签名_____ 日期_____

研究员联系方式

张伟伟

电子邮件：1770514641@qq.com

电话：13155250017（手机）

附录 5　研究说明书

　　项目：现代语言测试视域下的中国英语学习者口语策略能力研究
　　研究人员：张伟伟、Lawrence Jun Zhang（张军）

项目说明及邀请

　　我们研究目的是探索任务中国英语学习者在计算机综合辅助口语测试中其策略能力与任务复杂度及测试成绩间的复杂关系。

　　这项实证研究是一个两阶段设计，其中包括第一阶段的两项试点研究和第二阶段的一项主要研究。第一阶段的试点研究旨在验证测量工作和测试设备，研究将在平时上课时间之外进行。这项研究的结果可能在理论和教学上有助于对外语学习者在执行日益复杂的综合口语任务中使用元认知策略的认识。因此，诚邀您加入我们的研究。我们已经联系了您的学校，并获得了许可邀请您参加。

学生参与

　　第二阶段或主要研究中，400 名学生参与者（第一阶段 300 名参与者）将被随机分配到四个小组，他们将执行四项综合口语任务（与第一阶段的任务不同）。两个任务之间将设置 20 分钟的间隔，以避免参与者的疲劳和结转效应。每项任务将持续约 5 分钟，然后填写 30 分钟的元认知策略问卷。完成两项任务后，将随机抽取 4 名参与者在同一天进行 20 分钟的半结构化面试。两天后，当重复前两项任务中的相同程序时，将执行其余两项任务。

参与者的权利

　　每位学生参与者都有权在研究中的任何时候退出，且无需说明理由。您所在学院院长已保证您的参与或不参与不会影响您的成绩或与大学的关系。每位参与者将根据要求收到一份研究结果摘要。

数据管理

　　在数据管理方面，研究人员严格遵守根据相关要求对数据进行存储、保管，并将按照规定于伦理批准六年后销毁。收集的数据会在参与人员许可的情况下用于以学术交流为目的的出版、发表或会议发言等。

益处和风险

摘要的副本将根据要求发送给您和每位参与者。参与者不会产生任何费用。作为感谢，每位参与者将获得价值 50–100 元人民币的小礼物。

匿名和保密

在这个项目中，研究人员将确保参与者的身份保密。在回答问卷时，参与者会被要求写出一个只有他们自己能识别的名字；在数据分析时，他们将被赋予一个代码，并使用一个列表将参与者通过问卷和他们的集成记录文件联系起来。如果参与者提供的信息后期用于以研究为目的的报告公开发布，将使用代码来保护他们的身份和隐私。在任何条件下，研究人员不会出于任何目的向第三方披露从本研究中获得可识别的信息或数据。

此表格将保留六年。

研究员联系方式
张伟伟
电子邮件：1770514641@qq.com
电话：13155250017（手机）

附录6 学生志愿者招募广告

想在口语考试中有效提高口语成绩吗？
快来加入我们!
我们正在寻找有兴趣在口语测试中提高口语表现的人！我们为您提供新的体验机会!

在新的体验中，您将被邀请执行四项复杂度越来越高的综合口语任务和一份问卷。此外，如果您愿意，我们将邀请您参加面试。您的加入将有望帮助研究人员深入研究中国英语学习者在综合口语任务中实际使用的策略。在研究过程中，您将被邀请参加两个阶段的研究：第一阶段由两个验证问卷、访谈问题和测试设备的初步研究组成，第二阶段的主要研究和试点研究相同。

如果您有兴趣加入我们，您可以联系我们获取参与知情书（学生）和同意书（学生）。请阅读信息表和同意书以获取更多研究信息。如果您同意参与研究，请将您签署的同意书交给我们的研究助理。您的匿名性和保密性将得到保证。一旦我们有足够的同学加入我们，我们会在研究开始时通知您。

欢迎加入我们！

此招募海报将保留六年。

研究员联系方式

张伟伟

电子邮件：1770514641@qq.com

电话：13155250017（手机）

附录7　教师参与研究同意书

项目名称：现代语言测试视域下的中国英语学习者口语策略能力研究

研究人员：张伟伟、Lawrence Jun Zhang（张军）

我已阅读参与者信息表并了解研究的性质以及我被邀请参加的原因。我有机会提出问题并得到满意的回答。

• 我同意参与本研究的第二阶段研究，我的参与完全是自愿的。

• 我明白这项研究将在我平时上课时间之外进行。

• 我明白我的参与、不参与或退学不会以任何方式影响我与学校的关系或我工作。

• 我了解研究数据将存储六年，然后销毁。

• 我了解从研究中收集的数据将用于研究人员学术出版物和会议报告。

• 我了解研究人员将在整个研究过程中保护我的信息机密性，并且在任何情况下都不会向第三方披露任何识别信息和数据。

• 我希望收到调查结果摘要，可以通过以下电子邮件地址将其通过电子邮件发送给我：_____（如果没有，请将此留空）。

此同意书将保留六年。

姓名_____ 签名_____ 日期_____

研究员联系方式
张伟伟
电子邮件：1770514641@qq.com
电话：13155250017（手机）

附录8　教师志愿者招募广告

想帮助您的学生提高口语考试的口语成绩吗？

欢迎来加入我们！

我们正在寻找有兴趣帮助学生提高口语考试成绩的英语老师！我们为您提供新的体验机会！

作为我们的研究助理，您受邀代表研究人员向学生分发研究信息、参与者信息表和同意书。此外，您将被邀请帮助研究人员组织第一阶段和第二阶段研究的综合口语测试任务难度测评。

如果您有兴趣加入我们，您可以向外国语学院院长秘书索取参与者知情书（教师）和同意书（教师），也可以直接与研究人员联系。请阅读同意书和信息表以获得更详细的研究信息。

欢迎加入我们！

此招募海报将保留六年。

研究员联系方式
张伟伟
电子邮件：1770514641@qq.com
电话：13155250017（手机）

附录9　院校负责人同意书

项目名称：现代语言测试视域下的中国英语学习者口语策略能力研究

研究人员：张伟伟、Lawrence Jun Zhang（张军）

我已阅读参与者信息表，了解研究的性质以及邀请我参与的原因。

我有机会提出问题并得到满意的回答。

• 我同意协助研究。

• 我明白我是自愿参与研究。

• 我同意在我们学校进行研究。

• 我同意研究人员参加由我们负责组织的会议来向志愿者（学生和教师）解释研究。

• 我同意我们学校的英语教师协助研究人员为研究做广告、招募参与者、代表研究人员向参与者分发参与者信息表和同意书，组织口语测试以及参与测试任务难度任务测评。

• 我同意我们学校二年级学生在自愿基础上参与这项研究。

• 我保证参与、不参与或退出不会影响志愿者（学生和教师）的职业、就业、成绩、学业成绩，以及与我们学校的关系。

• 我了解研究数据存储六年，然后销毁。

• 我了解从研究中收集的数据将可能用于研究人员的论文、学术出版物和会议报告。

• 我明白，如果报告或公布参与者提供的信息，将确保匿名，并将使用代码来保护他们的身份。

• 我知道研究人员将有意规避与我们学校有关的信息以保护隐私。

• 我了解研究人员在任何情况下都不会向第三方或公众披露该研究参与志愿者们的身份信息。

• 我希望通过电子邮件_____收到研究结果的副本（如果没有，请留空）。

此表格将保留六年

姓名：_____　签名_____　日期_____
研究员联系方式
张伟伟
电子邮件：1770514641@qq.com
电话：13155250017（手机）

附录 10　院校负责人参与研究知情书

项目名称：现代语言测试视域下的中国英语学习者口语策略能力研究
研究人员：张伟伟、Lawrence Jun Zhang（张军）

项目说明及邀请

我们的研究目的是探索任务中国英语学习者在计算机综合辅助口语测试中，策略能力与任务复杂度及测试成绩间的复杂关系。这项实证研究是一个两阶段设计，其中包括第一阶段的两项试点研究和第二阶段的一项主要研究。第一阶段的试点研究旨在验证测量工作、测试设备。研究将在平时上课时间之外进行。这项研究的结果可能在理论和教学上有助于外语学习者在综合口语任务中使用元认知策略。因此，我们想邀请贵校英语老师和学生参与我的研究，寻求您与他们联系和分发信息的许可。

学校参与

您的许可与合作是我们进行研究的先决条件。我们请求允许访问贵院的英语教师和学生。首先，我们征求同意，在您的教学秘书帮助下接触英语教师，并参加教师会议，向英语教师解释研究，并从他们那里获得帮助，向学生宣传研究，交付和收集参与者参与研究信息表和同意书，并组织口语测试任务；其次，我们想申请使用十个多媒体实验室来进行口语测试，并使用一个会议室来进行半结构化面试。

教师参与

在本项目中，教师将被告知研究项目，并被要求代表研究人员向学生分发研究信息、参与者信息表和同意书。此外，他们将帮助研究人员组织第一阶段和第二阶段的综合口语测试，并参与测试任务难度的测评。

学生参与

在本研究的进行的第一阶段，将招募300名大二学生参与者。第一阶段将持续三周。在第一个试点研究中，100名参与者分成四组，每组25人，执行四项综合口语任务，每次两项任务。第一项和第二项任务之间有20分钟的间隔，以避免参与者的疲劳和遗留效应。每项任务将持续约5分钟，然后是30分钟的元认知策略问卷。完成两项任务后，将随机抽取4名参与者进行20分钟的半结构化访谈。当重复前两个任务中的相同过程时，将在两天后执行剩余的两个任务。本研究中收集的数据将用于探索性因素分析。

在第二次试点研究中，200名参与者（不同于第一次试点研究中的100名参与者）将按照第一次试点研究的程序执行四项综合口语任务。这些学生将被分成4组，每组50人。本研究中收集的数据将用于验证性因素分析。在第二阶段或主体研究中，400名学生参与者（第一阶段

300 名参与者）将被随机分配到 4 个小组，他们将按照程序执行四个综合口语任务（与第一阶段使用的任务不同）在第一阶段。第一阶段和第二阶段之间会有一个月的间隔，以避免参与者的疲劳和遗留效应。

参与者权利

每个学生参与者都有权在研究中的任何时间退出而无需给出理由。对于半结构式访谈的学生参与者，他们有权在访谈的任何阶段拒绝回答任何特定问题，离开或关闭录音机而无需说明理由。由于本研究的自愿性质，特此请求您的同意，英语教师和学生的参与或退出不会以任何方式影响正常的课程、成绩或与学校或职业的关系。每个参与者都将根据要求收到研究结果的摘要。

数据管理

硬拷贝数据和电子数据将存储在研究人员受密码保护的计算机上。所有硬拷贝数据将被粉碎，数字信息将在六年后删除。从研究中收集的数据将用于研究人员的论文，并可能用于学术出版物和会议报告。

好处和风险

研究摘要的副本将根据要求发送给您和每位参与者。参与者不会产生任何费用。作为感谢，每位参与者将获得价值 50~100 元的纪念品。

匿名和保密

在这个项目中，研究人员将不遗余力地保护参与者的隐私。所有参与者的匿名性和机密性都将受到保护。在回答问卷时，将要求参与者写下一个只有他们自己认识的名字；在数据分析时，将给他们一个代码，并使用一个列表将参与者通过问卷和他们的综合记录文件联系起来。如果参与者提供的信息将被报告或发布用于研究目的，将使用代码来保护他们的身份和隐私。从研究中获得的任何身份信息或数据都不会出于任何目的在任何条件下透露给第三方。

此表格将保留六年。

研究员联系方式
张伟伟
电子邮件：1770514641@qq.com
电话：13155250017（手机）

附录 11 保密协议（评分人员）

项目名称：现代语言测试视域下的中国英语学习者口语策略能力研究
研究人员：张伟伟、Lawrence Jun Zhang（张军）

我同意协助研究人员对参与者在上述研究的四项综合口语测试任务
中的口语表达进行评分。我了解该信息是保密的，不得向研究人员以外
的任何人透露或与其讨论。
此保密协议将保留六年。

研究员联系方式
张伟伟
电子邮件：1770514641@qq.com
电话：13155250017（手机）

作者简介

张伟伟

新西兰奥克兰大学哲学博士，现任衢州学院外国语学院／国际教育学院讲师。2014 年获英国剑桥大学剑桥英语语言评测中心颁发的国际英语教师证（CELTA）。2016 作为美国教育考试服务中心（ETS）访问学者，开展了心理测量学的独立研究，并于 2018 年获 ETS 博士研究项目经费支持。2021 年参与新西兰教育部中小学英语阅读干预项目。担任多家 SSCI（JCR：Q1）索引期刊审稿人，如 *System*、*Assessing Writing*、*Frontiers in Psychology*、*Teaching and Teacher Education*，以及多场国际教育会议审稿人。作为核心作者参与了教育部义务教育阶段英语教材（七年级上）的编写工作，并担任多家国际研究学会理事。研究兴趣主要包括语言评测、心理语言学和英语课堂教学，尤其是口语教学。自 2021 年以来发表多篇具有较高引用率的 SSCI 收录期刊论文，包括 *System*、*Applied Linguistics Review*、*Frontiers in Psychology*、*Sustainability*。

张军

现任新西兰奥克兰大学教育学部副部长、应用语言学教授、博士生导师，2014 年获颁奥克兰大学优秀博士生导师奖，2016 年当选美国国际英语教师协会（TESOL）全球领军学者之一。2012—2019 年任国际期刊 TESOL Quarterly 的常任栏目主编，自 2016 年起任 Elsevier 出版社 SSCI 一区语言学类国际期刊 System 的联合主编。曾任新加坡应用语言学学会常务理事、秘书长（2005—2012），新西兰应用语言学学会会员、常务理事、秘书长。现任中国英语写作教学与研究专业委员会副会长，中国学术英语教学研究会常务理事，美国应用语言学学会会员，国际 TESOL 协会会员以及欧洲学术写作教学研究会会员。